Alice und die Halbbluthexe

1

KUJIRA

Inhalt

Alice und die Halbbluthexe

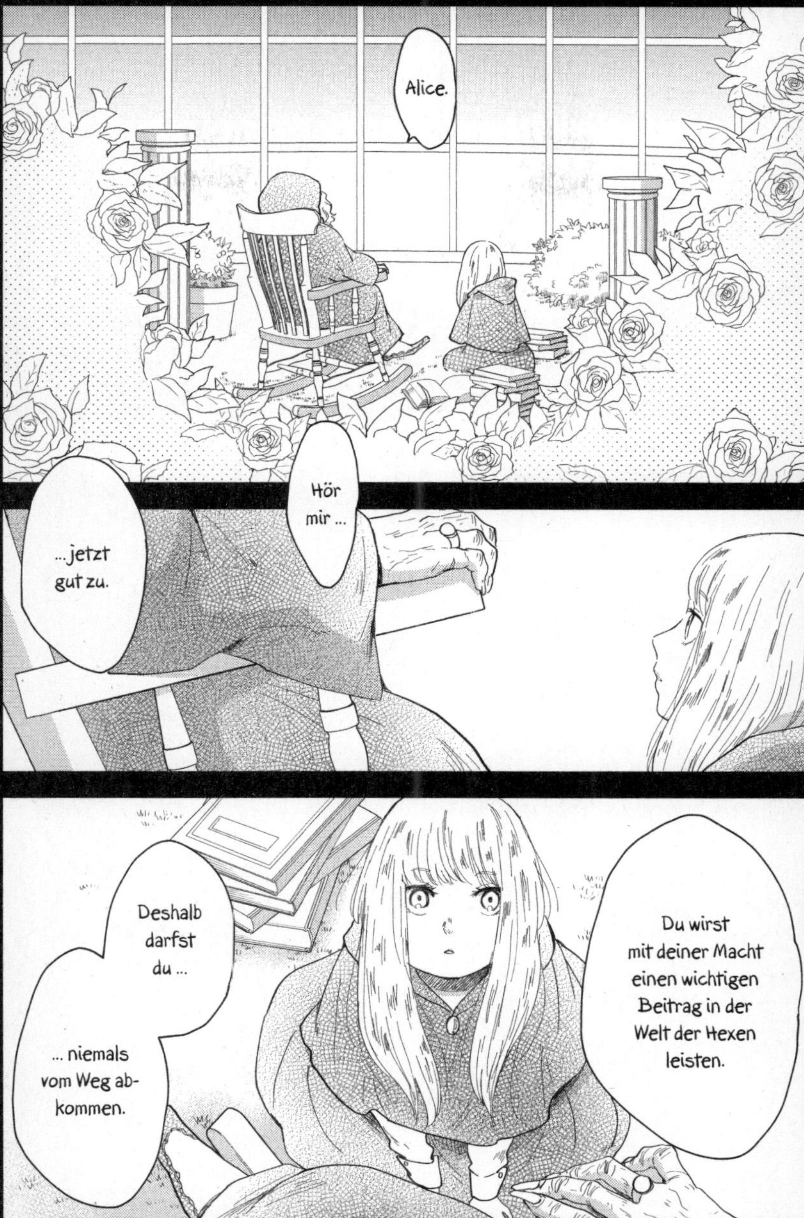
Alice.
Hör mir ...
... jetzt gut zu.
Du wirst mit deiner Macht einen wichtigen Beitrag in der Welt der Hexen leisten.
Deshalb darfst du ...
... niemals vom Weg abkommen.

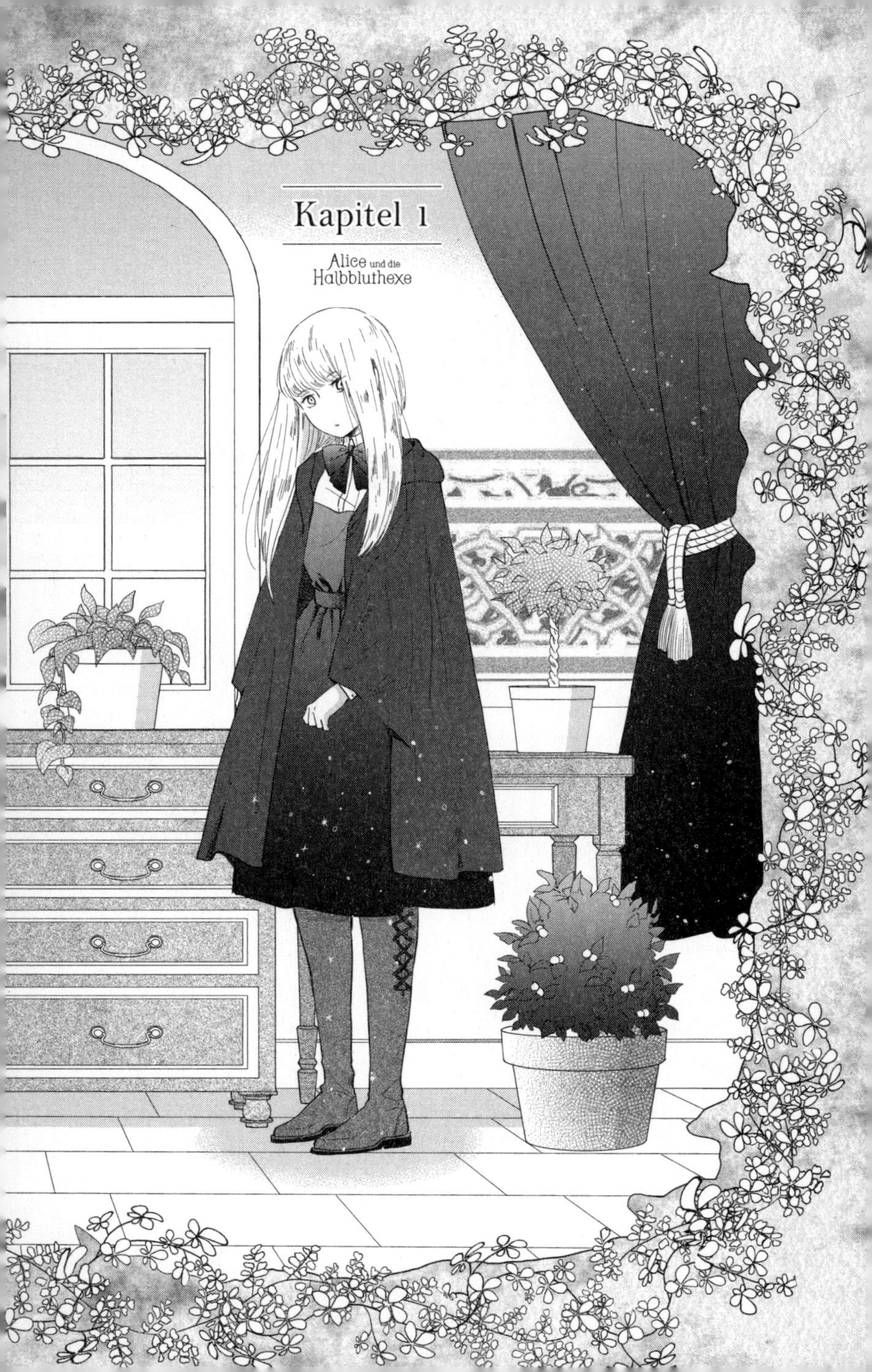
Kapitel 1
Alice und die
Halbbluthexe

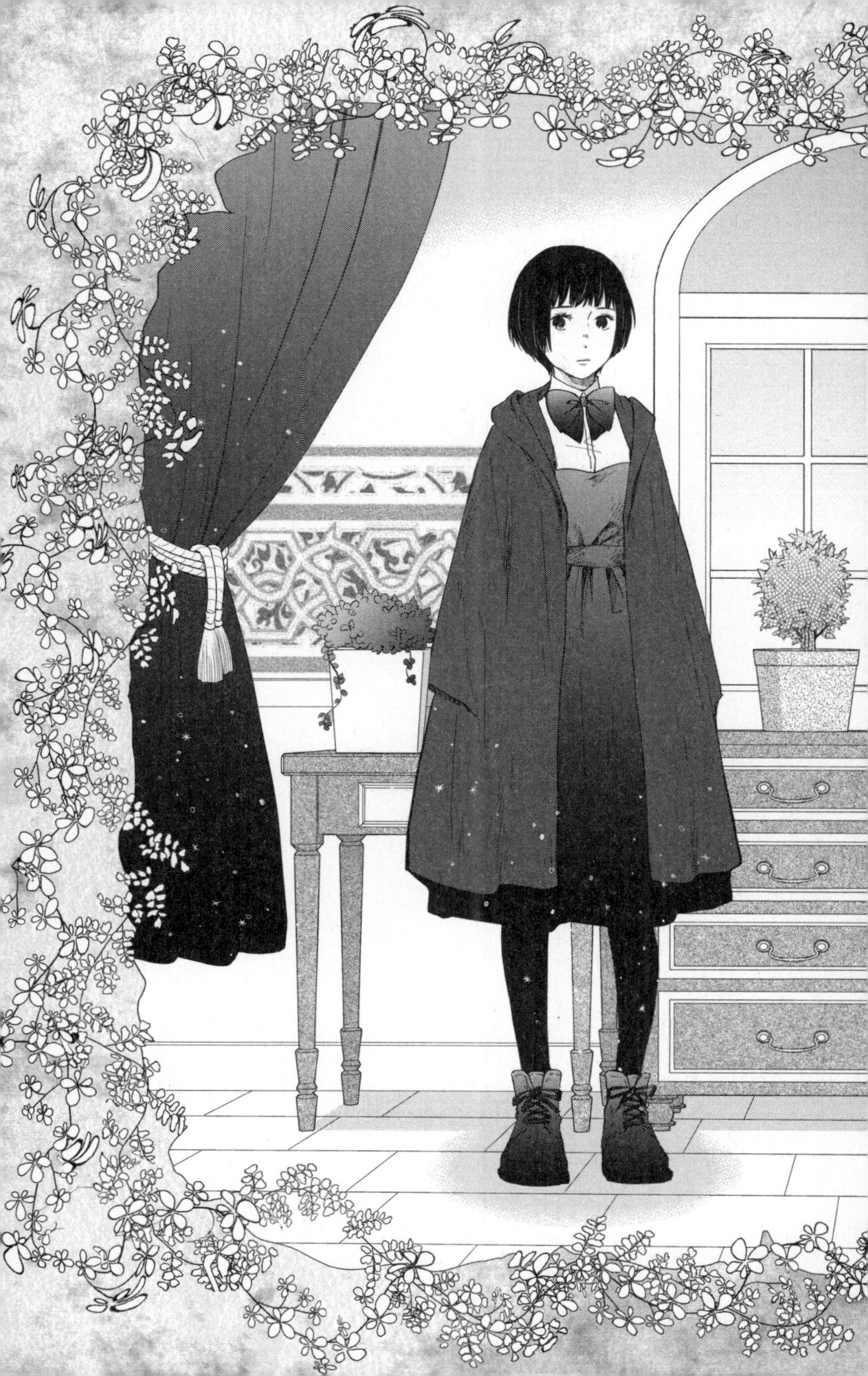

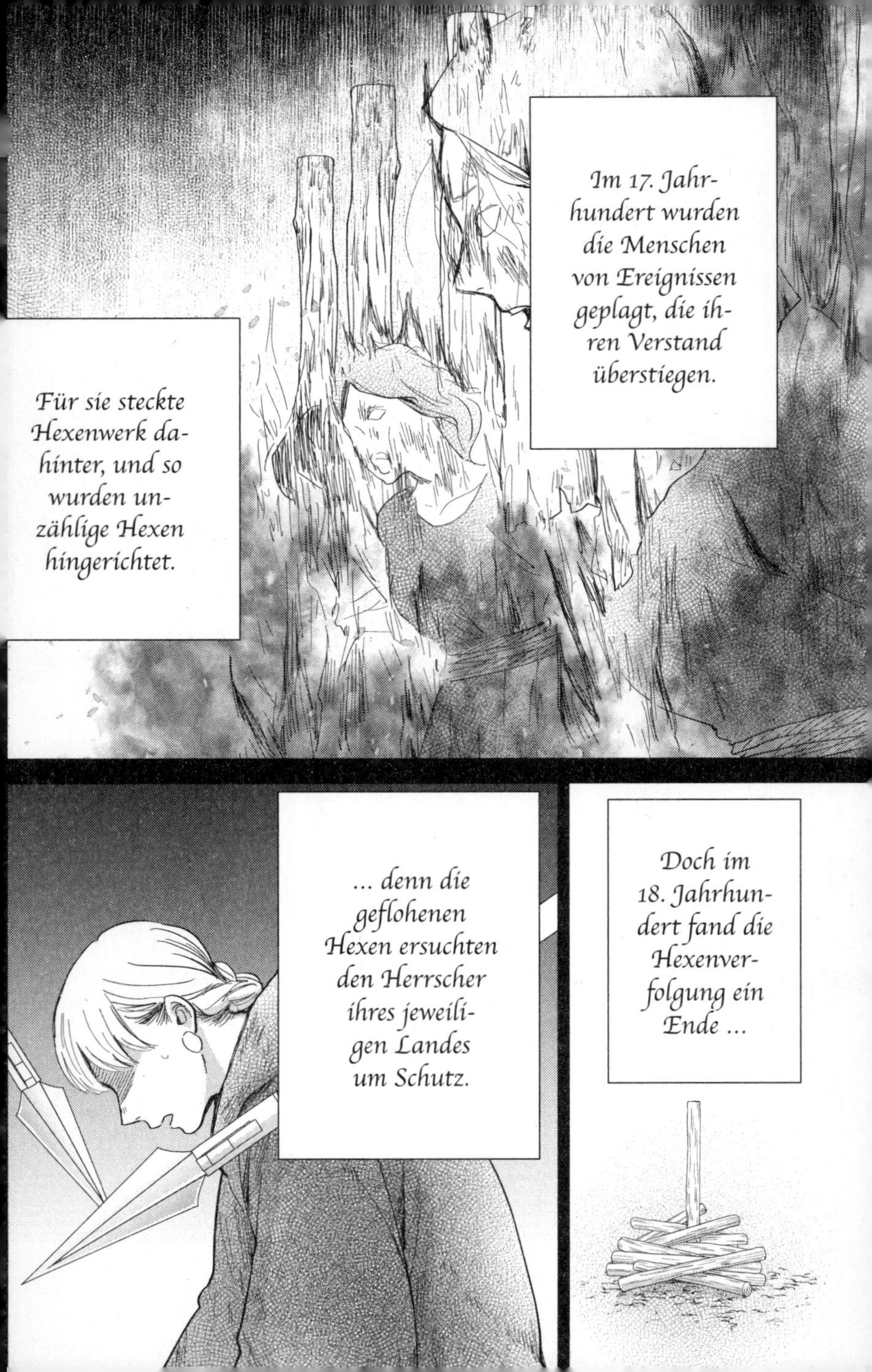
Im 17. Jahrhundert wurden die Menschen von Ereignissen geplagt, die ihren Verstand überstiegen.
Für sie steckte Hexenwerk dahinter, und so wurden unzählige Hexen hingerichtet.
Doch im 18. Jahrhundert fand die Hexenverfolgung ein Ende ...
... denn die geflohenen Hexen ersuchten den Herrscher ihres jeweiligen Landes um Schutz.

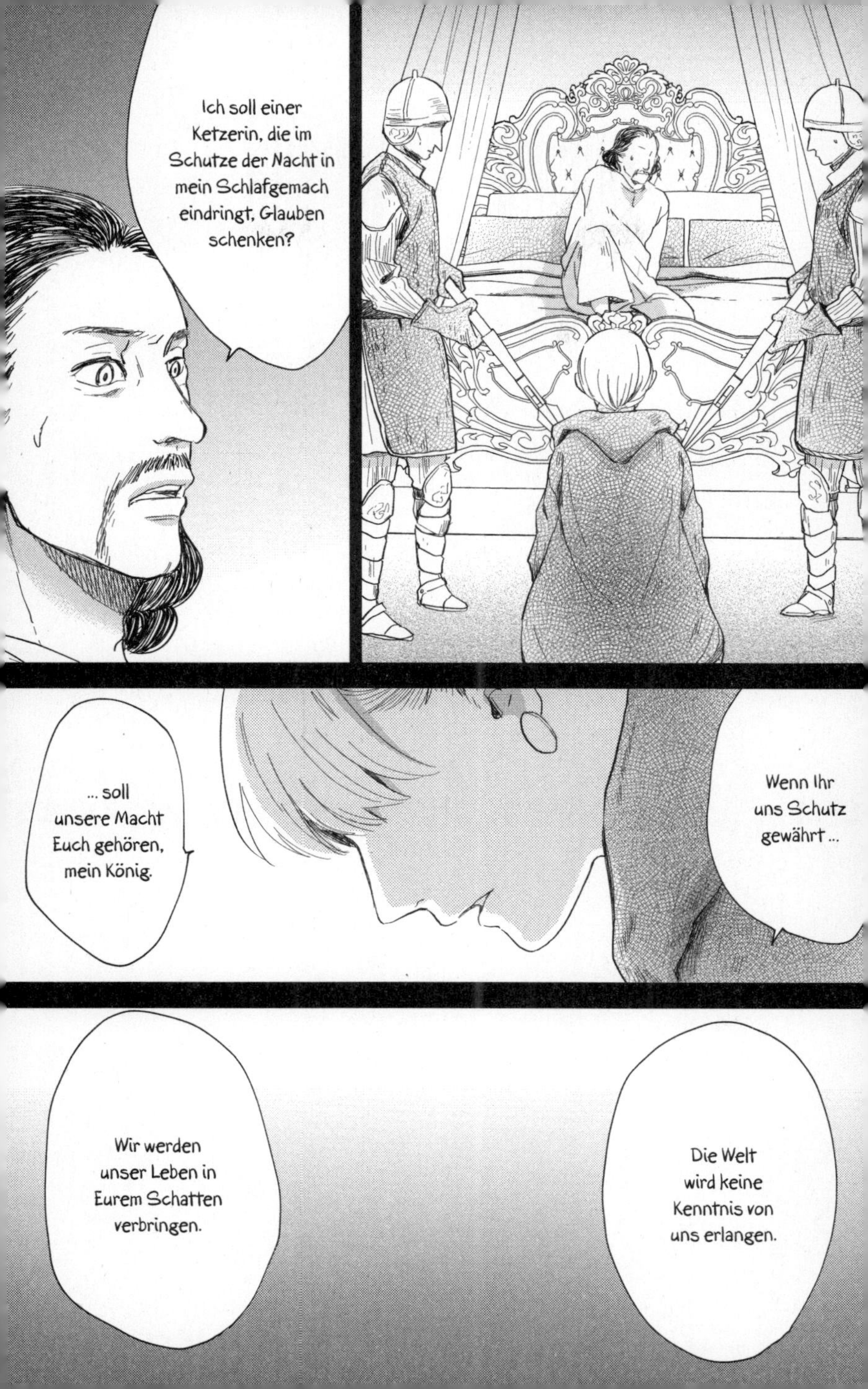
Ich soll einer Ketzerin, die im Schutze der Nacht in mein Schlafgemach eindringt, Glauben schenken?
Wenn Ihr uns Schutz gewährt ...
... soll unsere Macht Euch gehören, mein König.
Die Welt wird keine Kenntnis von uns erlangen.
Wir werden unser Leben in Eurem Schatten verbringen.

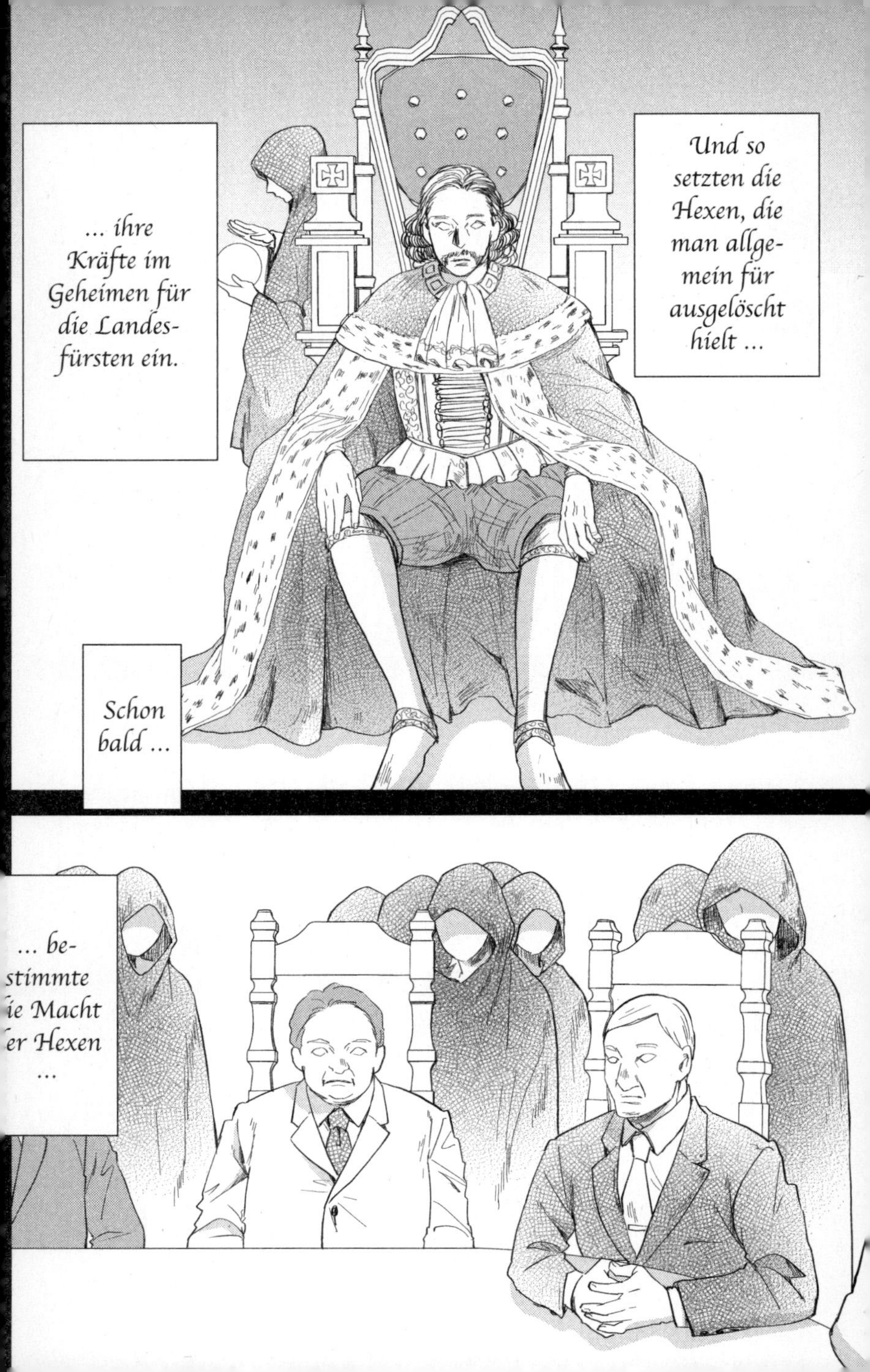
Und so setzten die Hexen, die man allgemein für ausgelöscht hielt ...
... ihre Kräfte im Geheimen für die Landesfürsten ein.
Schon bald ...
... be-
stimmte
ie Macht
er Hexen
...

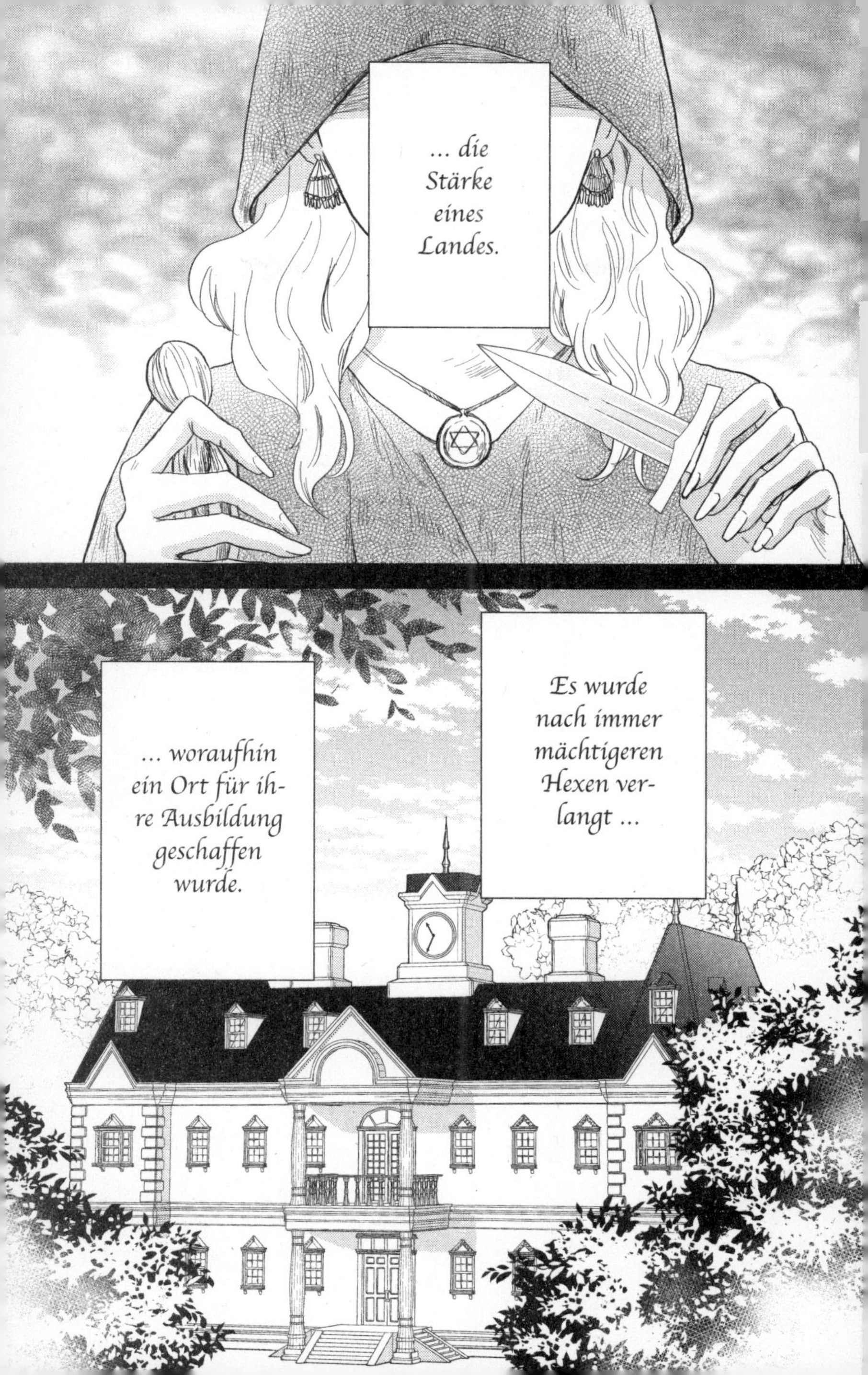
... die Stärke eines Landes.
Es wurde nach immer mächtigeren Hexen verlangt ...
... woraufhin ein Ort für ihre Ausbildung geschaffen wurde.

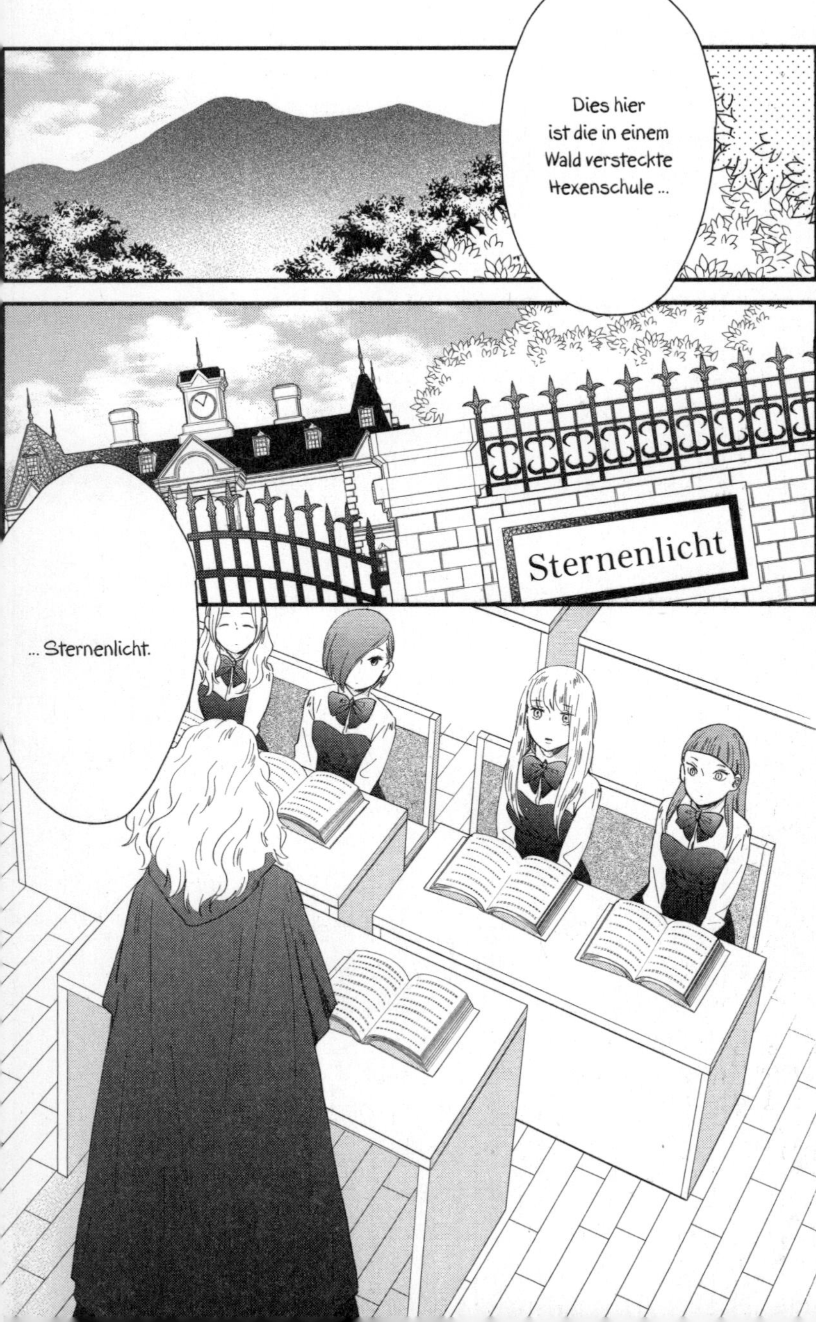
Dies hier ist die in einem Wald versteckte Hexenschule ...
Sternenlicht
... Sternenlicht.

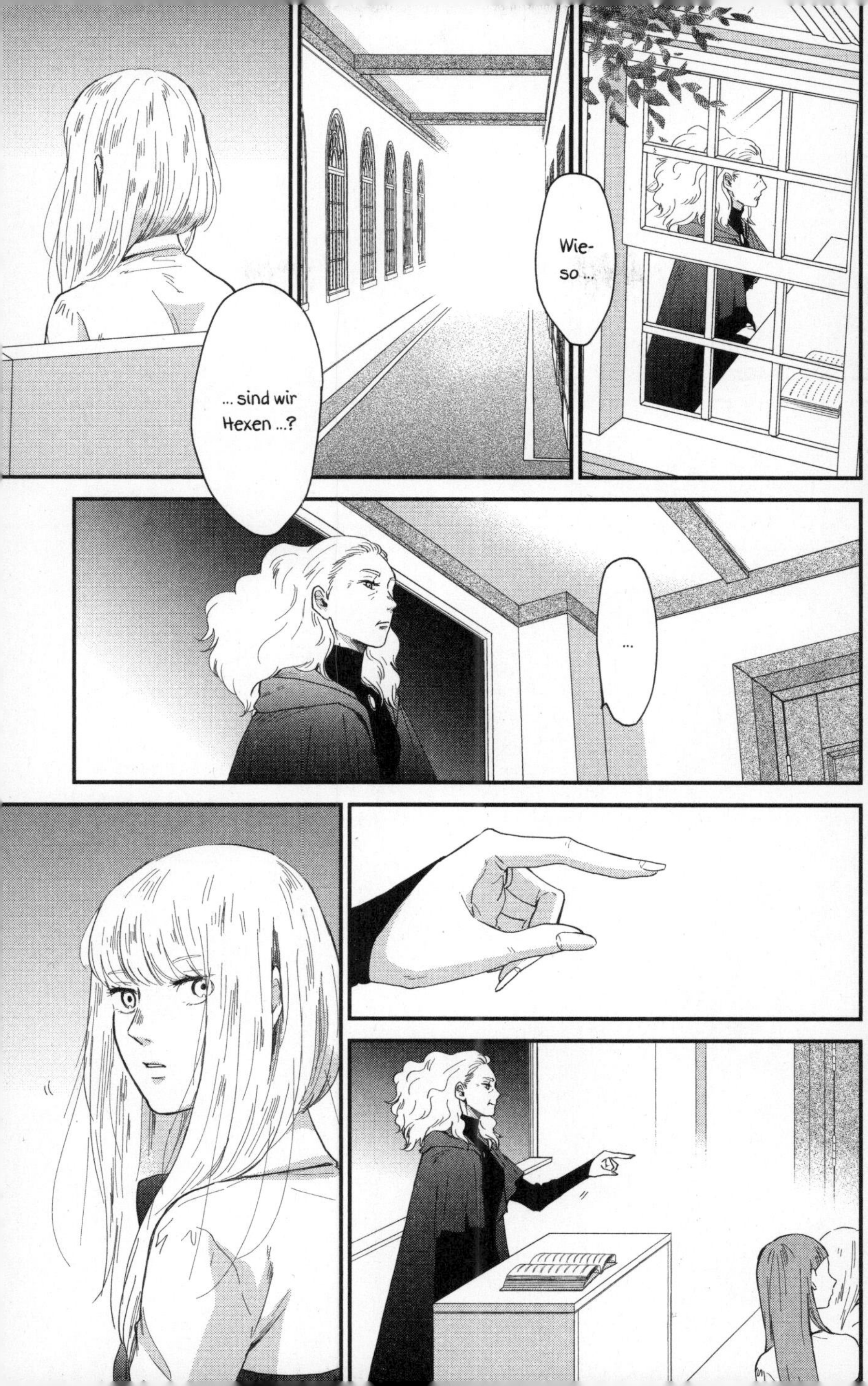
Wie-
so ...
... sind wir
Hexen ...?
...

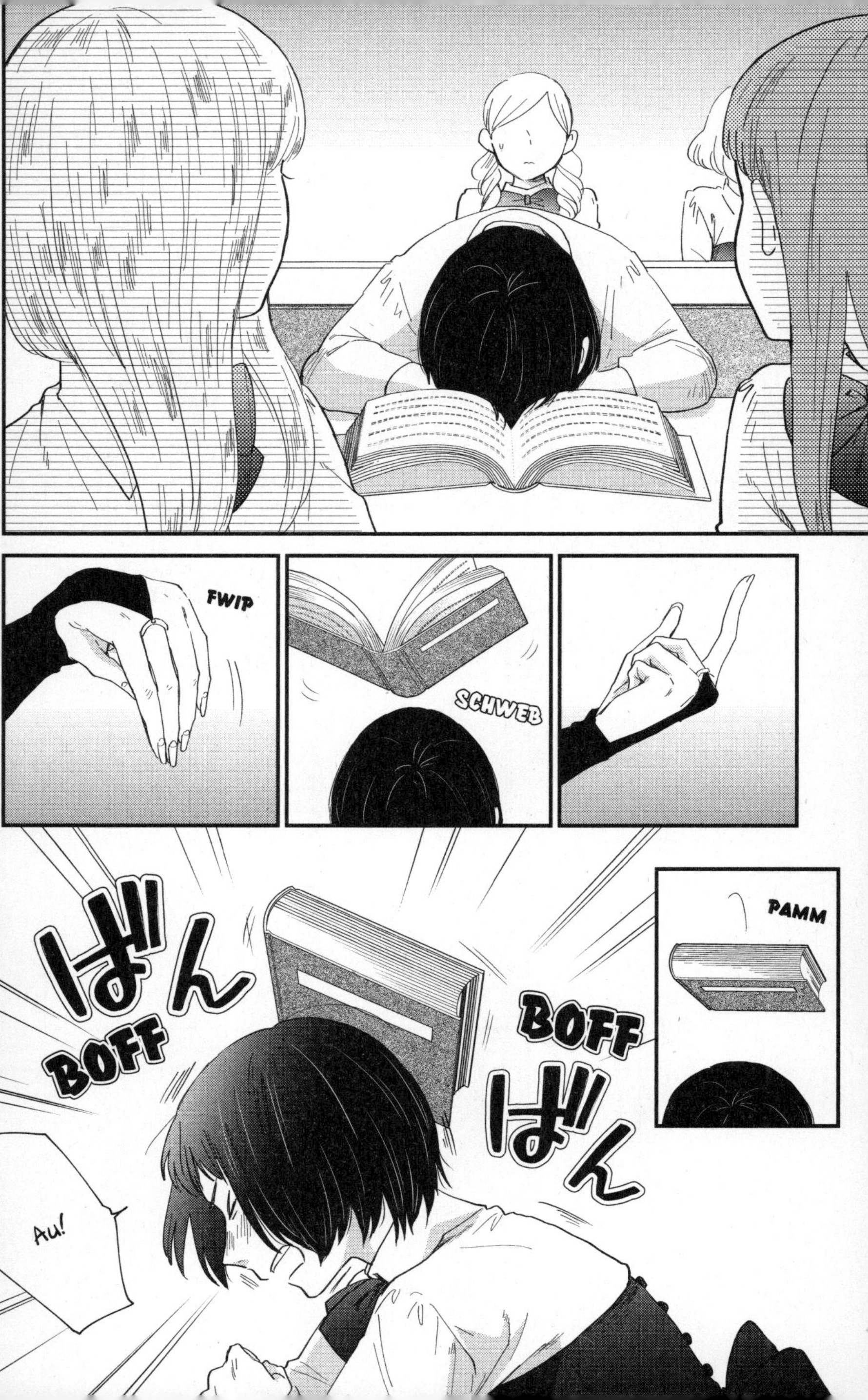
FWIP
SCHWEB
PAMM
ばん
BOFF
BOFF
ばん
Au!

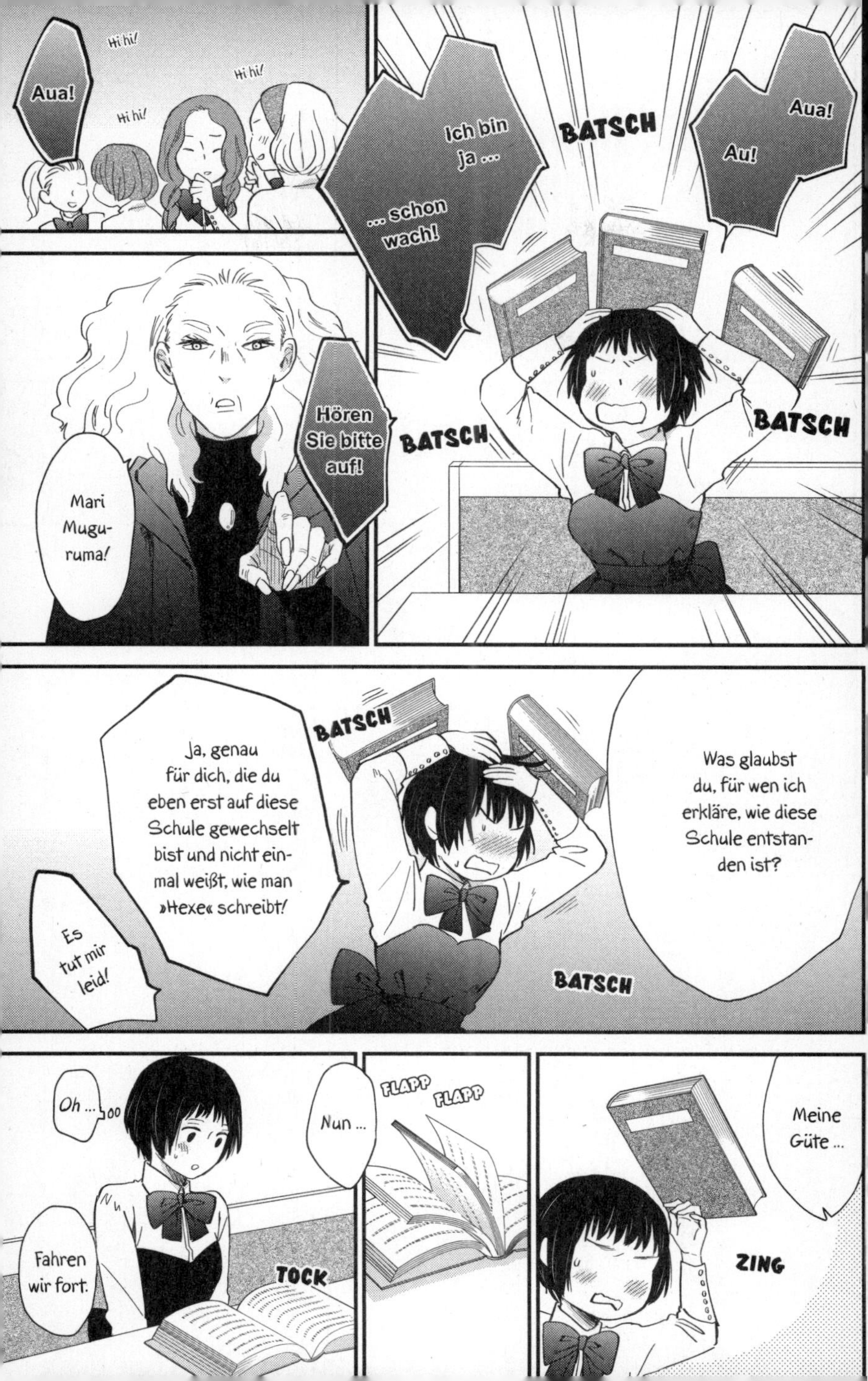

Hi hi!
Hi hi!
Hi hi!
Aua!
Aua!
Au!
BATSCH
Ich bin ja ...
... schon wach!
BATSCH
BATSCH
Hören Sie bitte auf!
Mari Muguruma!
Was glaubst du, für wen ich erkläre, wie diese Schule entstanden ist?
BATSCH
BATSCH
Ja, genau für dich, die du eben erst auf diese Schule gewechselt bist und nicht einmal weißt, wie man »Hexe« schreibt!
Es tut mir leid!
Meine Güte ...
ZING
FLAPP
FLAPP
Nun ...
Oh ...
Fahren wir fort.
TOCK

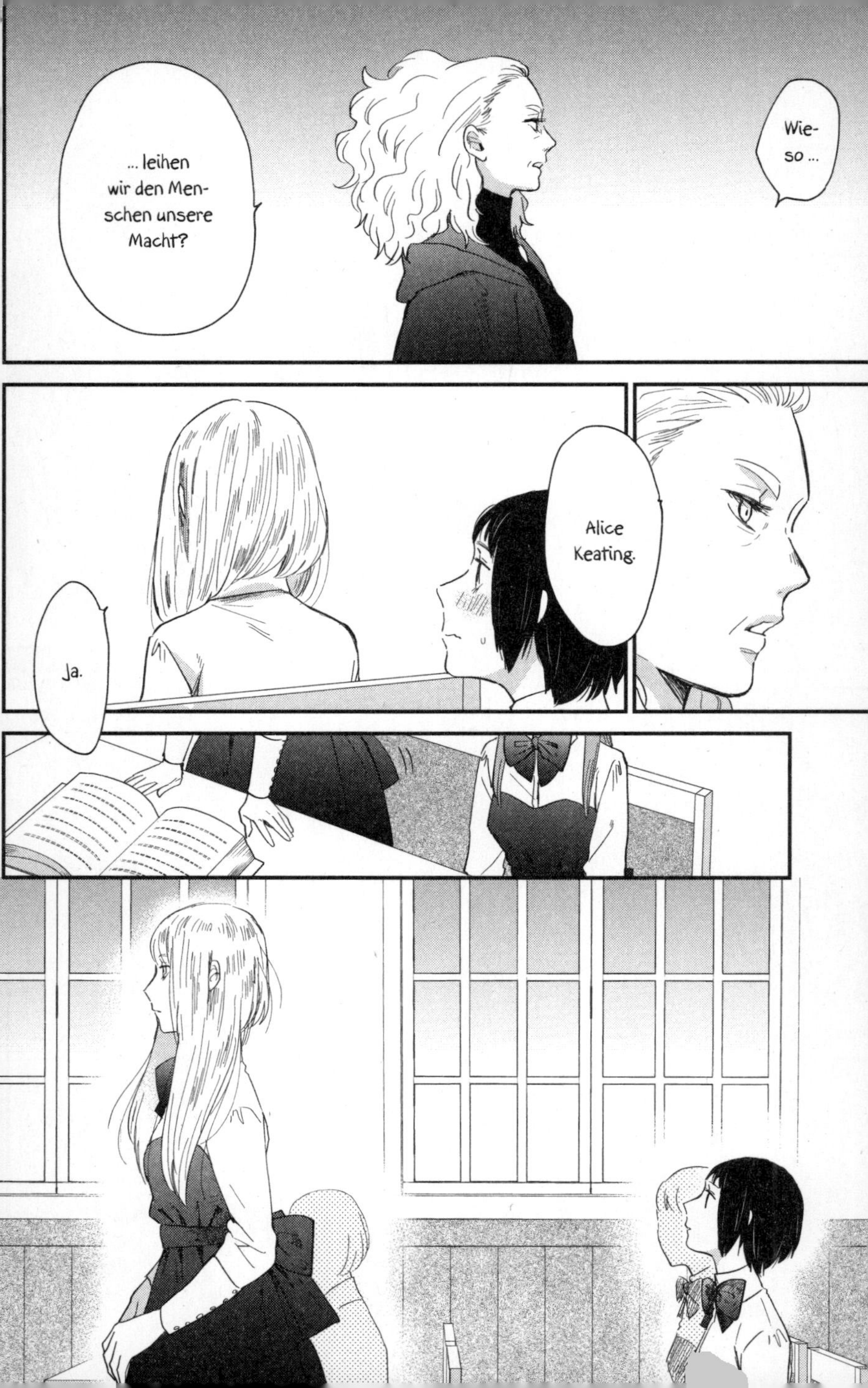
Wie-
so …
… leihen
wir den Men-
schen unsere
Macht?
Alice
Keating.
Ja.

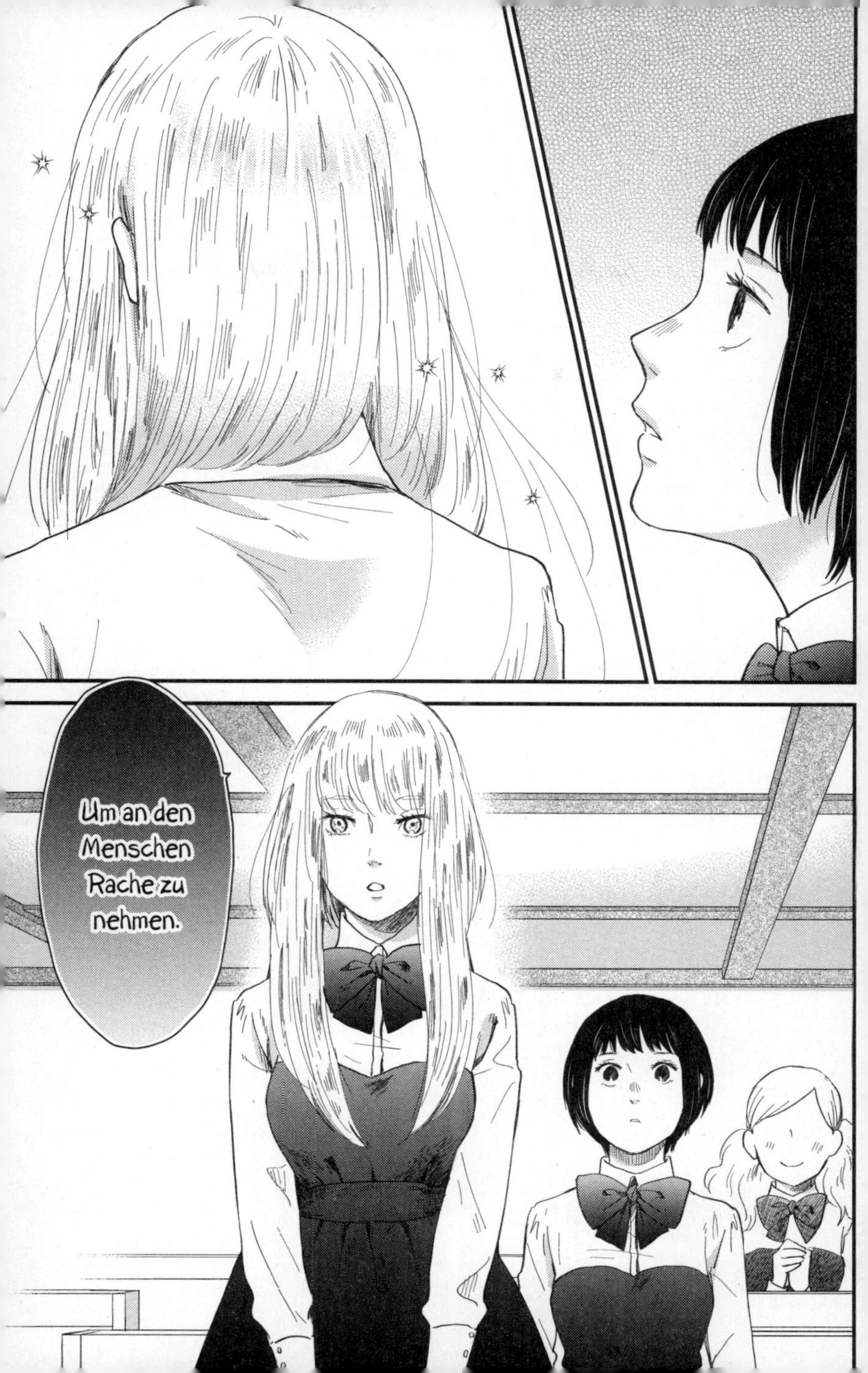
Um an den Menschen Rache zu nehmen.

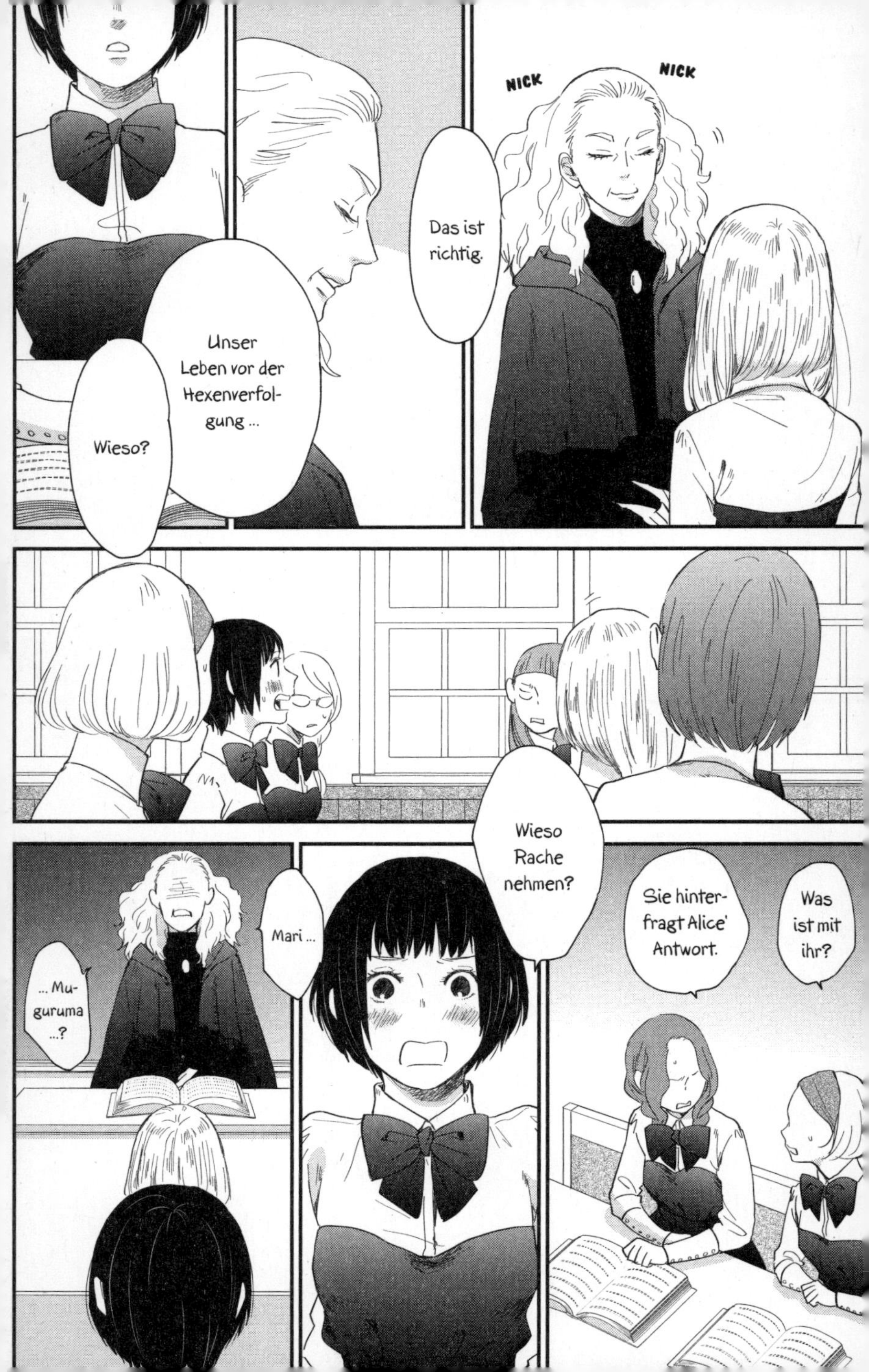
NICK
NICK
Das ist richtig.
Unser Leben vor der Hexenverfolgung ...
Wieso?
Wieso Rache nehmen?
Was ist mit ihr?
Sie hinterfragt Alice' Antwort.
Mari ...
... Muguruma ...?

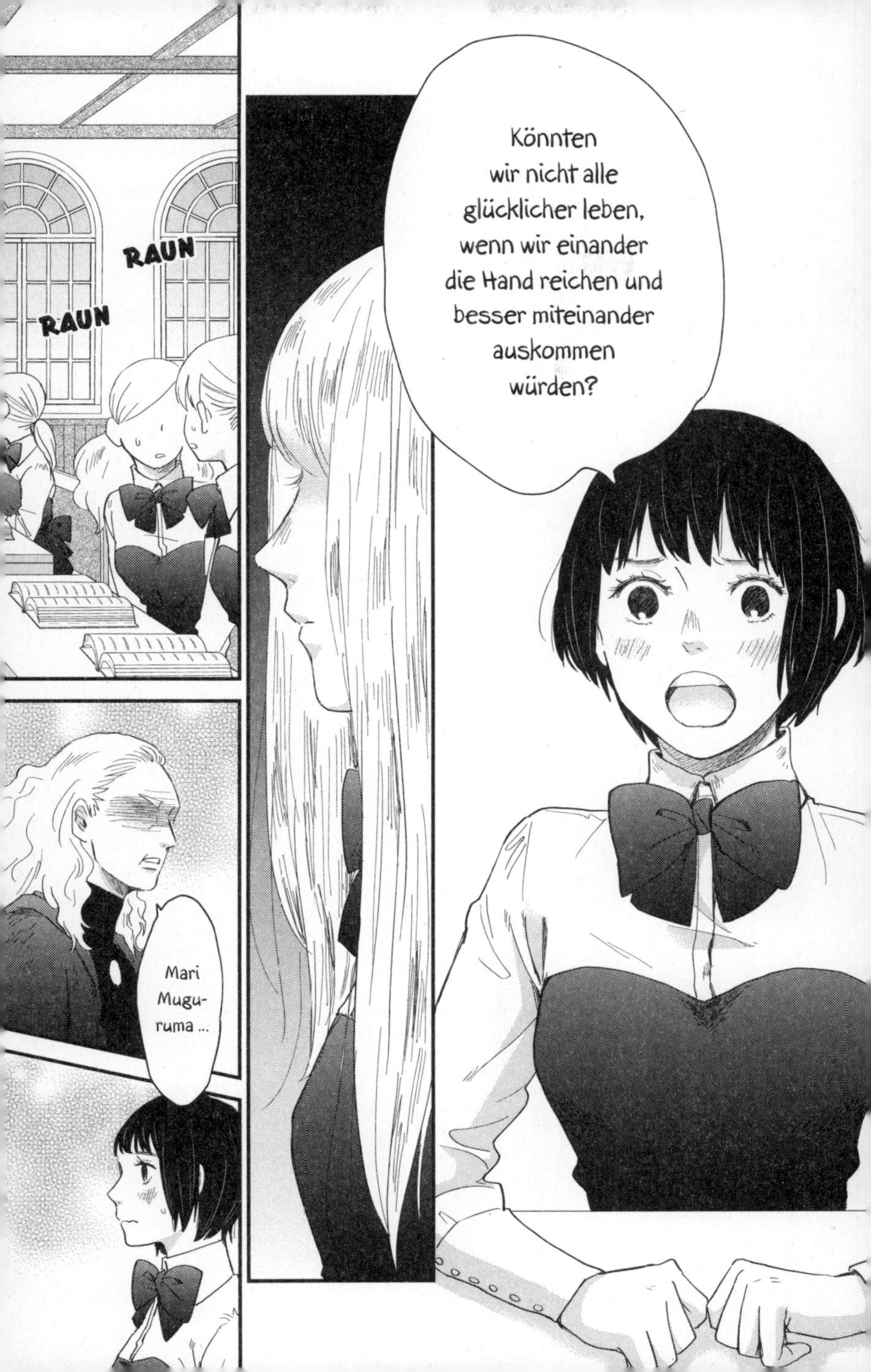
Könnten wir nicht alle glücklicher leben, wenn wir einander die Hand reichen und besser miteinander auskommen würden?
RAUN
RAUN
Mari Mugu-ruma ...

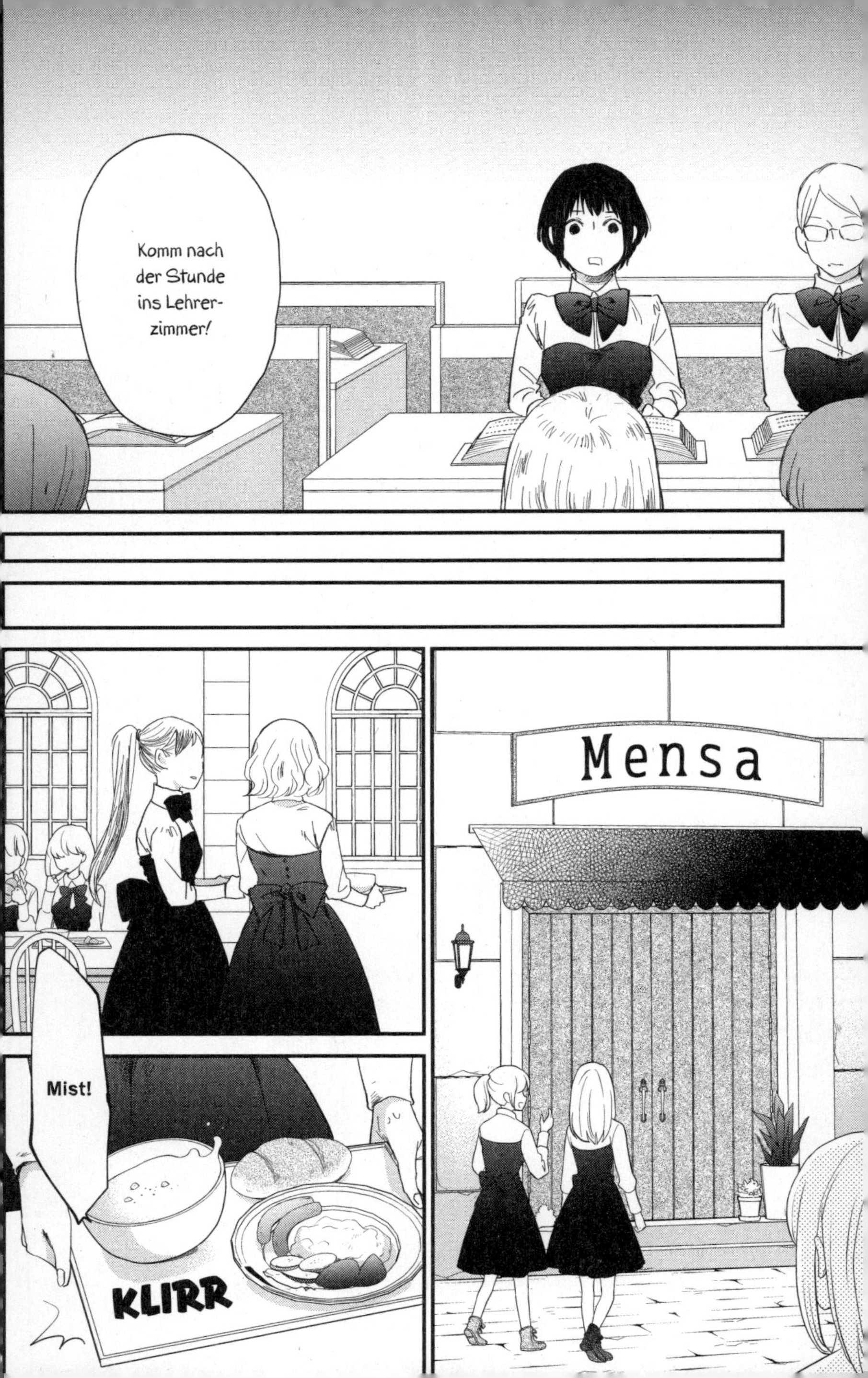
Komm nach der Stunde ins Lehrer-zimmer!
Mensa
Mist!
KLIRR

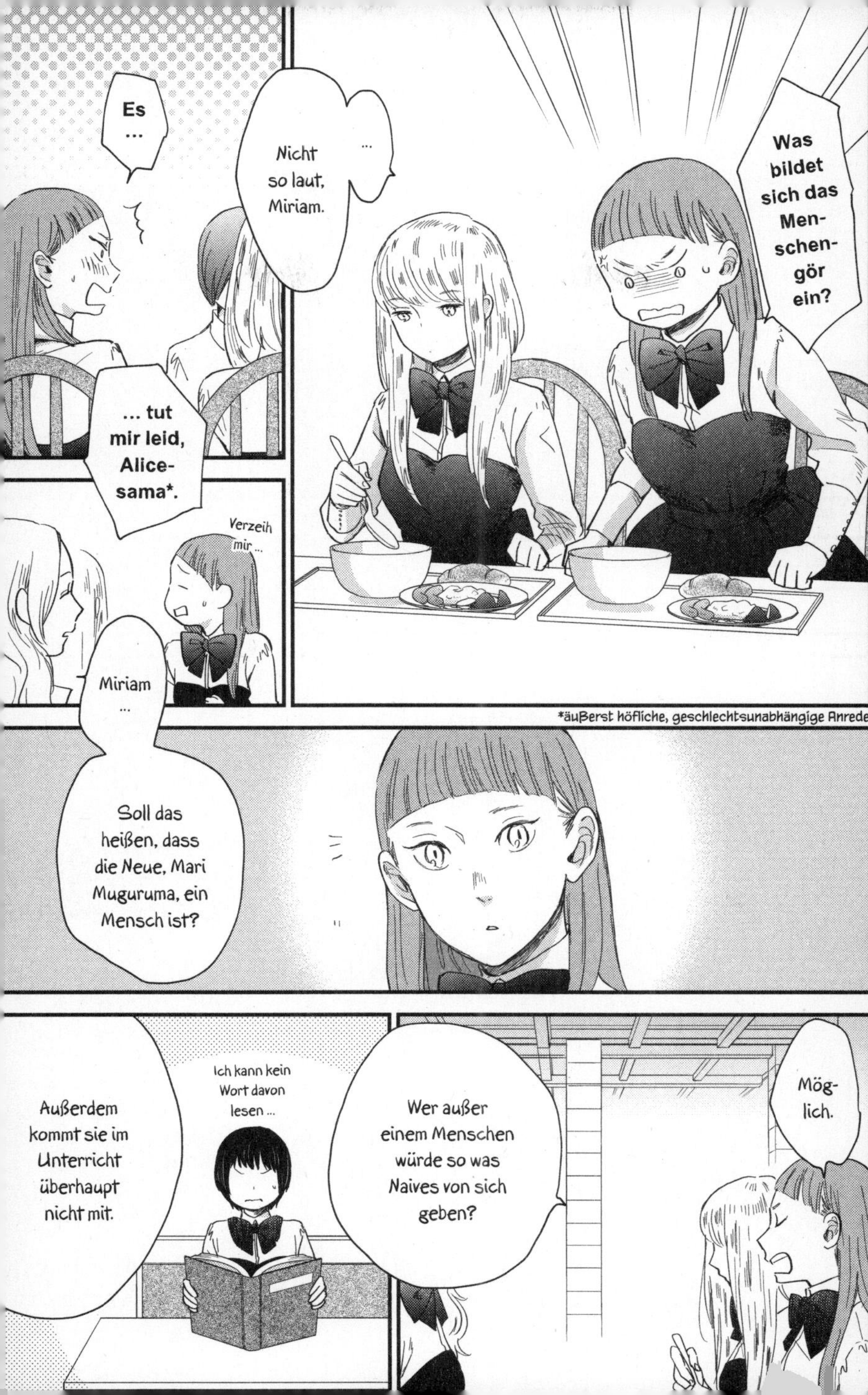

*äußerst höfliche, geschlechtsunabhängige Anrede

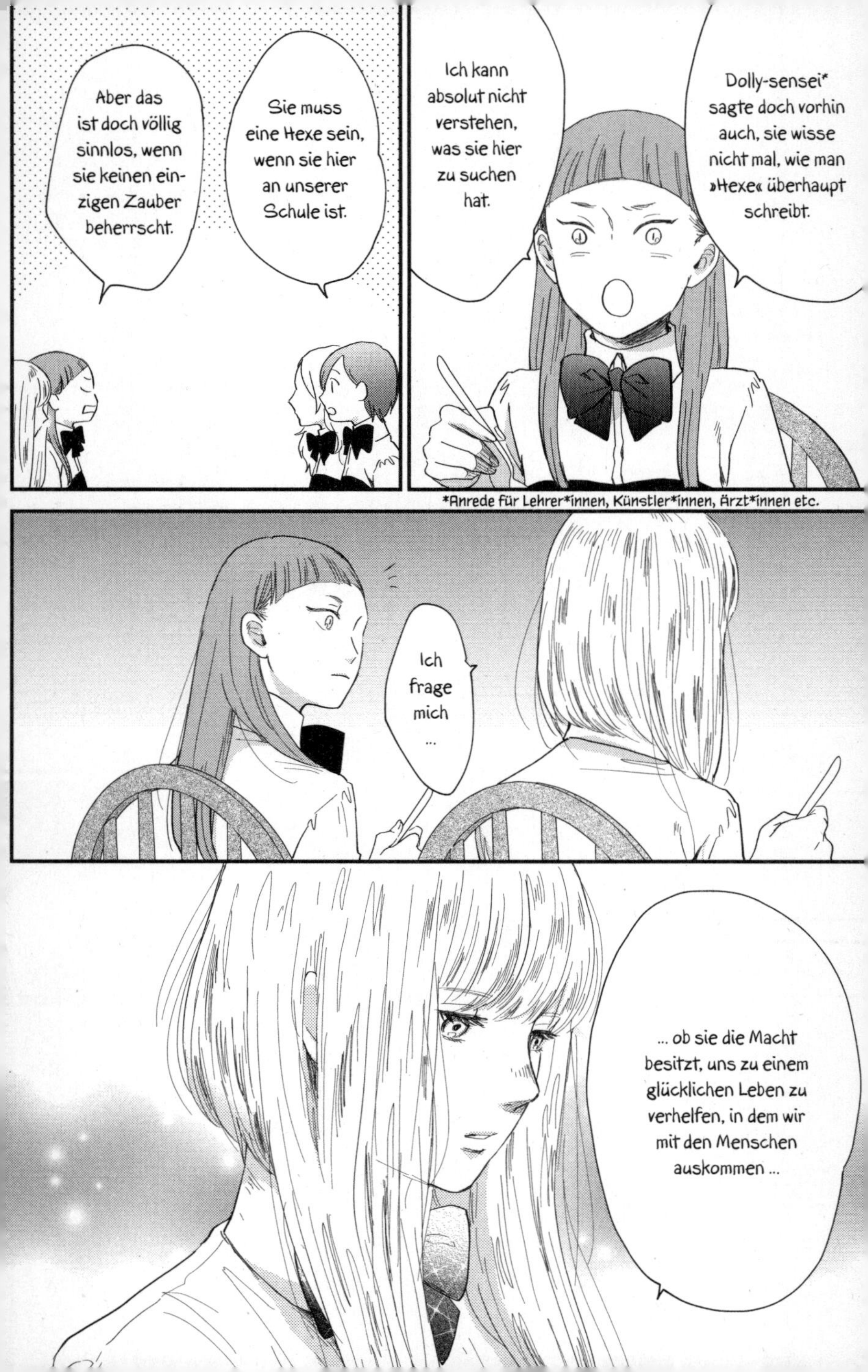

*Anrede für Lehrer*innen, Künstler*innen, Ärzt*innen etc.

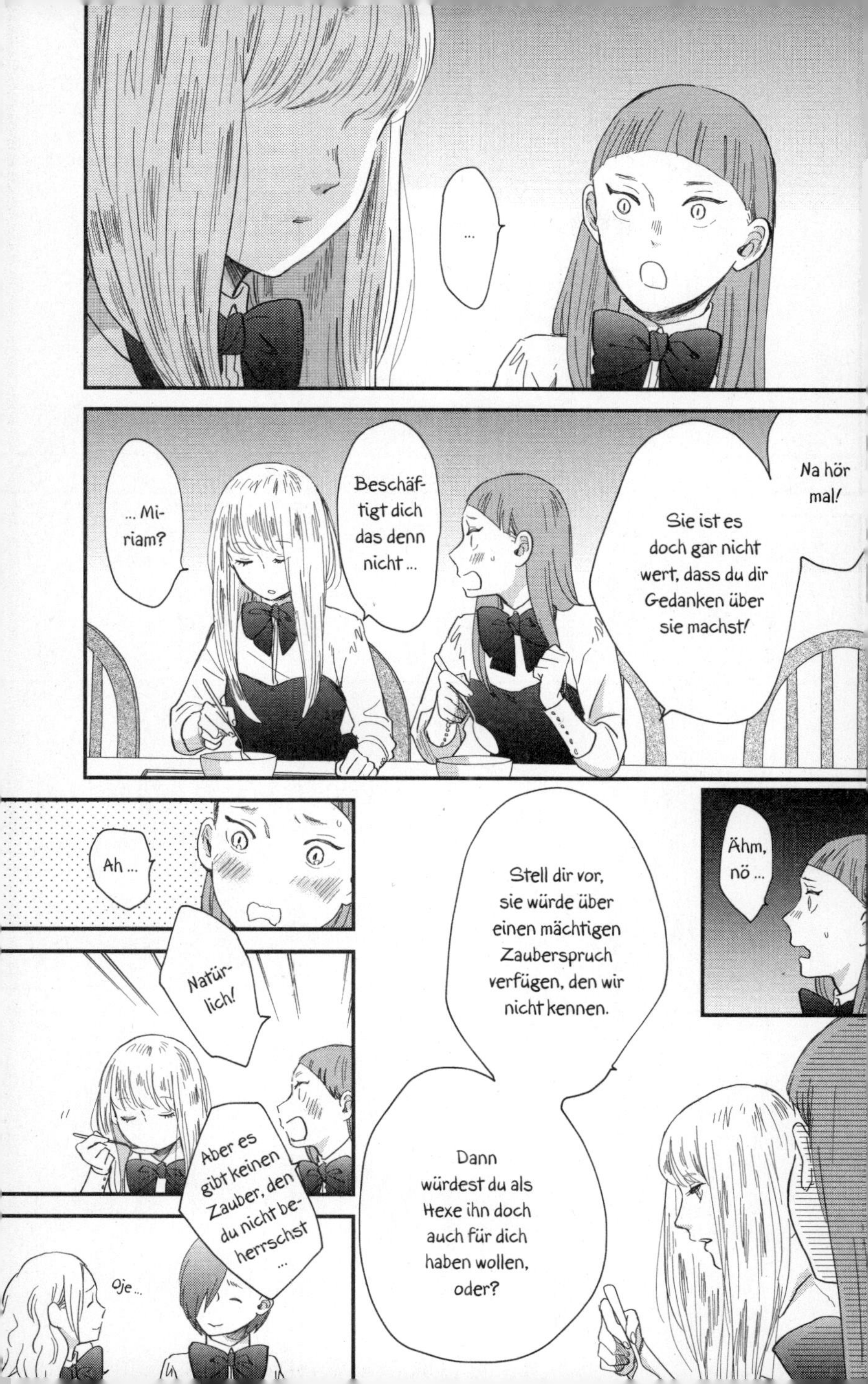
...
Na hör mal!
Sie ist es doch gar nicht wert, dass du dir Gedanken über sie machst!
Beschäftigt dich das denn nicht ...
... Miriam?
Ähm, nö ...
Ah ...
Stell dir vor, sie würde über einen mächtigen Zauberspruch verfügen, den wir nicht kennen.
Natürlich!
Dann würdest du als Hexe ihn doch auch für dich haben wollen, oder?
Aber es gibt keinen Zauber, den du nicht beherrschst ...
Oje ...

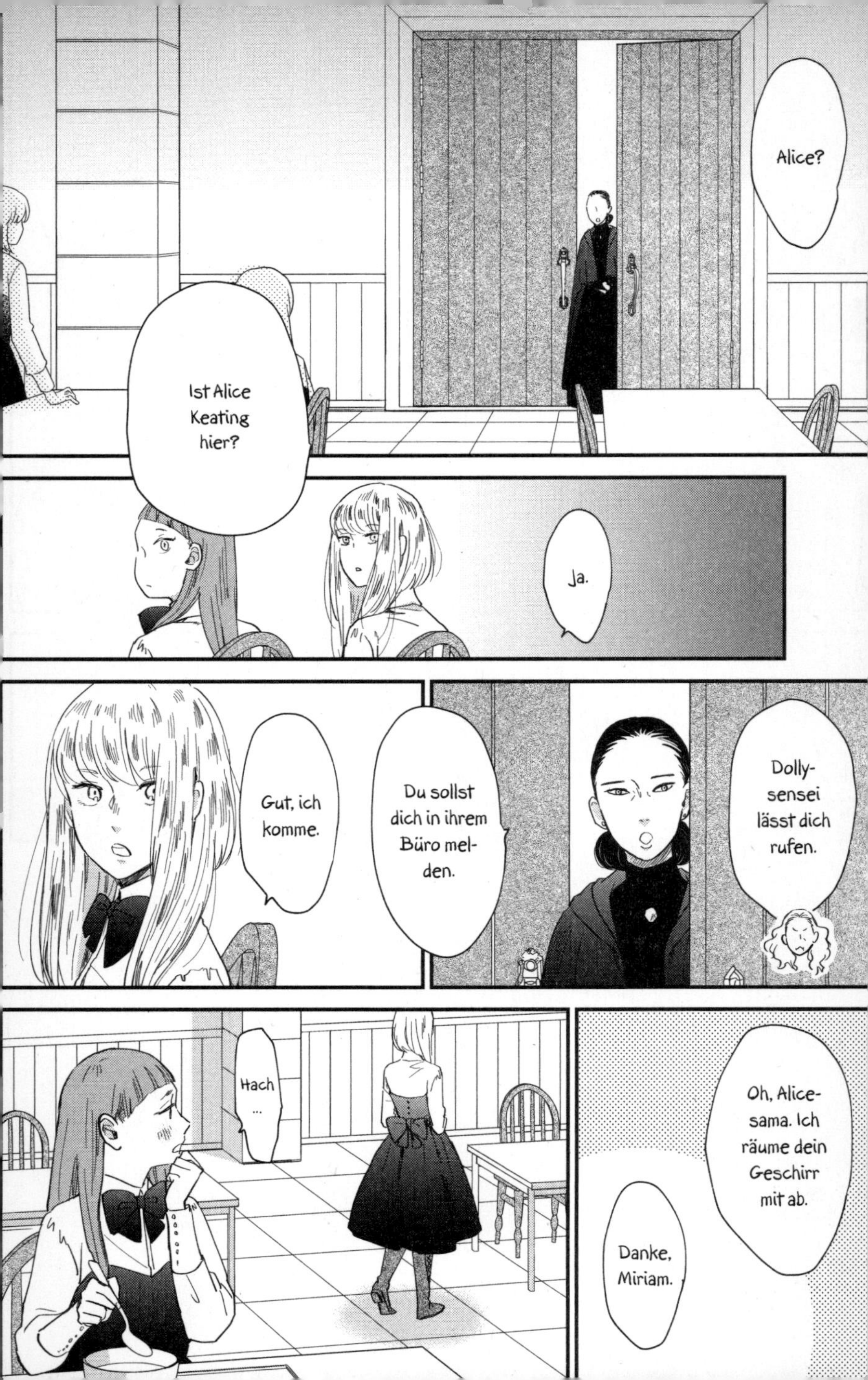
Alice?
Ist Alice Keating hier?
Ja.
Dolly-sensei lässt dich rufen.
Du sollst dich in ihrem Büro mel-den.
Gut, ich komme.
Oh, Alice-sama. Ich räume dein Geschirr mit ab.
Danke, Miriam.
Hach ...

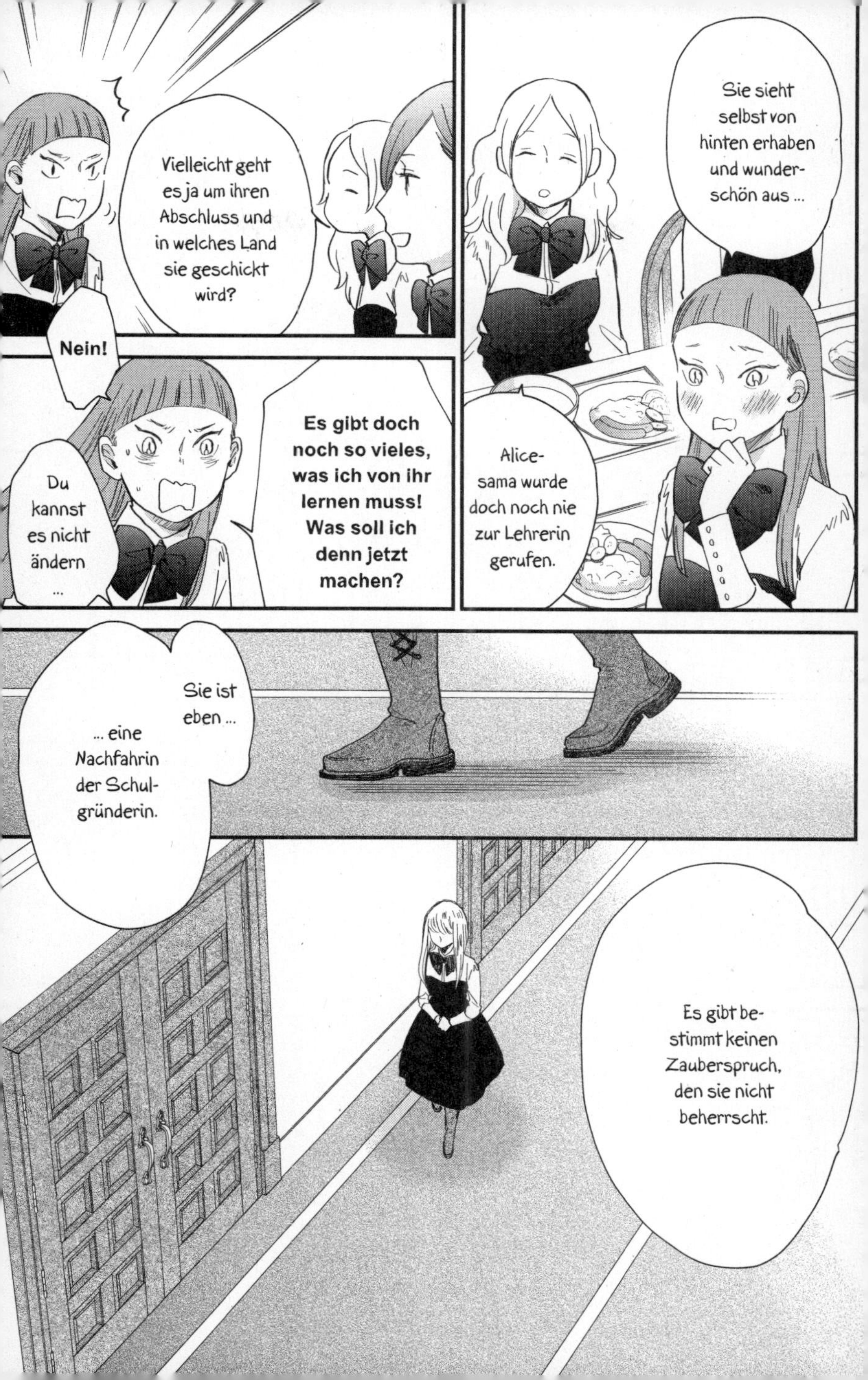

Sie sieht selbst von hinten erhaben und wunderschön aus ...
Vielleicht geht es ja um ihren Abschluss und in welches Land sie geschickt wird?
Alice-sama wurde doch noch nie zur Lehrerin gerufen.
Nein!
Es gibt doch noch so vieles, was ich von ihr lernen muss! Was soll ich denn jetzt machen?
Du kannst es nicht ändern ...
Sie ist eben ...
... eine Nachfahrin der Schulgründerin.
Es gibt bestimmt keinen Zauberspruch, den sie nicht beherrscht.

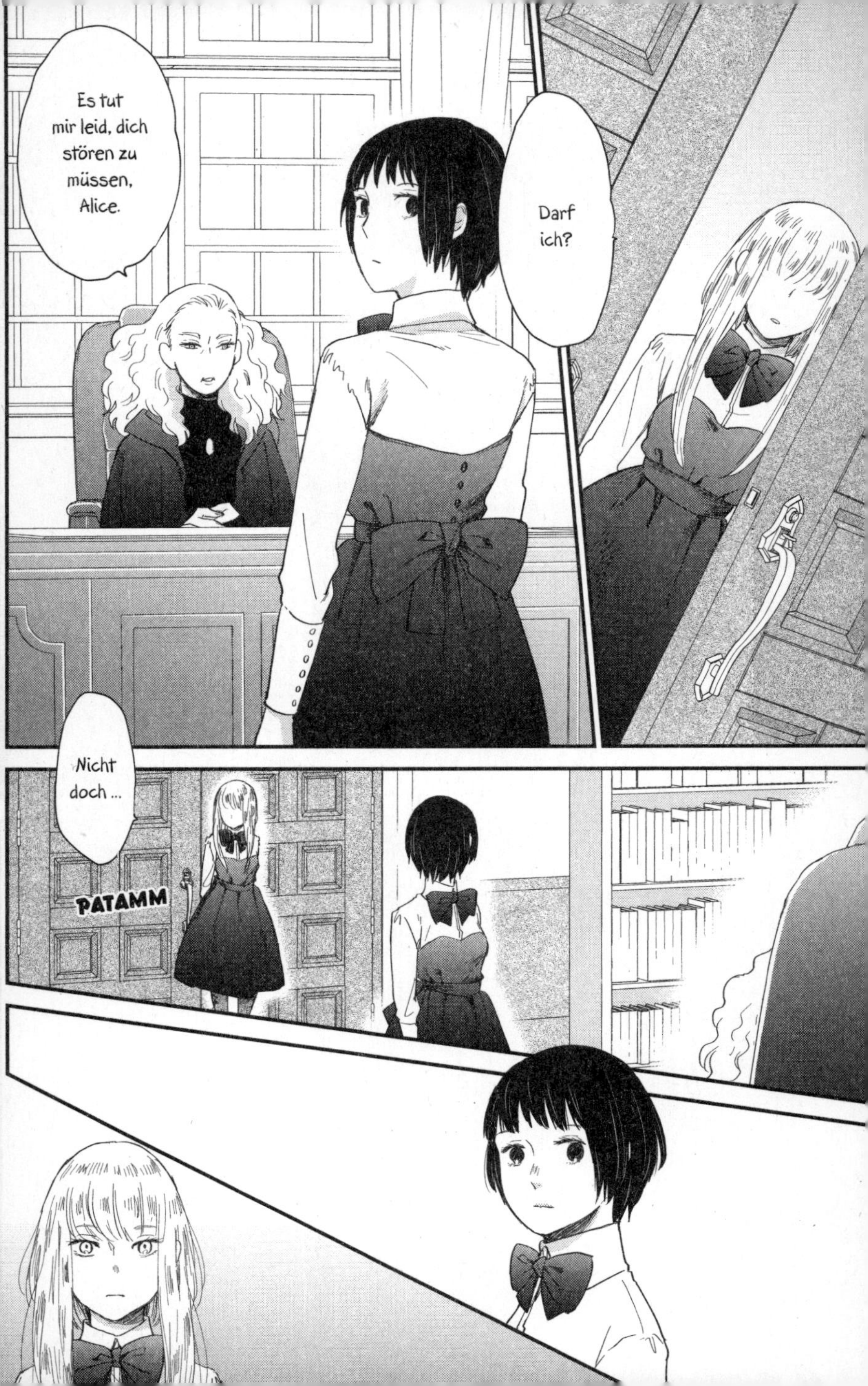
Darf ich?
Es tut mir leid, dich stören zu müssen, Alice.
Nicht doch ...
PATAMM

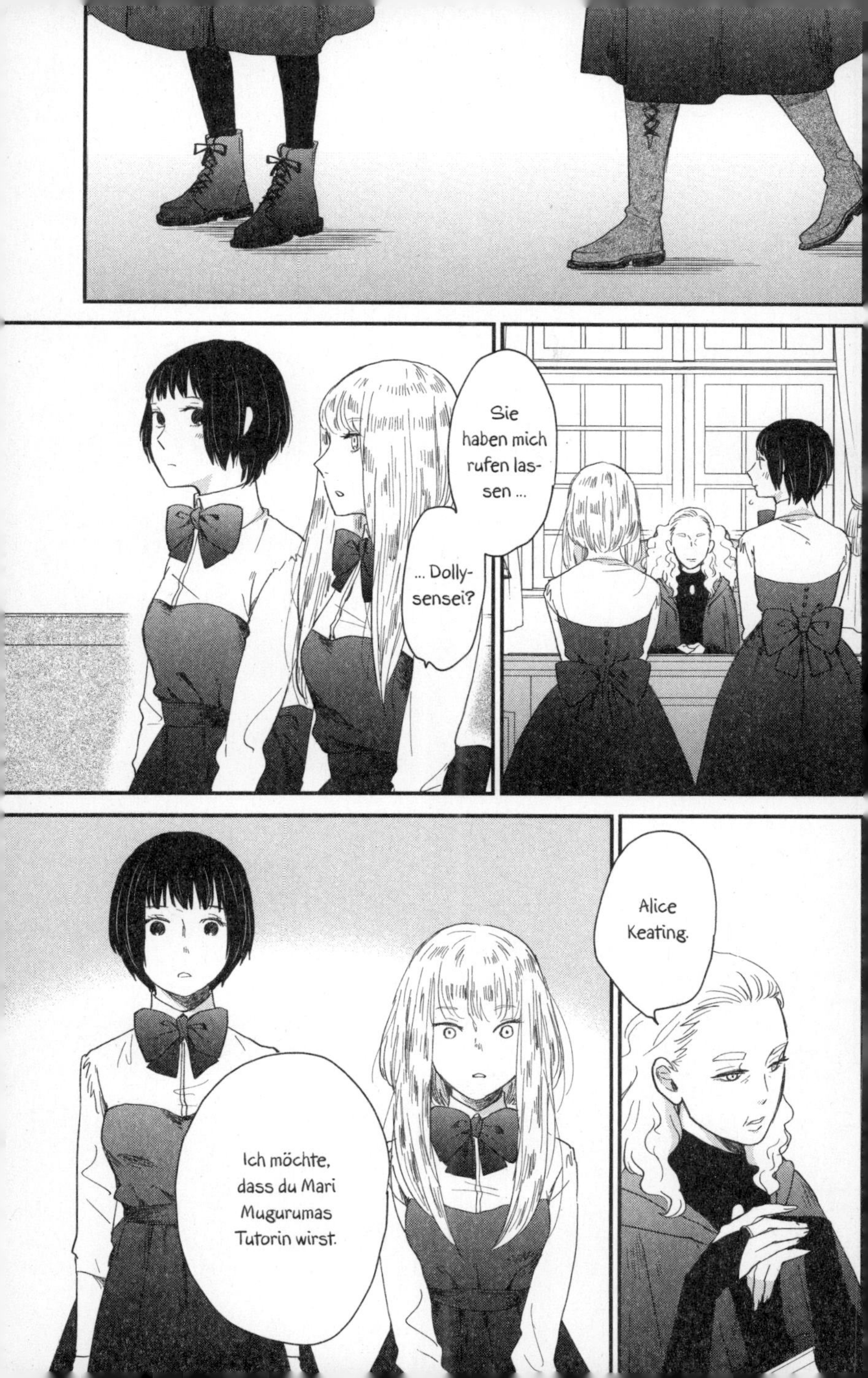
Sie haben mich rufen lassen ...
... Dolly-sensei?
Alice Keating.
Ich möchte, dass du Mari Mugurumas Tutorin wirst.

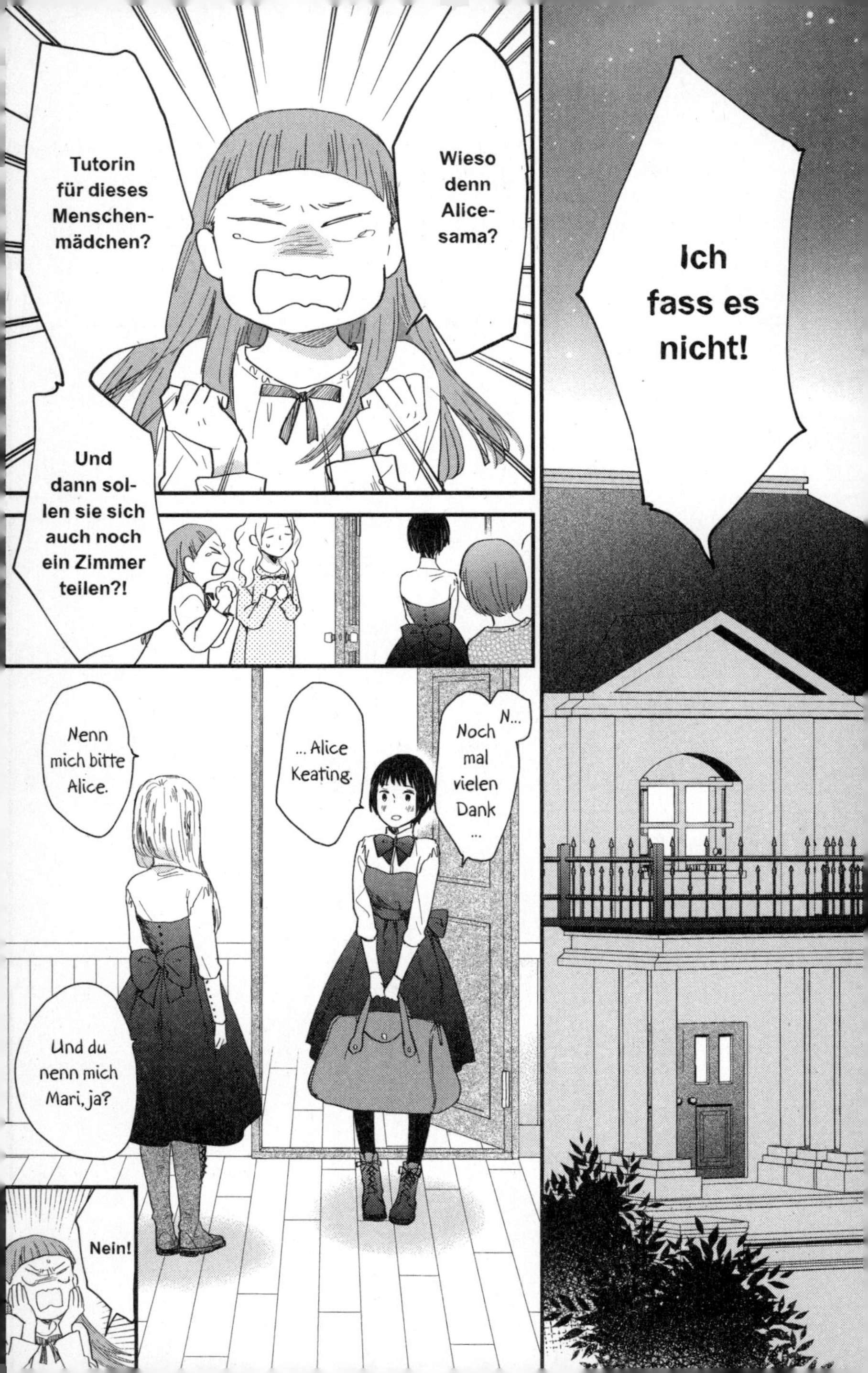
Ich fass es nicht!
Wieso denn Alice-sama?
Tutorin für dieses Menschenmädchen?
Und dann sollen sie sich auch noch ein Zimmer teilen?!
N...
Noch mal vielen Dank ...
... Alice Keating.
Nenn mich bitte Alice.
Und du nenn mich Mari, ja?
Nein!

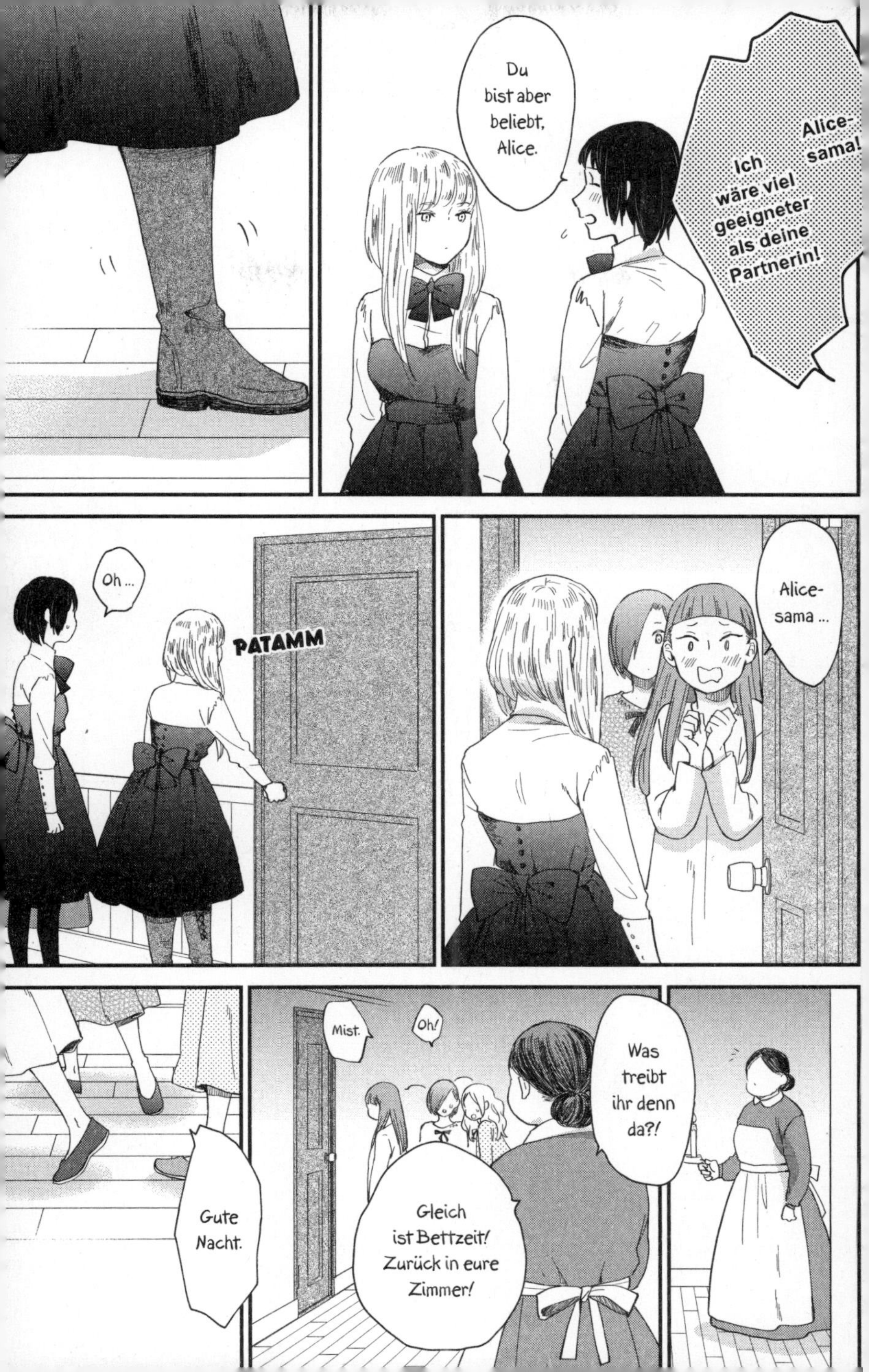
Alice-sama! Ich wäre viel geeigneter als deine Partnerin!
Du bist aber beliebt, Alice.
Alice-sama ...
PATAMM
Oh ...
Was treibt ihr denn da?!
Oh!
Mist.
Gleich ist Bettzeit! Zurück in eure Zimmer!
Gute Nacht.

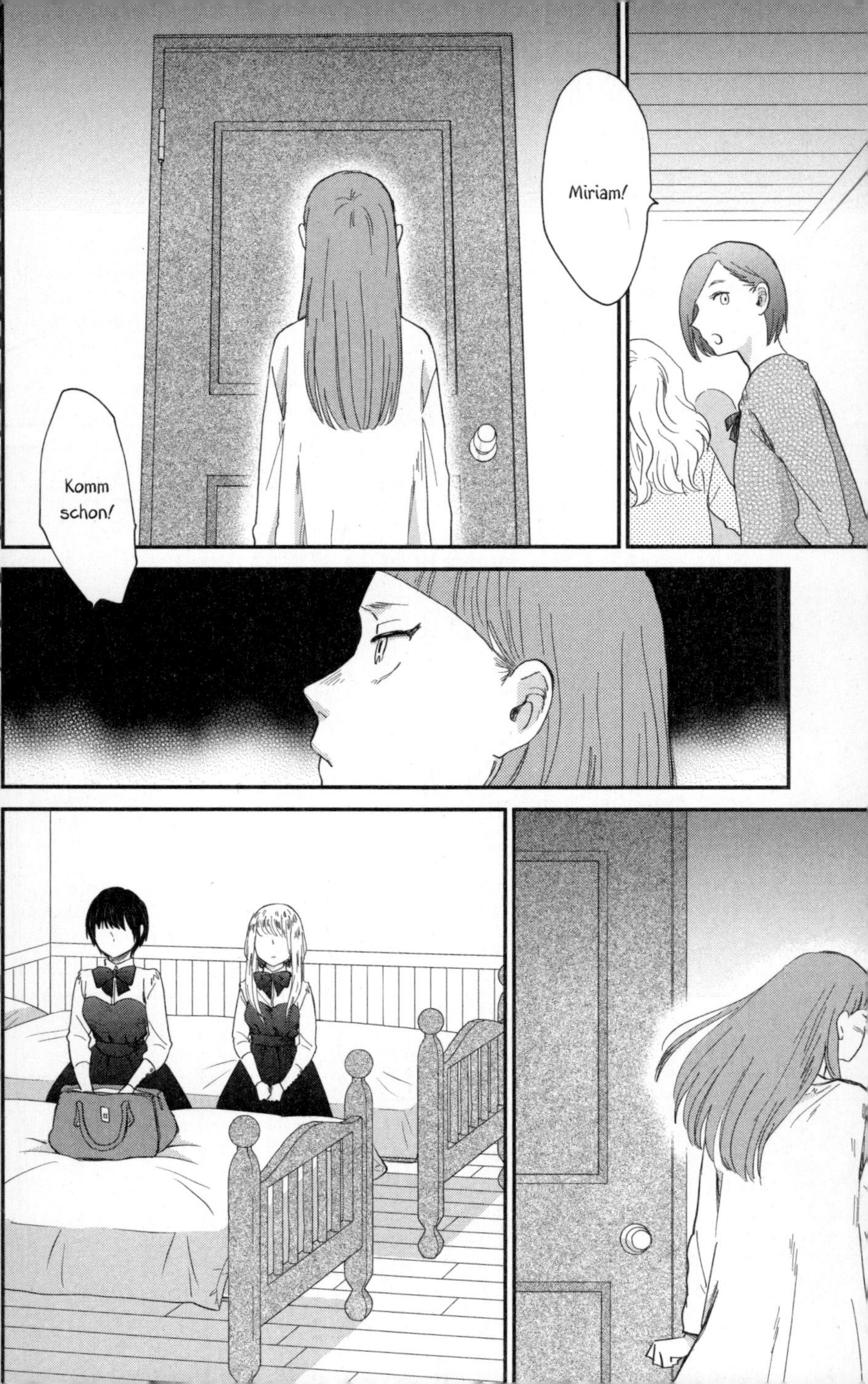
Miriam!
Komm schon!

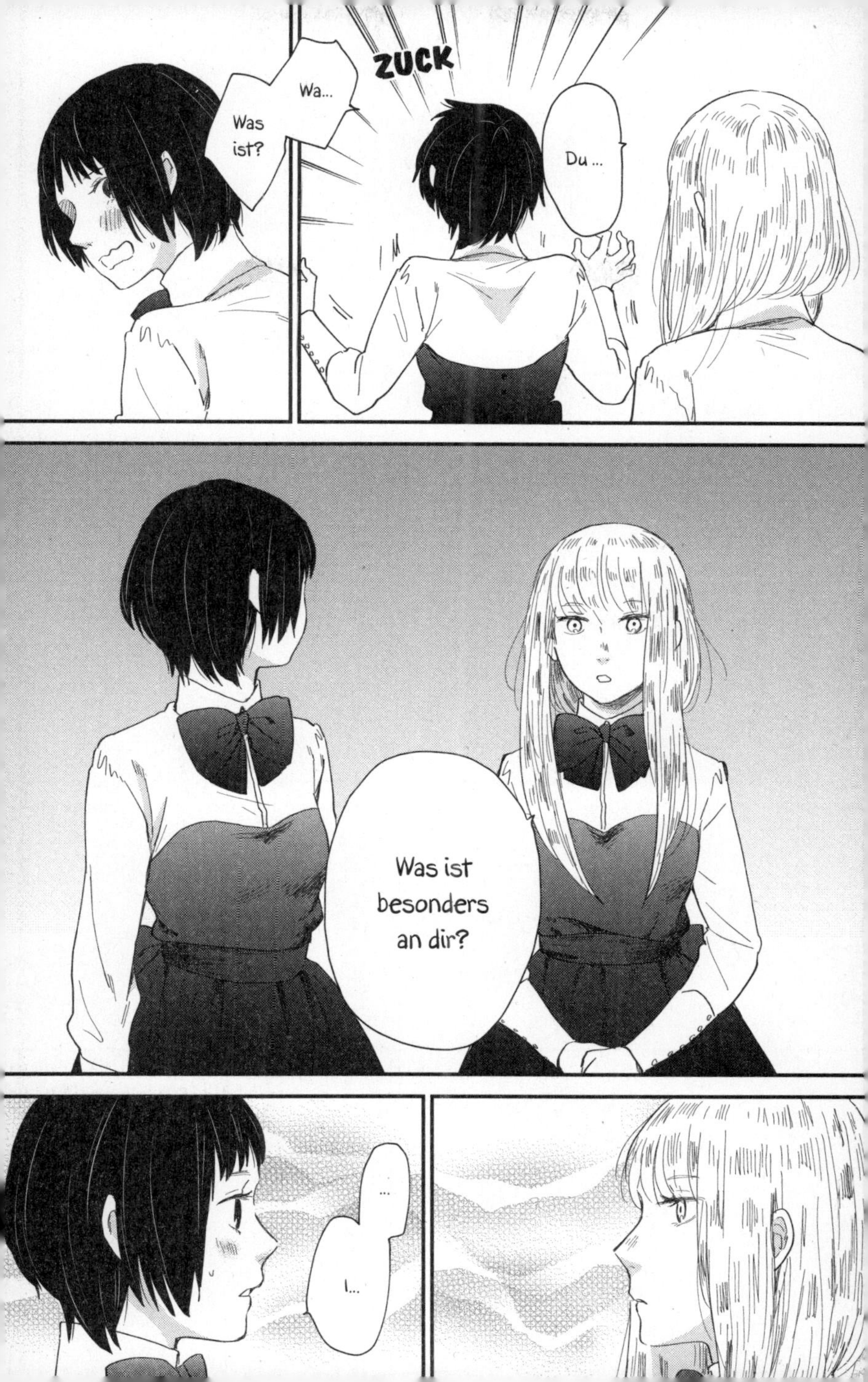
Du ...
ZUCK
Wa...
Was ist?
Was ist besonders an dir?
...
I...

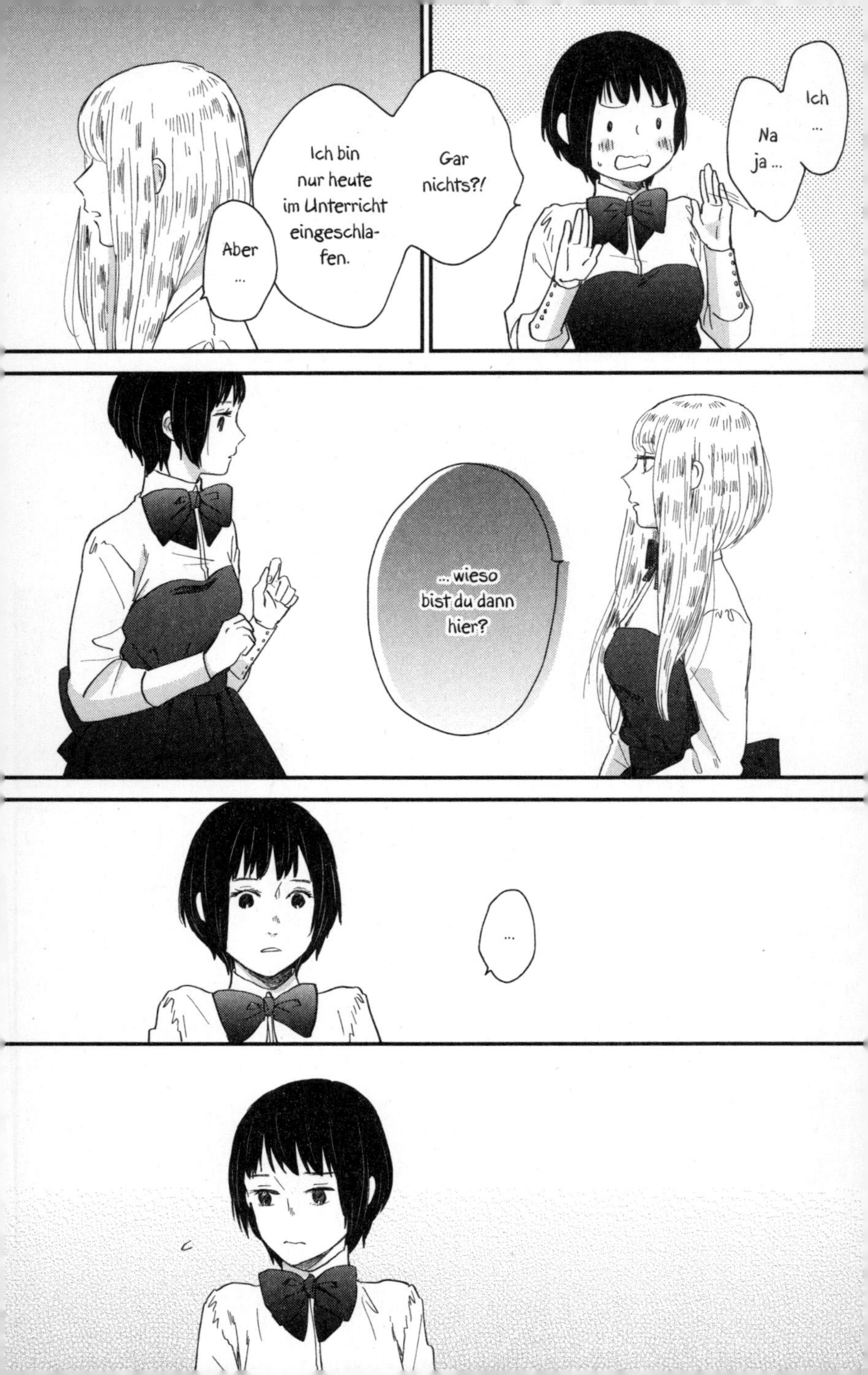
Ich ...
Na ja ...
Gar nichts?!
Ich bin nur heute im Unterricht eingeschlafen.
Aber ...
... wieso bist du dann hier?
...

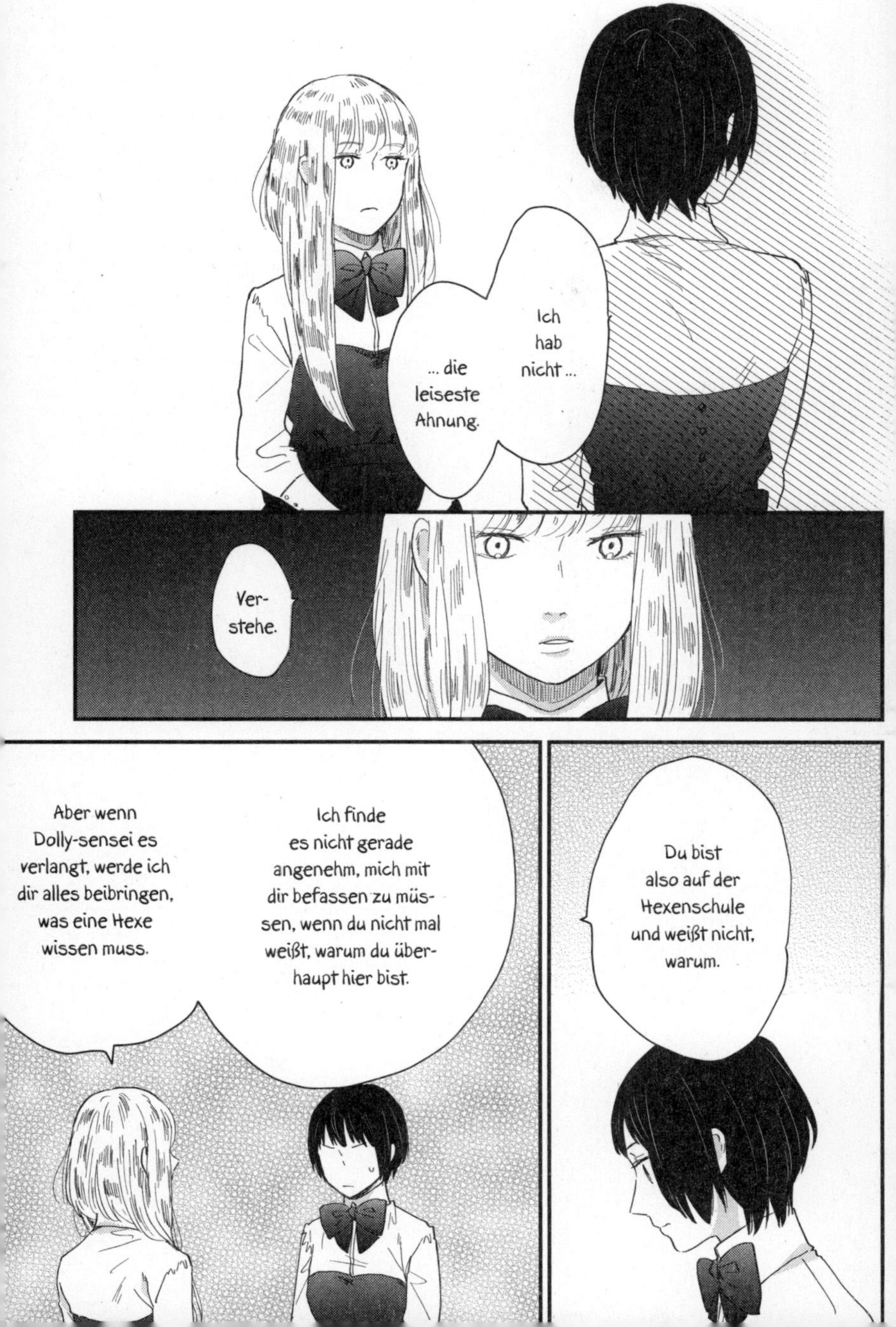
Ich hab nicht …
… die leiseste Ahnung.
Ver-stehe.
Du bist also auf der Hexenschule und weißt nicht, warum.
Ich finde es nicht gerade angenehm, mich mit dir befassen zu müs-sen, wenn du nicht mal weißt, warum du über-haupt hier bist.
Aber wenn Dolly-sensei es verlangt, werde ich dir alles beibringen, was eine Hexe wissen muss.

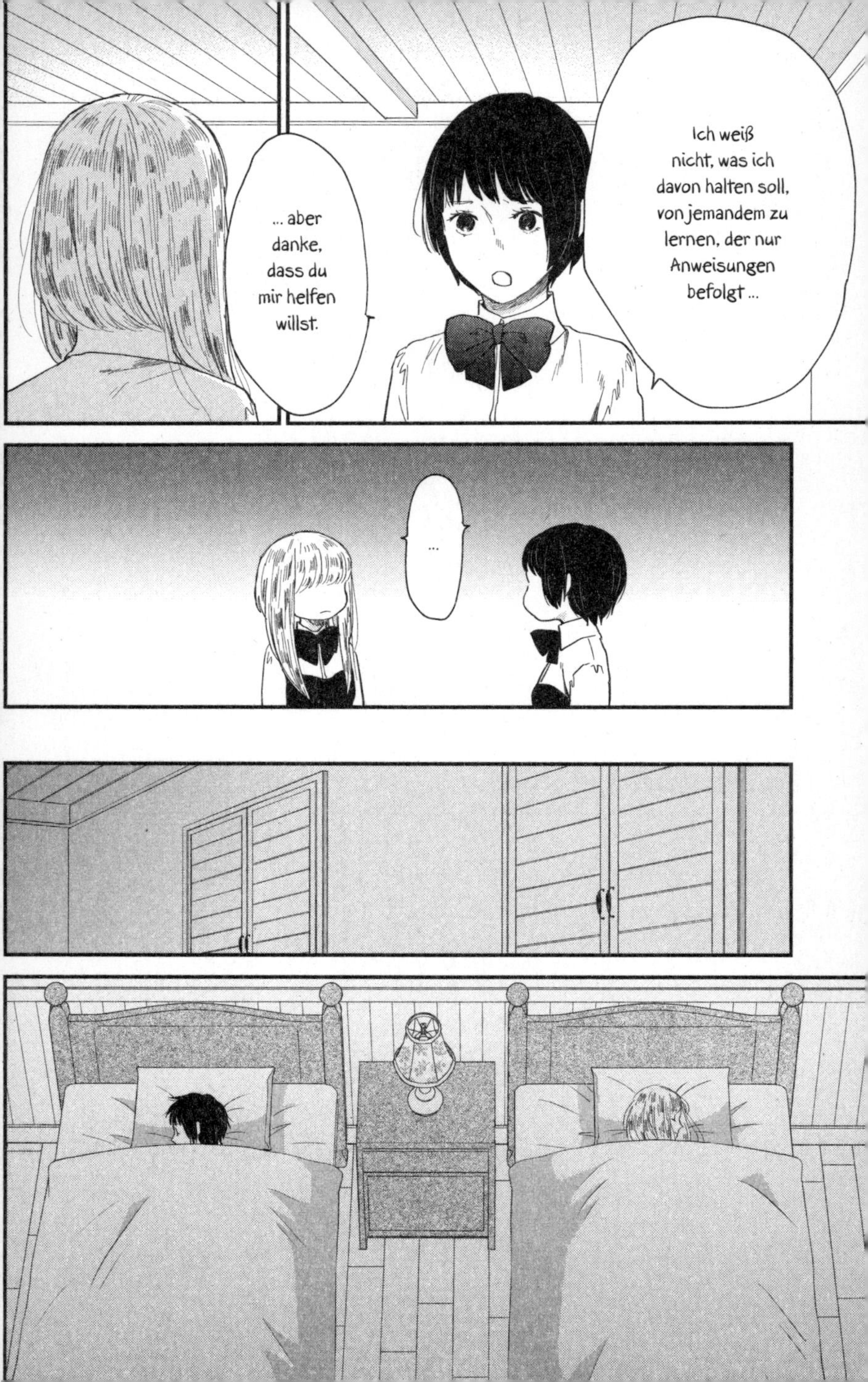
Ich weiß nicht, was ich davon halten soll, von jemandem zu lernen, der nur Anweisungen befolgt ...
... aber danke, dass du mir helfen willst.
...

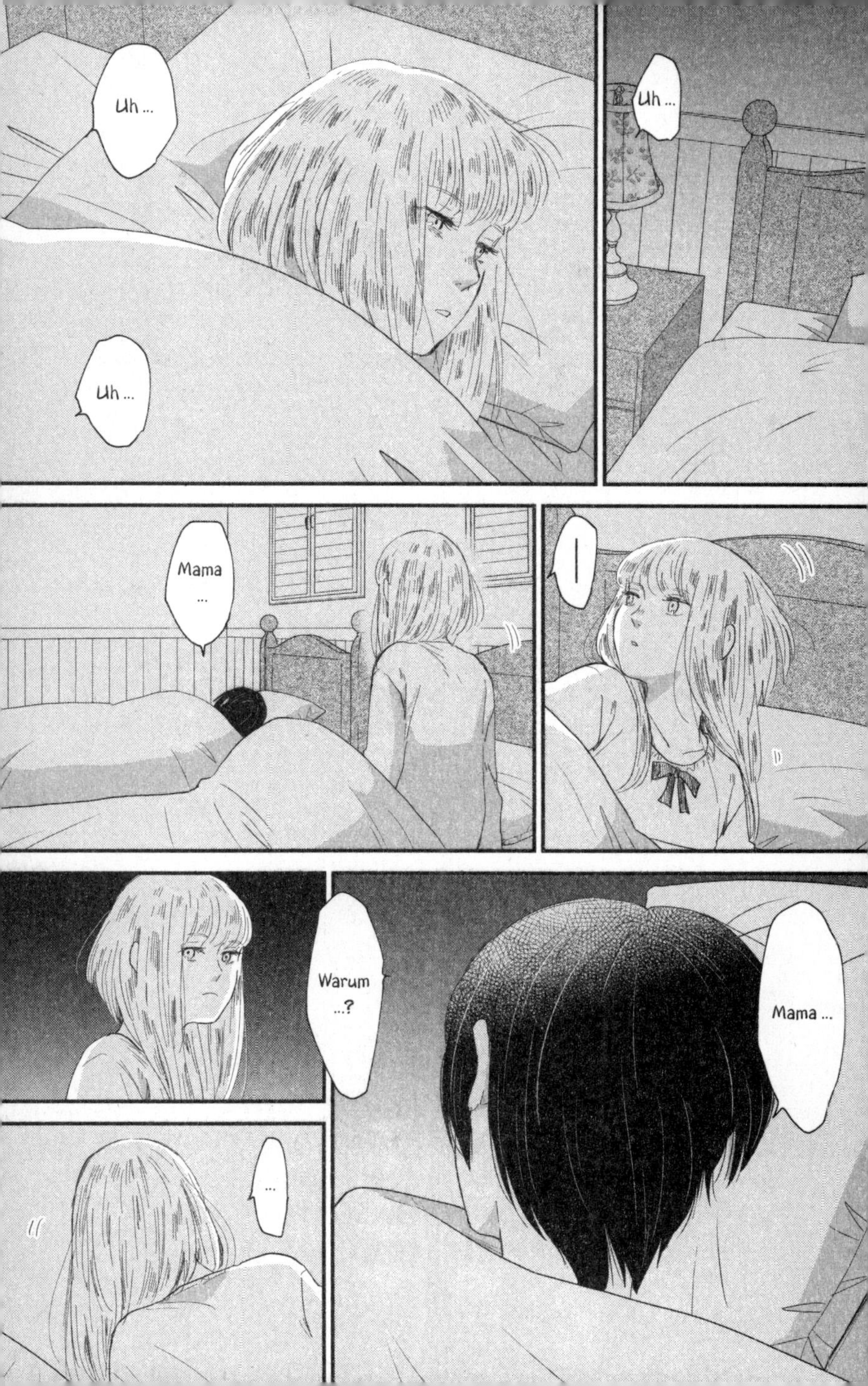
Uh ...
Uh ...
Uh ...
Mama ...
Mama ...
Warum ...?
...

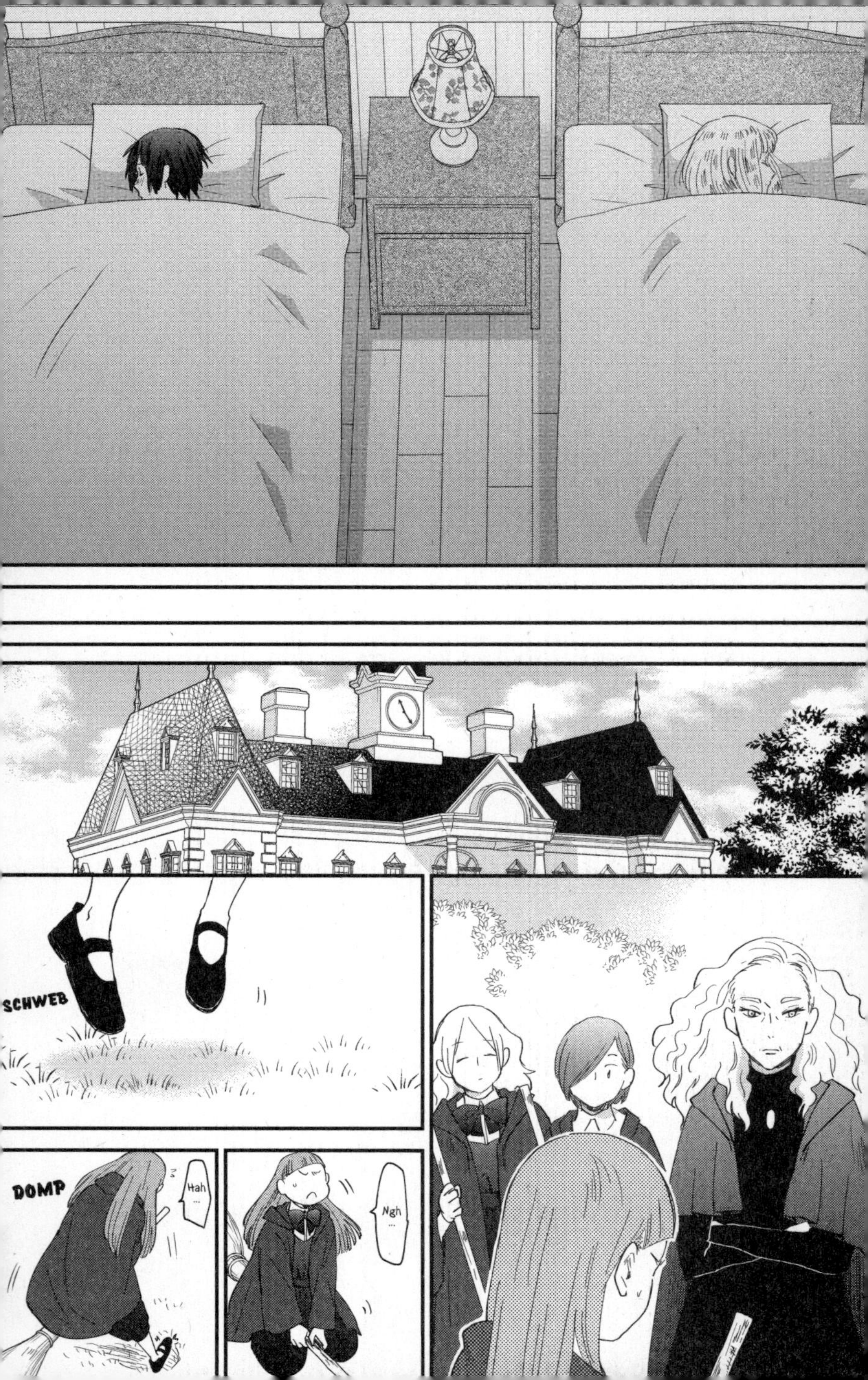
SCHWEB
DOMP
Hah …
Ngh …

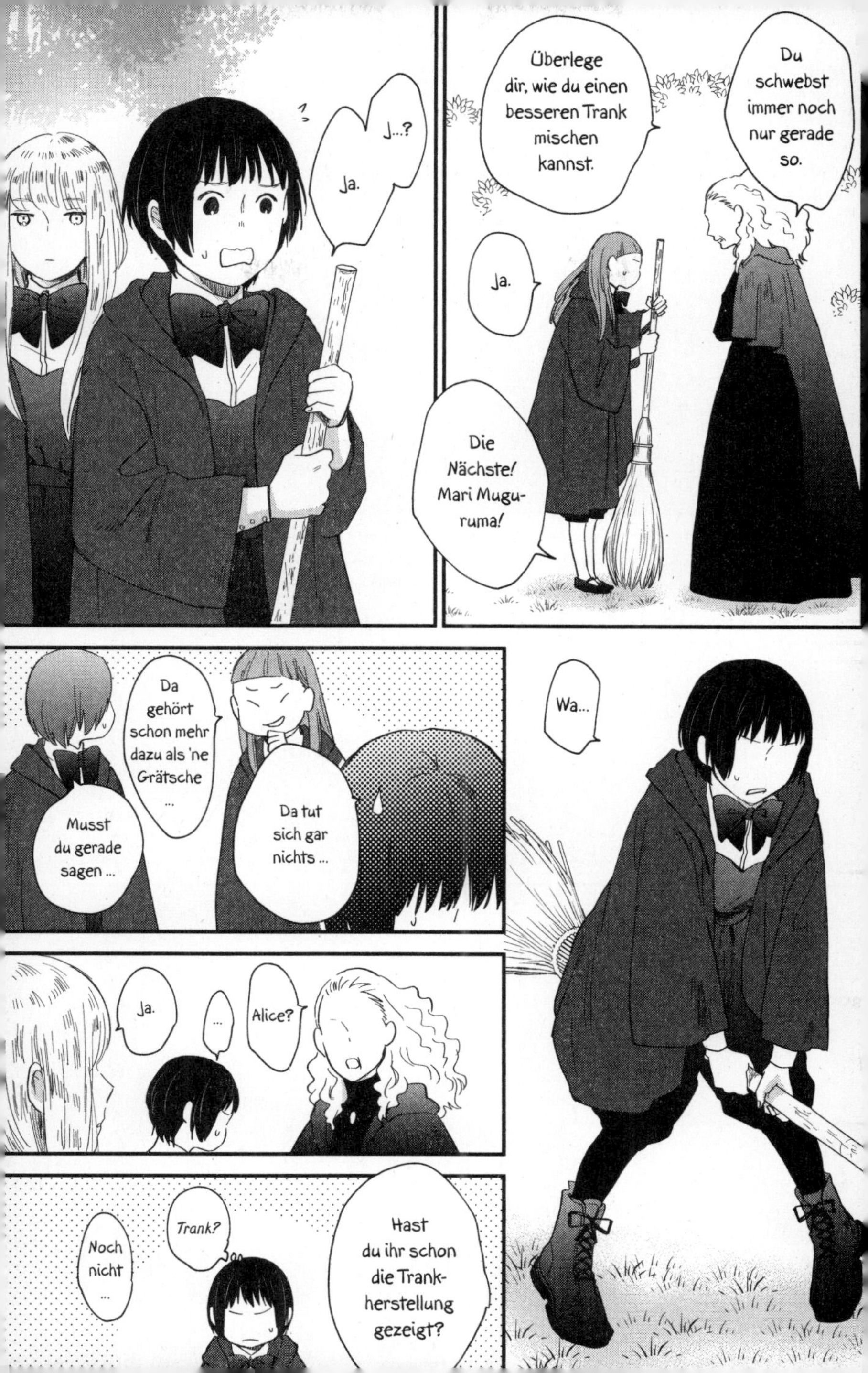
Du schwebst immer noch nur gerade so.
Überlege dir, wie du einen besseren Trank mischen kannst.
Ja.
Die Nächste! Mari Muguruma!
J...?
Ja.
Wa...
Da tut sich gar nichts ...
Da gehört schon mehr dazu als 'ne Grätsche ...
Musst du gerade sagen ...
Alice?
...
Ja.
Hast du ihr schon die Trankherstellung gezeigt?
Trank?
Noch nicht ...

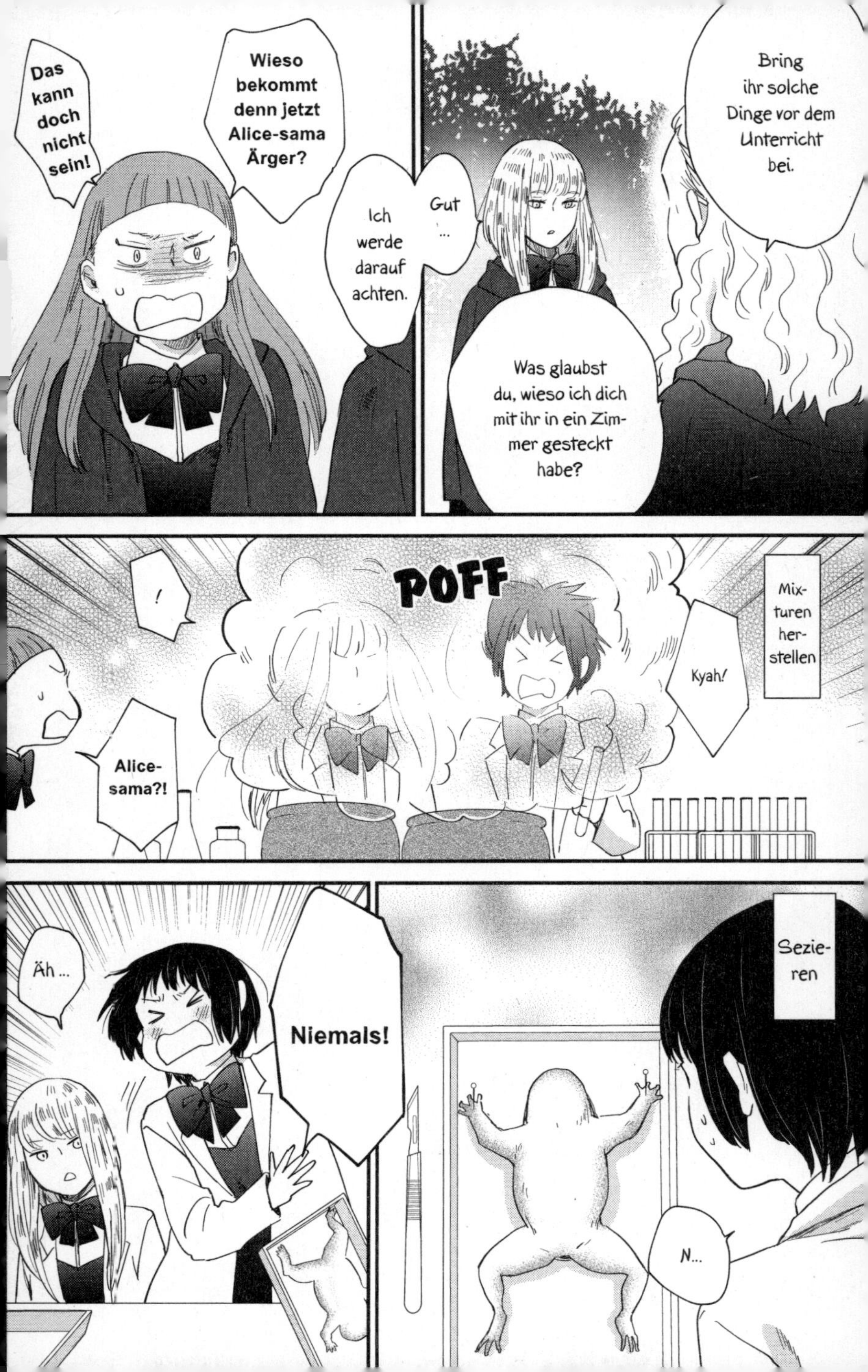
Bring ihr solche Dinge vor dem Unterricht bei.
Was glaubst du, wieso ich dich mit ihr in ein Zimmer gesteckt habe?
Gut ...
Ich werde darauf achten.
Wieso bekommt denn jetzt Alice-sama Ärger?
Das kann doch nicht sein!
Mixturen herstellen
POFF
Kyah!
!
Alice-sama?!
Sezieren
N...
Niemals!
Äh ...

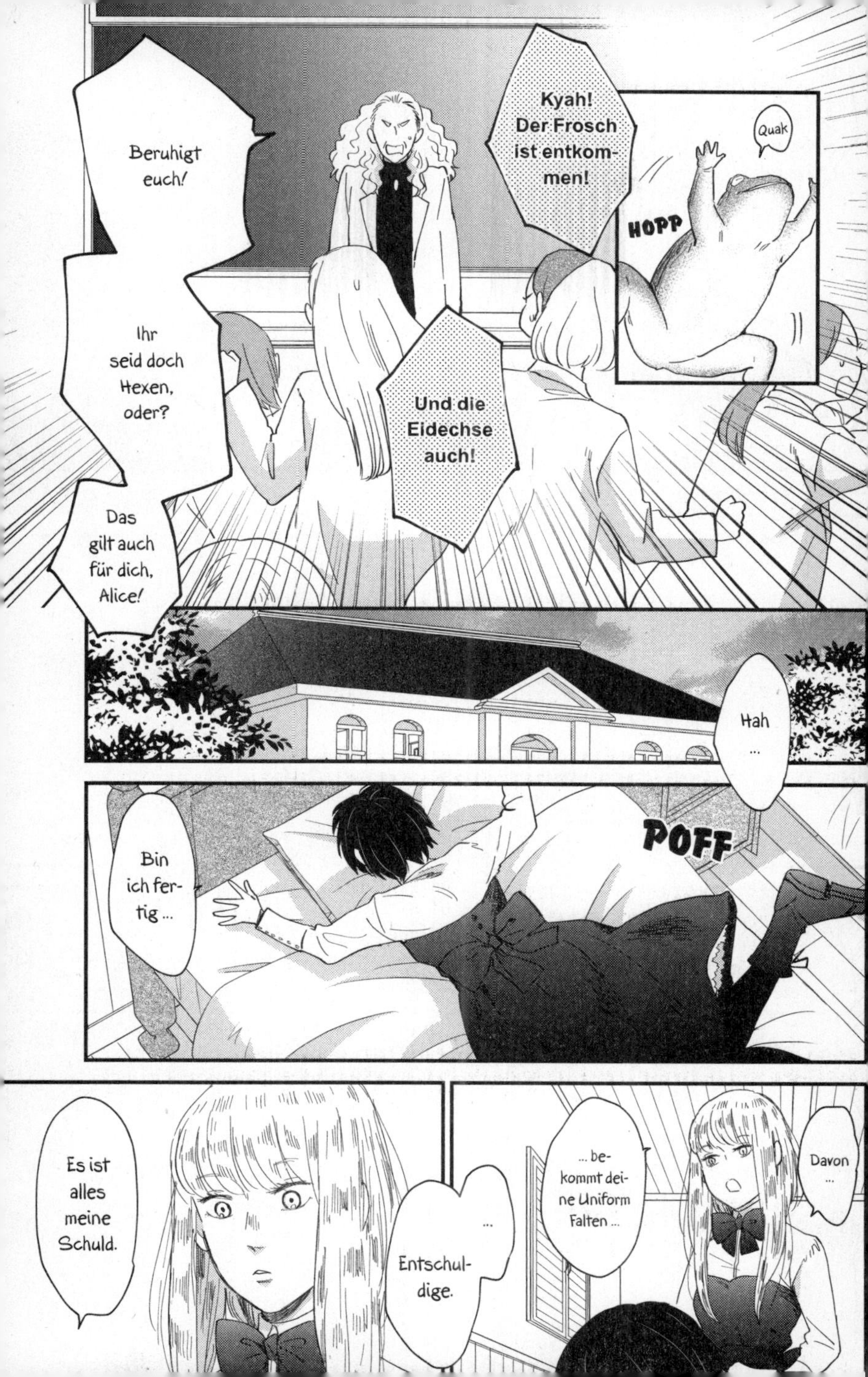
Quak
HOPP
Kyah! Der Frosch ist entkommen!
Und die Eidechse auch!
Beruhigt euch!
Ihr seid doch Hexen, oder?
Das gilt auch für dich, Alice!
Hah ...
POFF
Bin ich fertig ...
Davon ...
... bekommt deine Uniform Falten ...
...
Entschuldige.
Es ist alles meine Schuld.

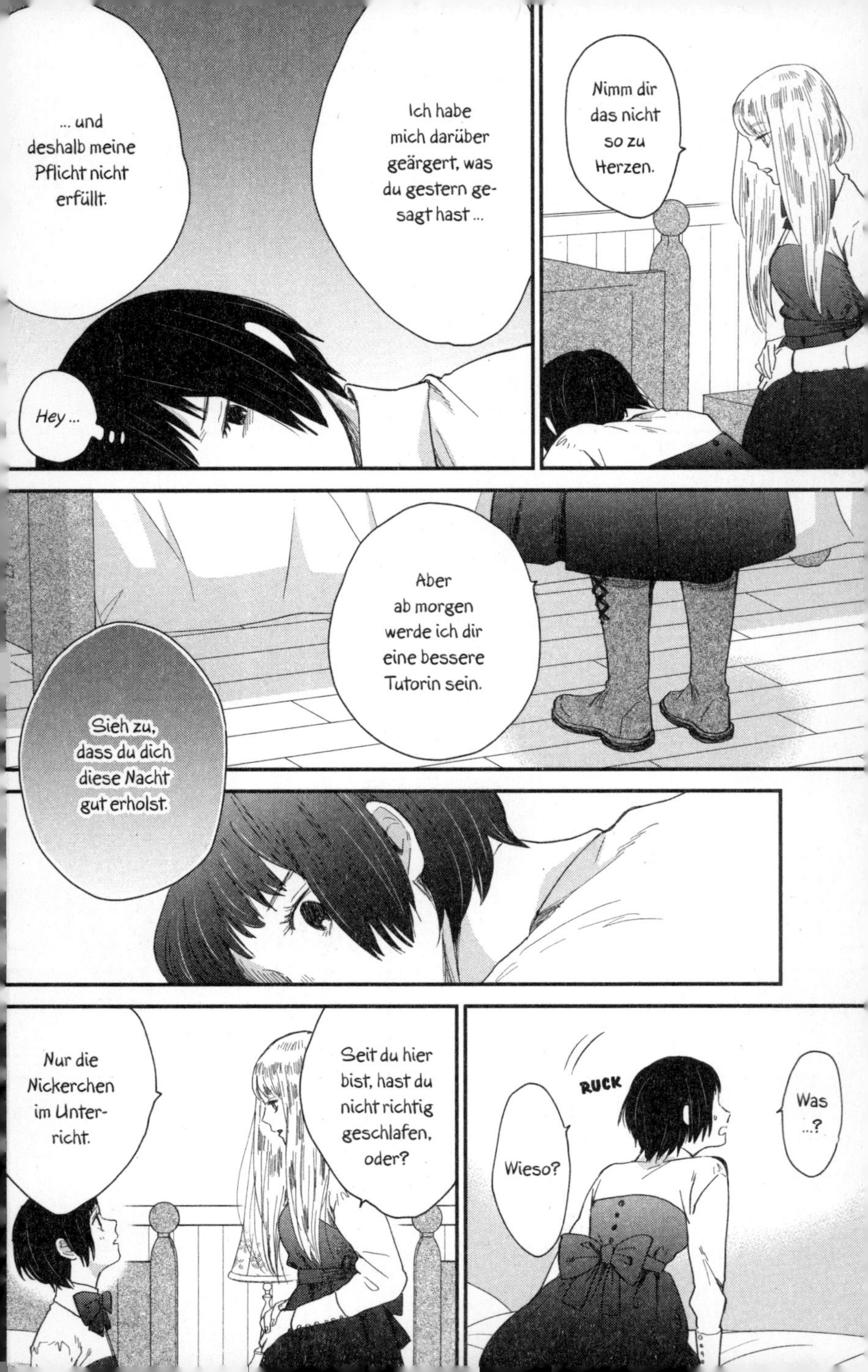
Nimm dir das nicht so zu Herzen.
Hey ...
Ich habe mich darüber geärgert, was du gestern gesagt hast ...
... und deshalb meine Pflicht nicht erfüllt.
Aber ab morgen werde ich dir eine bessere Tutorin sein.
Sieh zu, dass du dich diese Nacht gut erholst.
Was ...?
RUCK
Wieso?
Seit du hier bist, hast du nicht richtig geschlafen, oder?
Nur die Nickerchen im Unterricht.

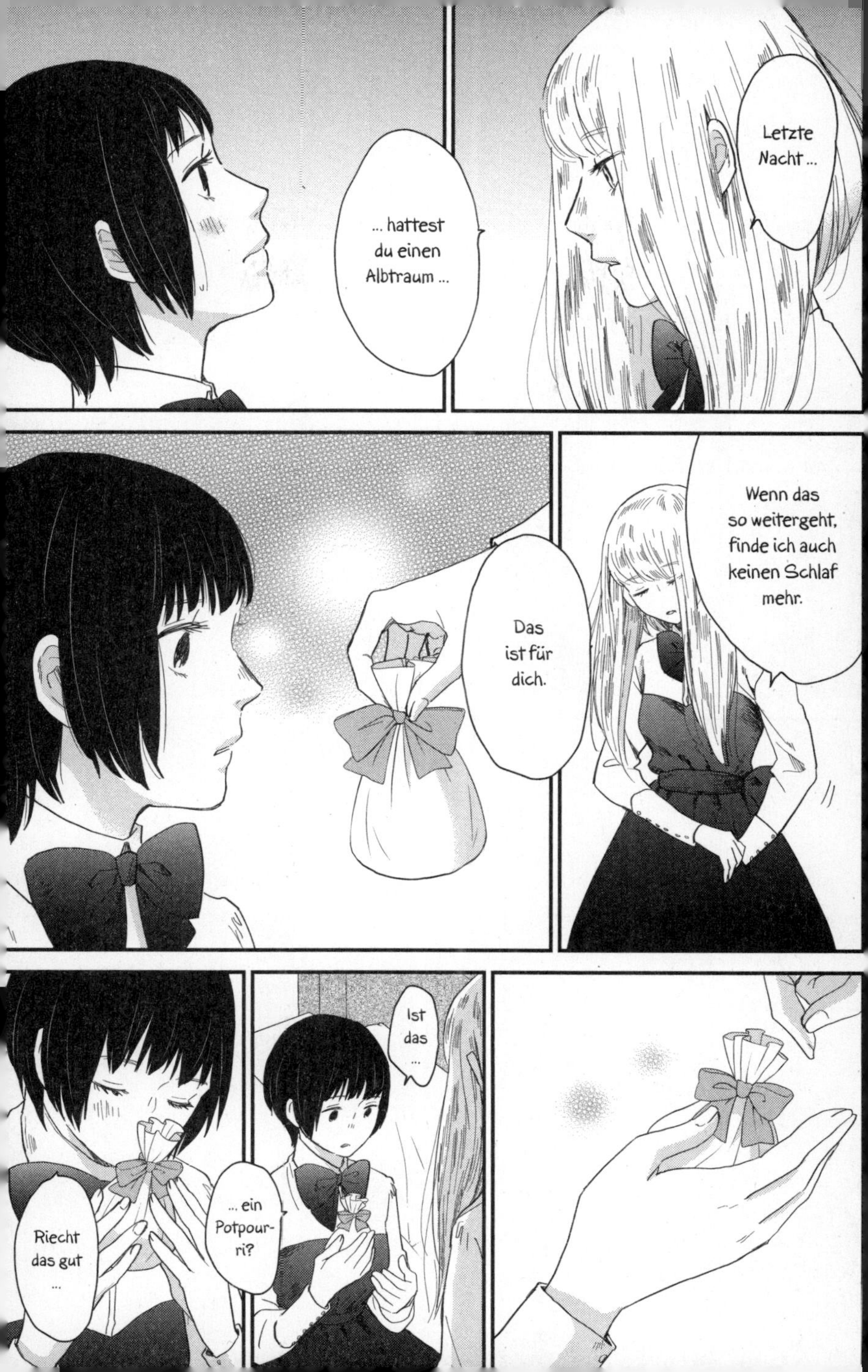
Letzte Nacht ...
... hattest du einen Albtraum ...
Wenn das so weitergeht, finde ich auch keinen Schlaf mehr.
Das ist für dich.
Ist das ...
... ein Potpourri?
Riecht das gut ...

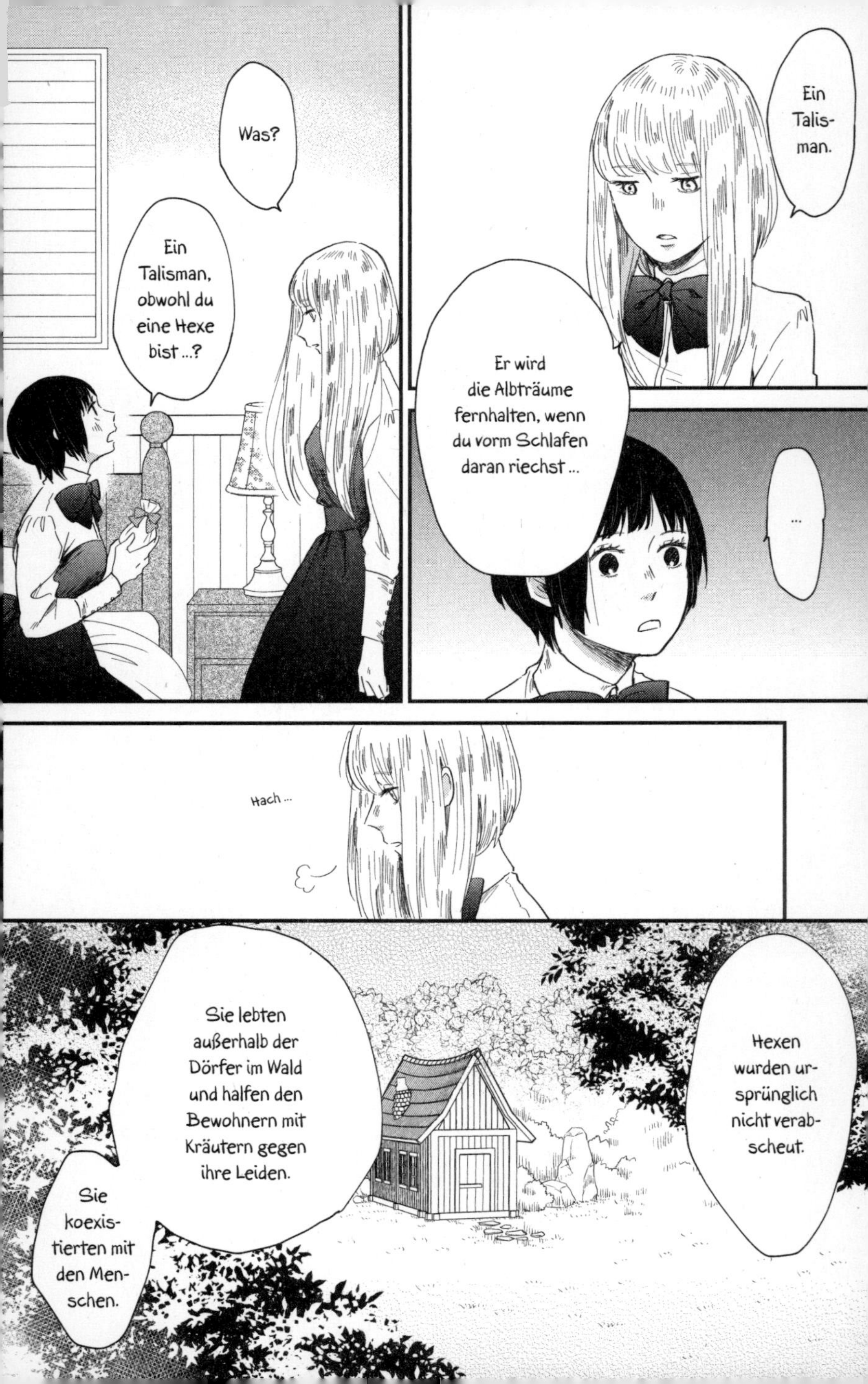
Ein Talisman.
Er wird die Albträume fernhalten, wenn du vorm Schlafen daran riechst ...
Was?
Ein Talisman, obwohl du eine Hexe bist ...?
...
Hach ...
Hexen wurden ursprünglich nicht verabscheut.
Sie lebten außerhalb der Dörfer im Wald und halfen den Bewohnern mit Kräutern gegen ihre Leiden.
Sie koexistierten mit den Menschen.

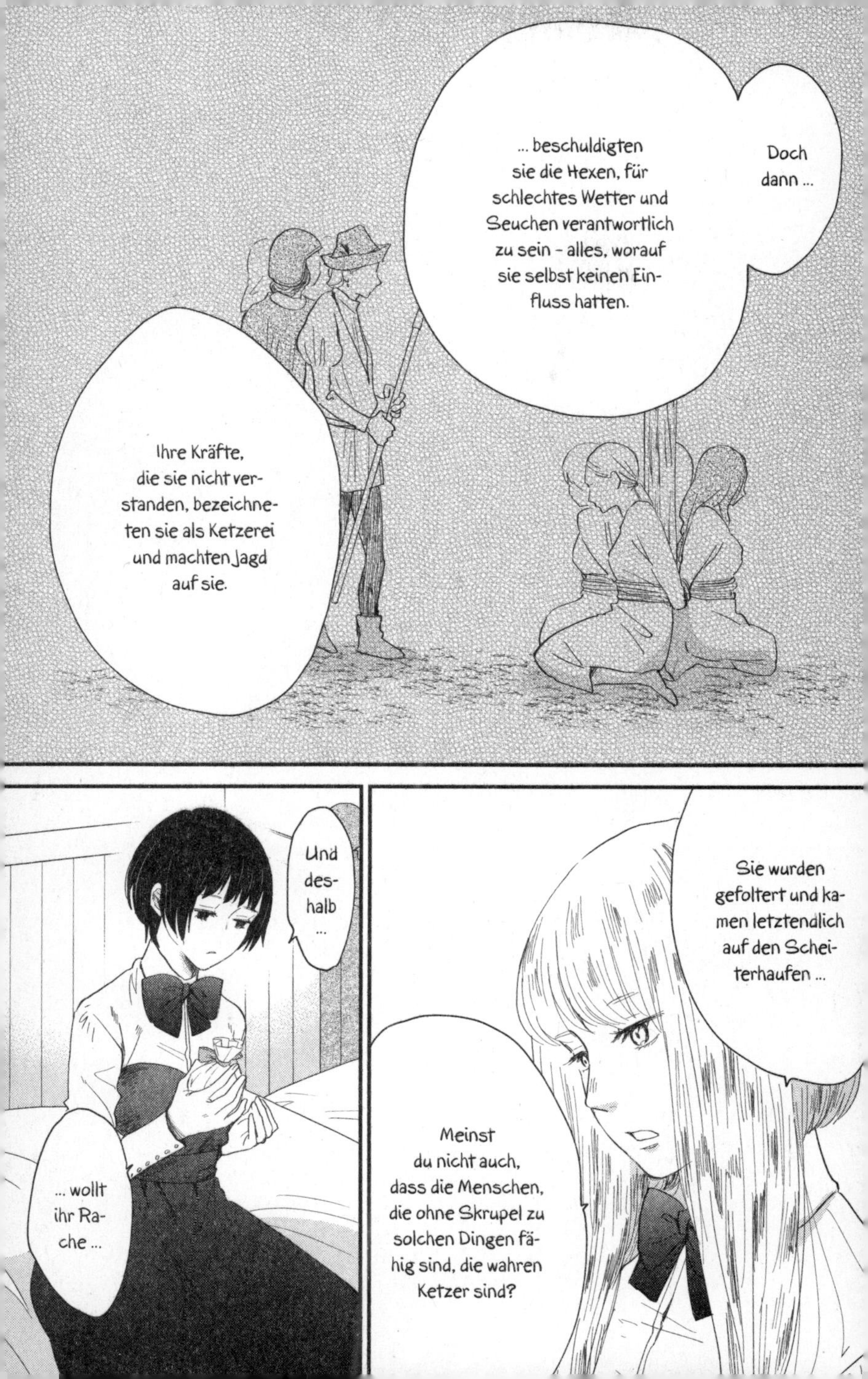
Doch dann ...
... beschuldigten sie die Hexen, für schlechtes Wetter und Seuchen verantwortlich zu sein - alles, worauf sie selbst keinen Einfluss hatten.
Ihre Kräfte, die sie nicht verstanden, bezeichneten sie als Ketzerei und machten Jagd auf sie.
Sie wurden gefoltert und kamen letztendlich auf den Scheiterhaufen ...
Meinst du nicht auch, dass die Menschen, die ohne Skrupel zu solchen Dingen fähig sind, die wahren Ketzer sind?
Und deshalb ...
... wollt ihr Rache ...

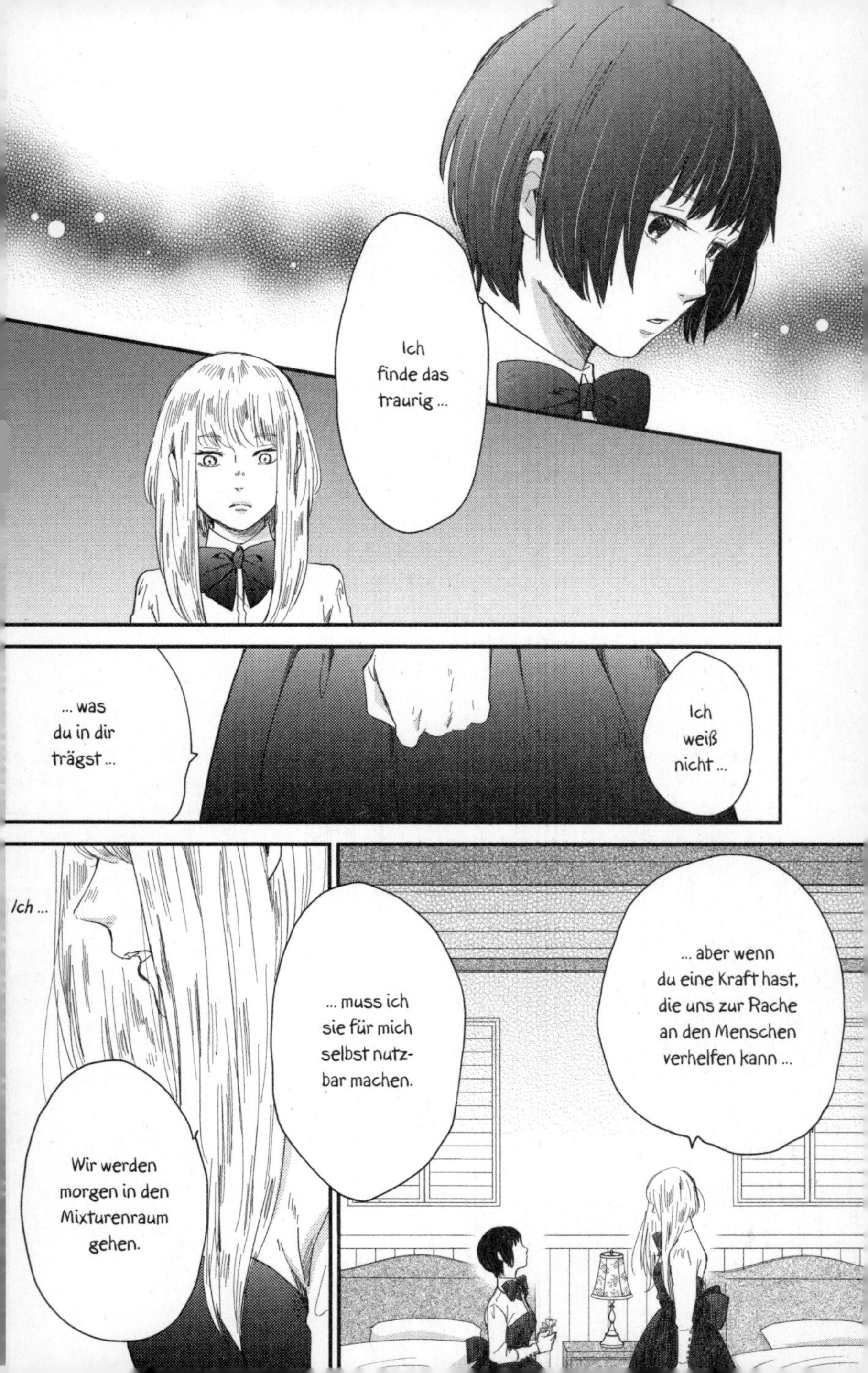
Ich finde das traurig ...
Ich weiß nicht ...
... was du in dir trägst ...
... aber wenn du eine Kraft hast, die uns zur Rache an den Menschen verhelfen kann ...
... muss ich sie für mich selbst nutzbar machen.
Ich ...
Wir werden morgen in den Mixturenraum gehen.

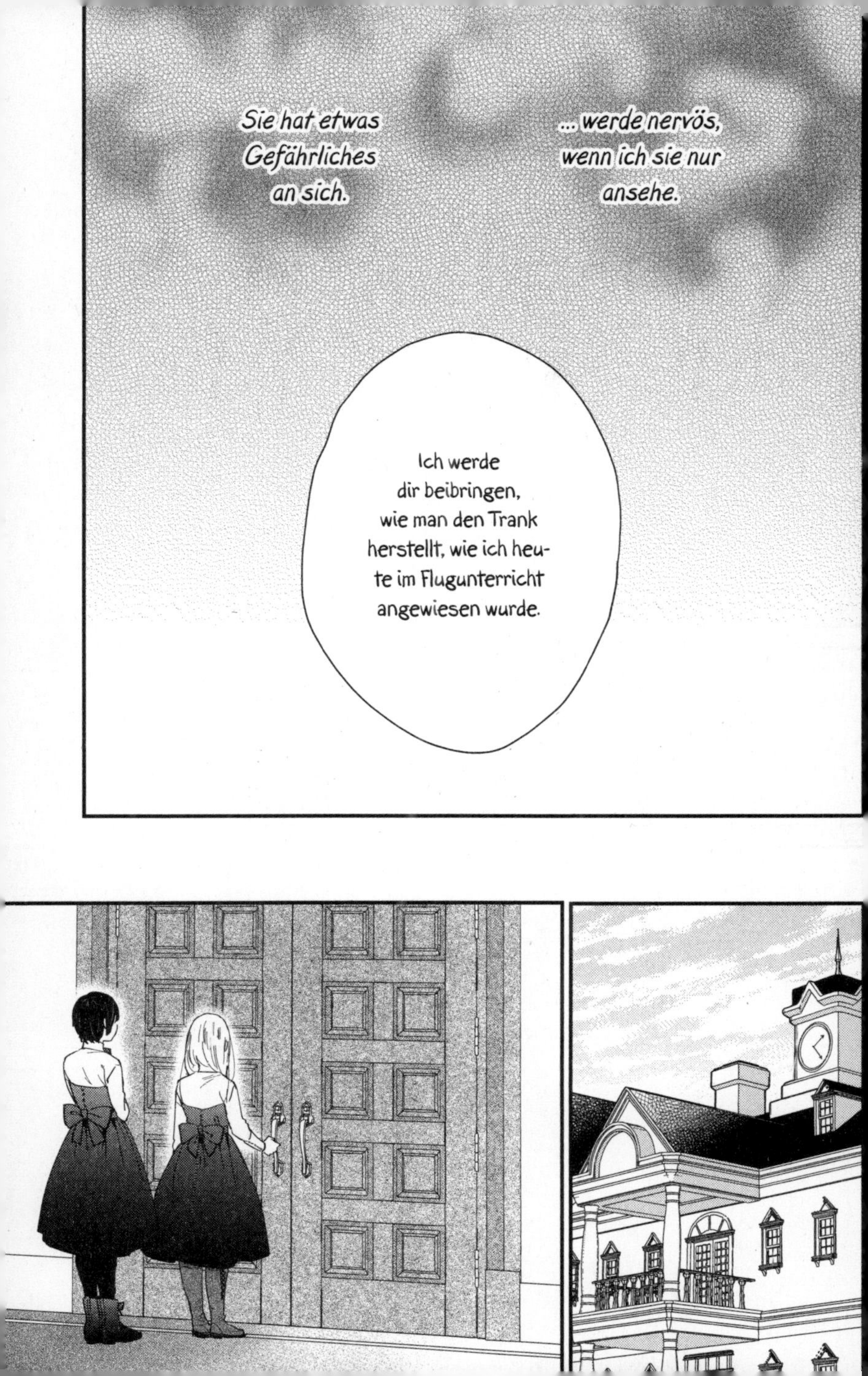
... werde nervös, wenn ich sie nur ansehe.
Sie hat etwas Gefährliches an sich.
Ich werde dir beibringen, wie man den Trank herstellt, wie ich heute im Flugunterricht angewiesen wurde.

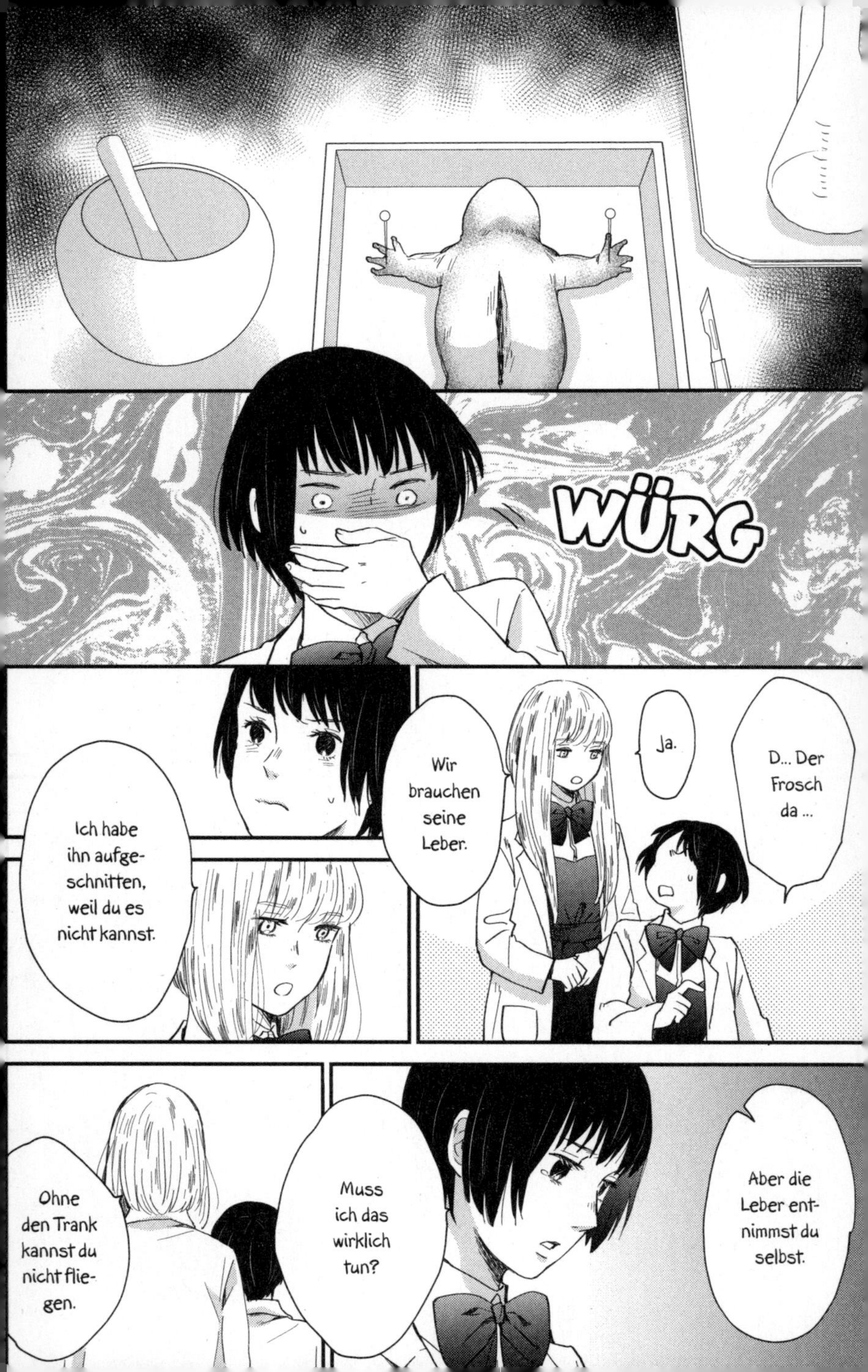
WÜRG
D... Der Frosch da ...
Ja.
Wir brauchen seine Leber.
Ich habe ihn aufgeschnitten, weil du es nicht kannst.
Aber die Leber entnimmst du selbst.
Muss ich das wirklich tun?
Ohne den Trank kannst du nicht fliegen.

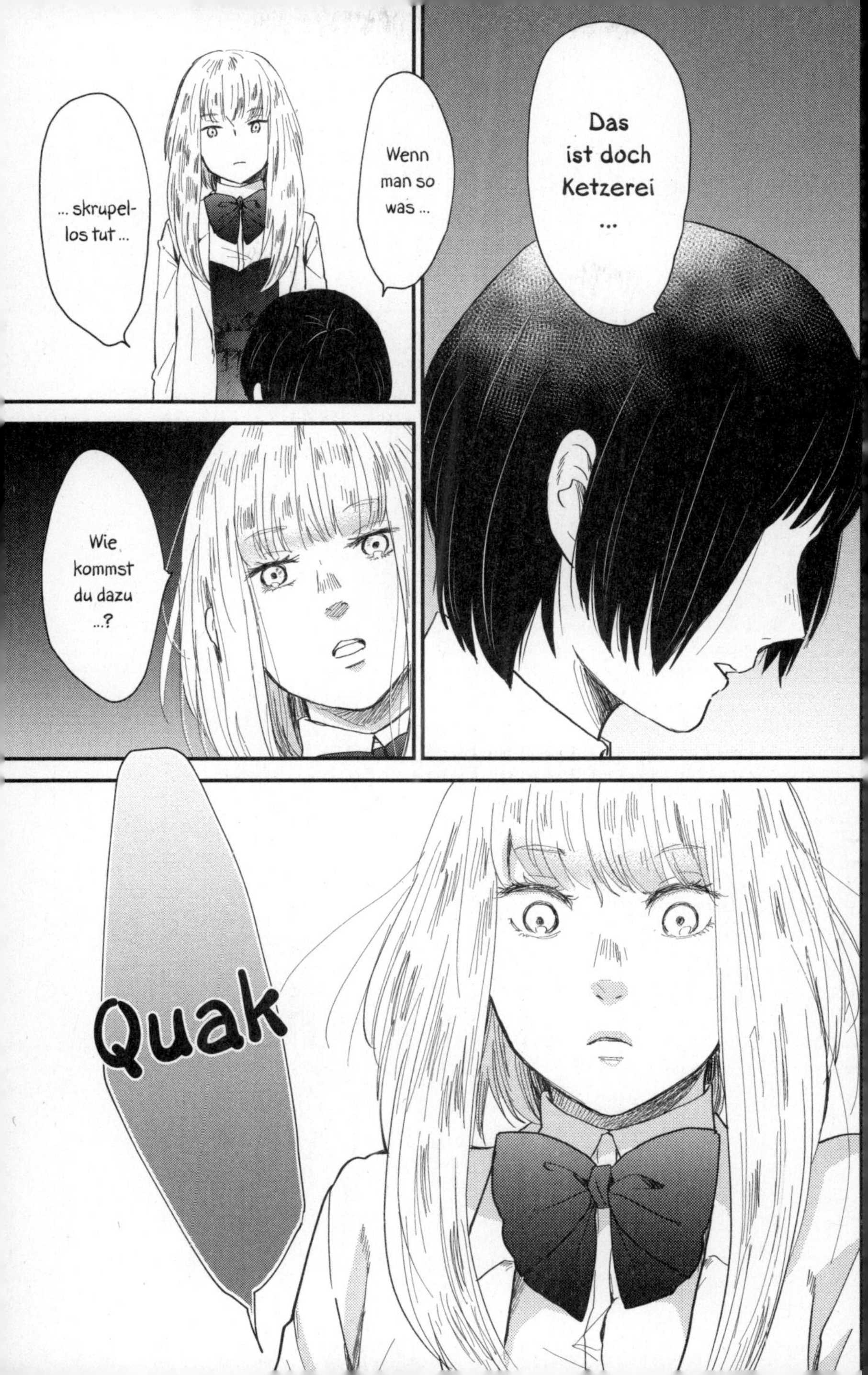
Wenn man so was ...
... skrupel-los tut ...
Das ist doch Ketzerei ...
Wie kommst du dazu ...?
Quak

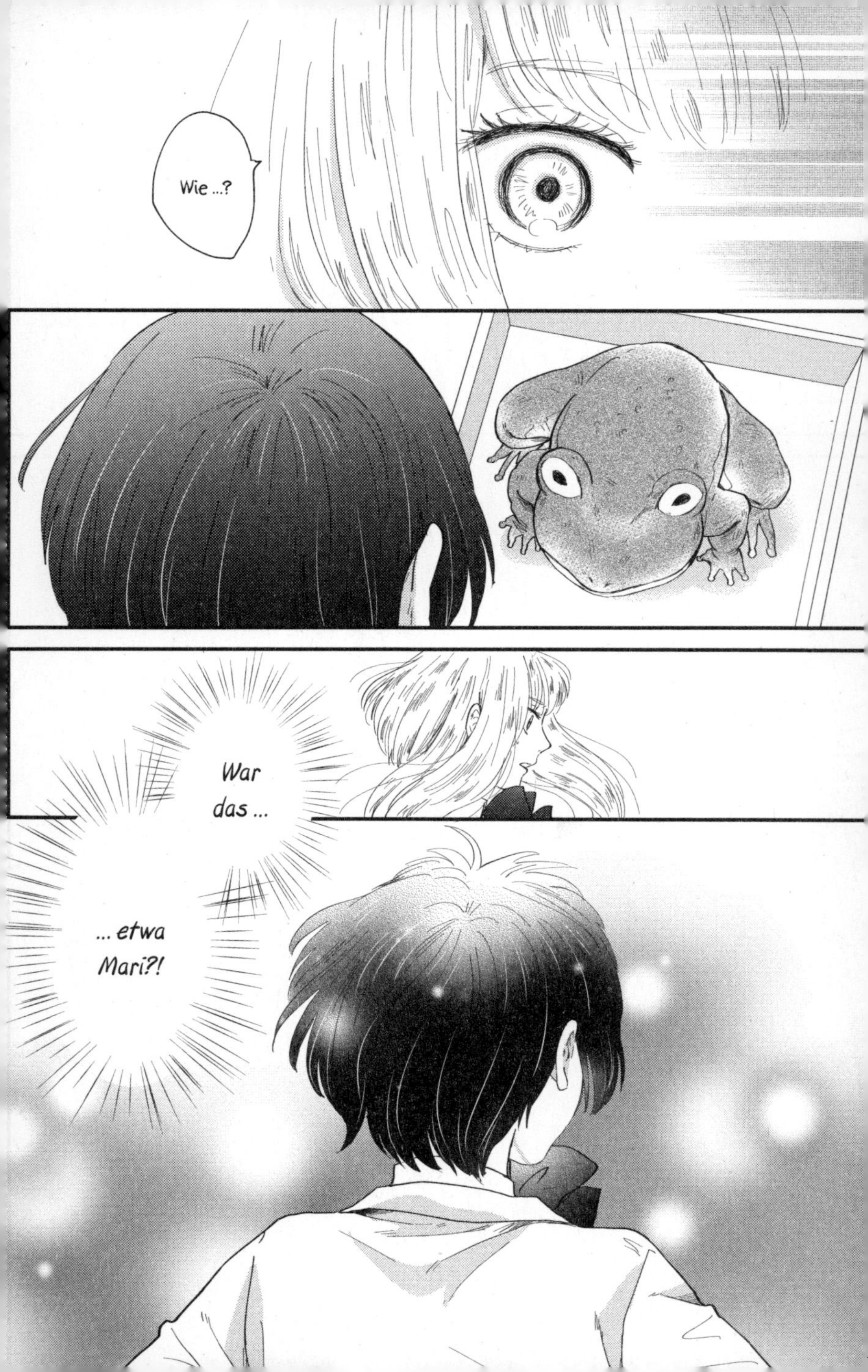
Wie ...?
War das ...
... etwa Mari?!

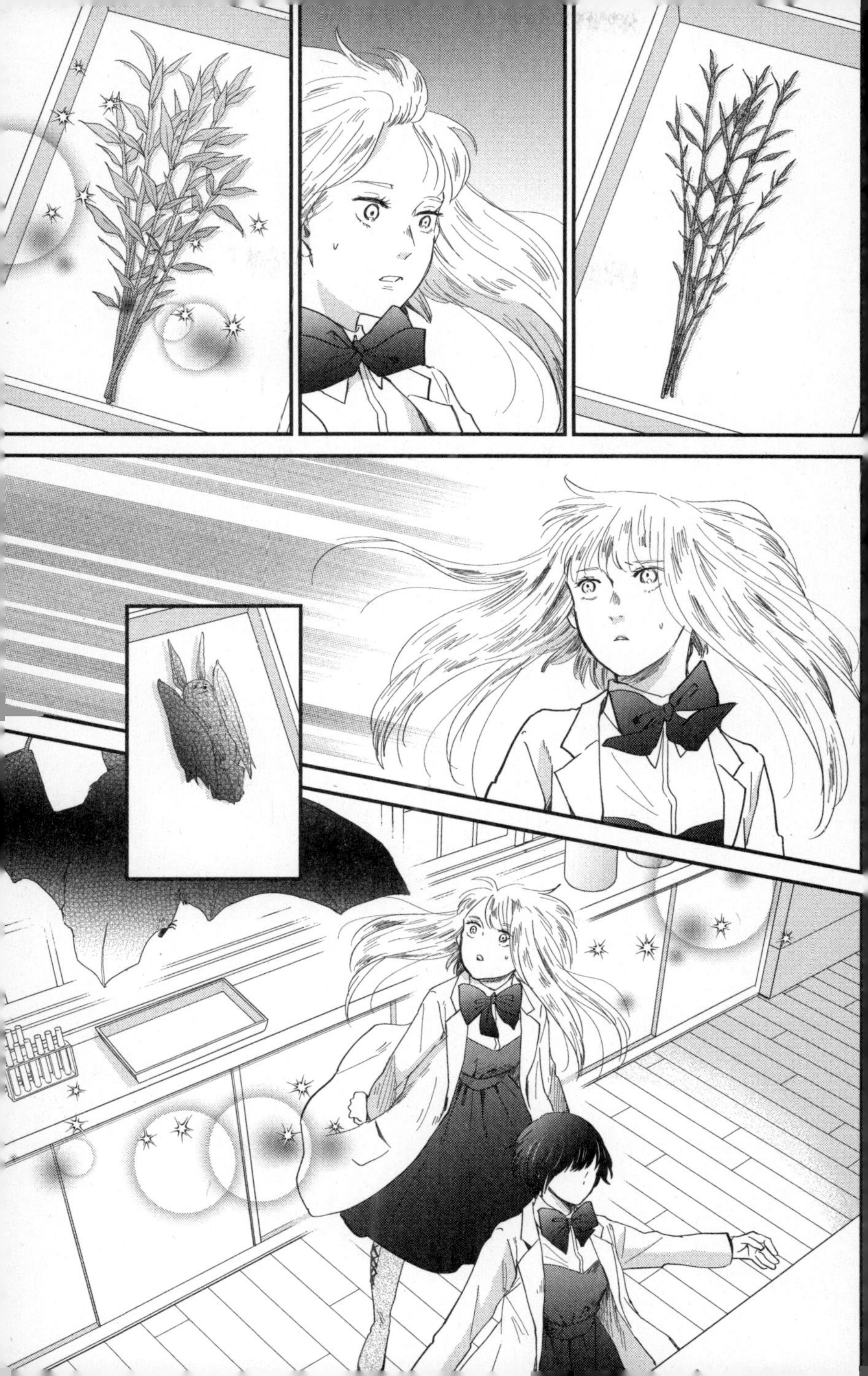

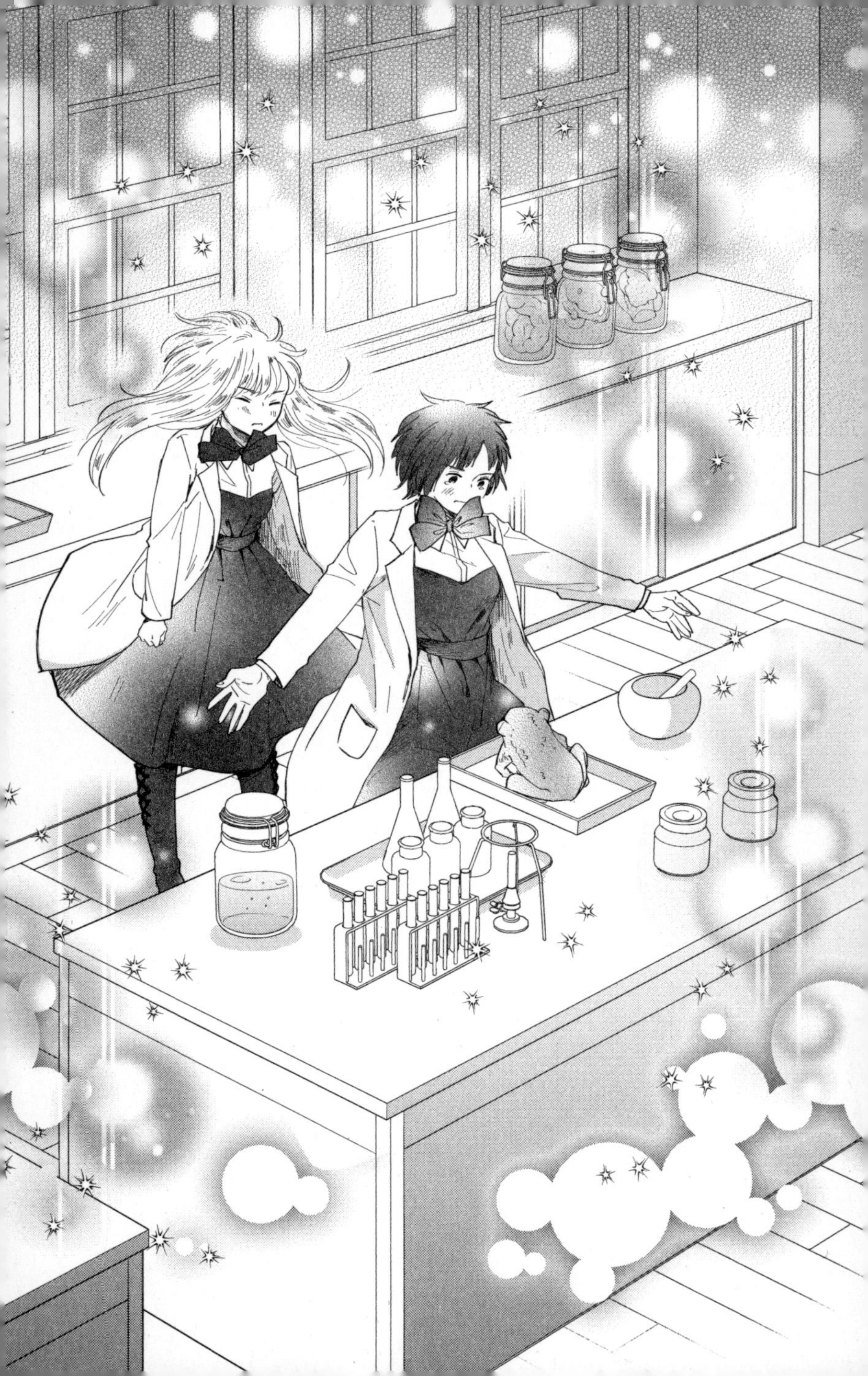

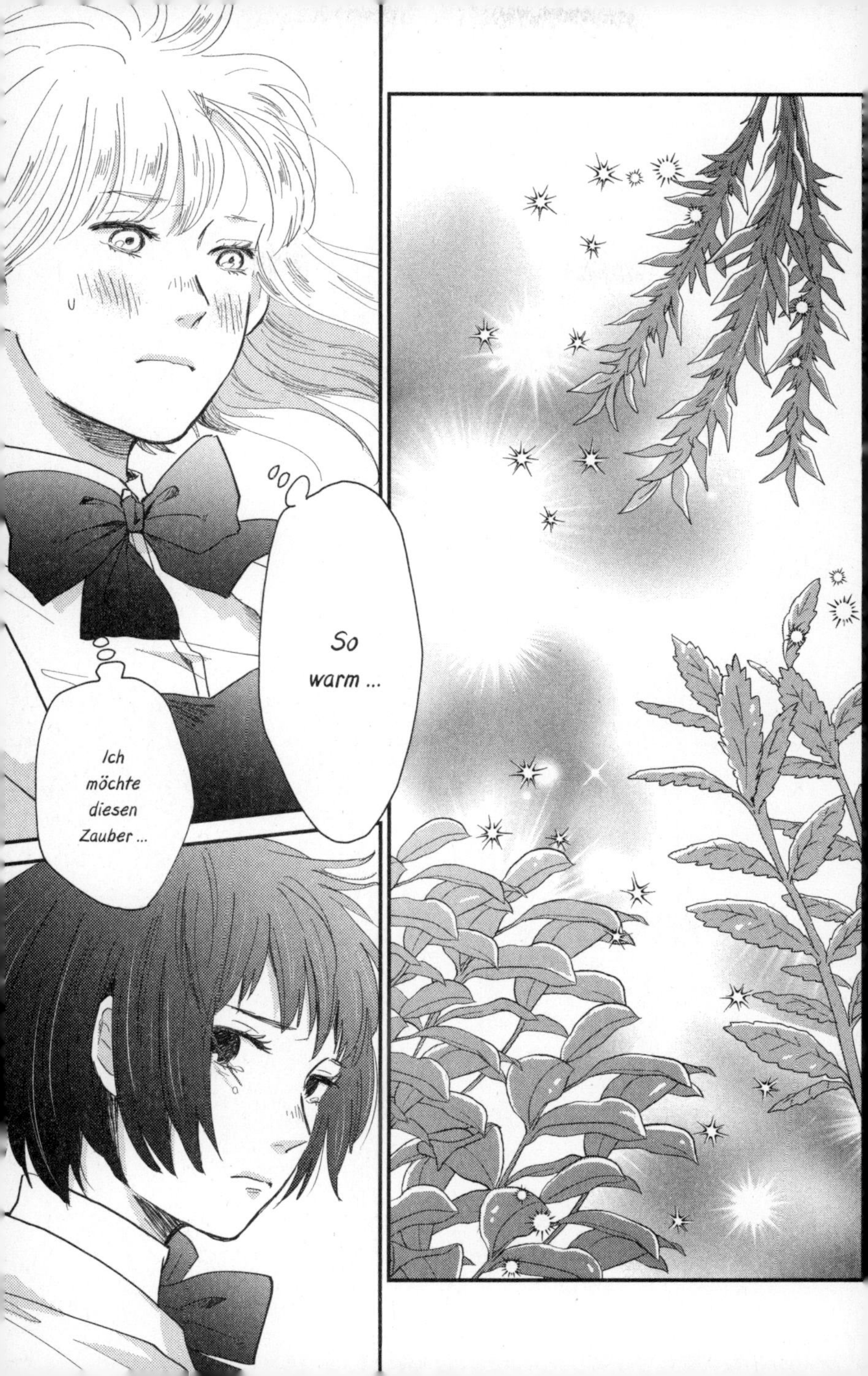
So warm ...
Ich möchte diesen Zauber ...

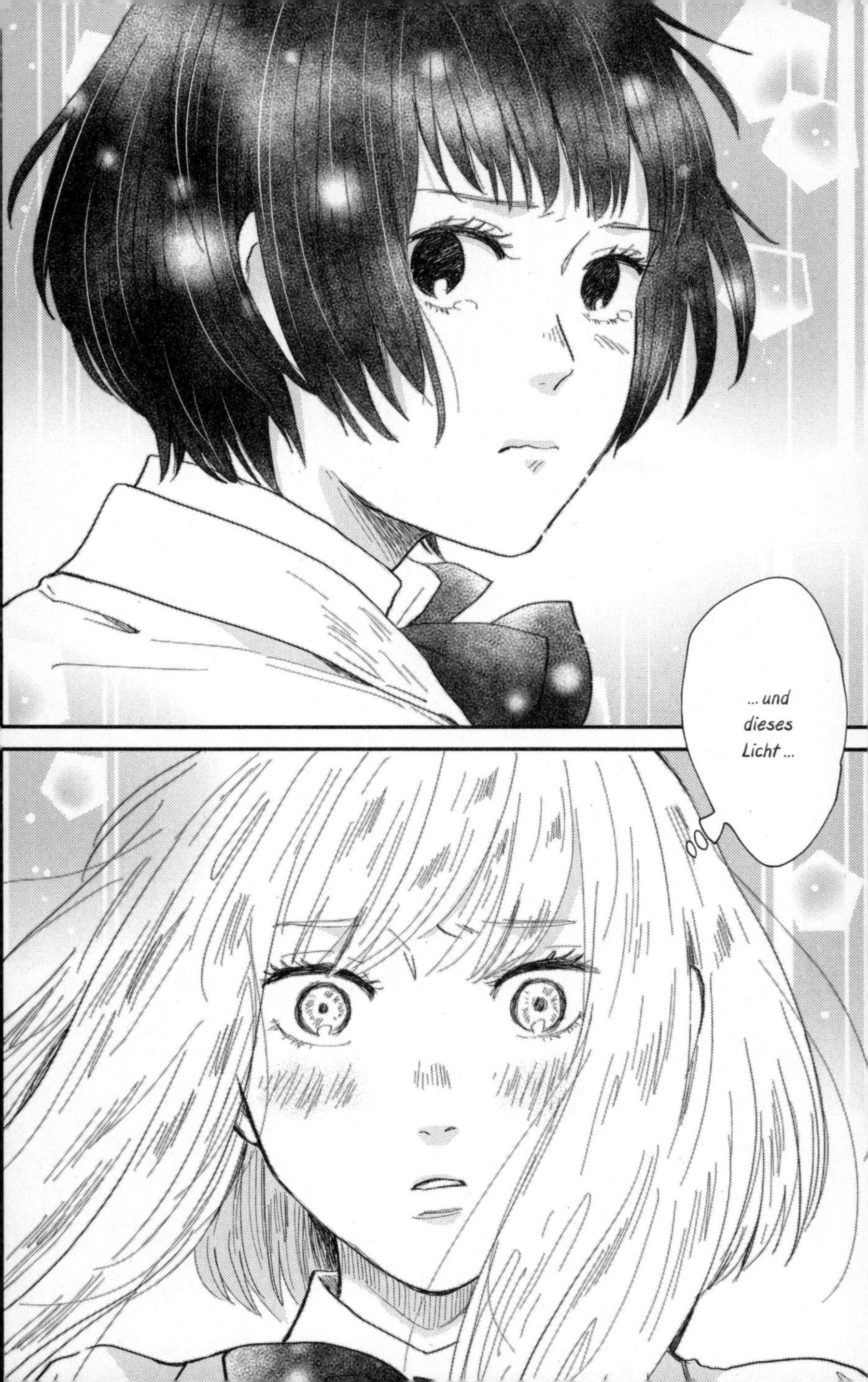
... und dieses Licht ...

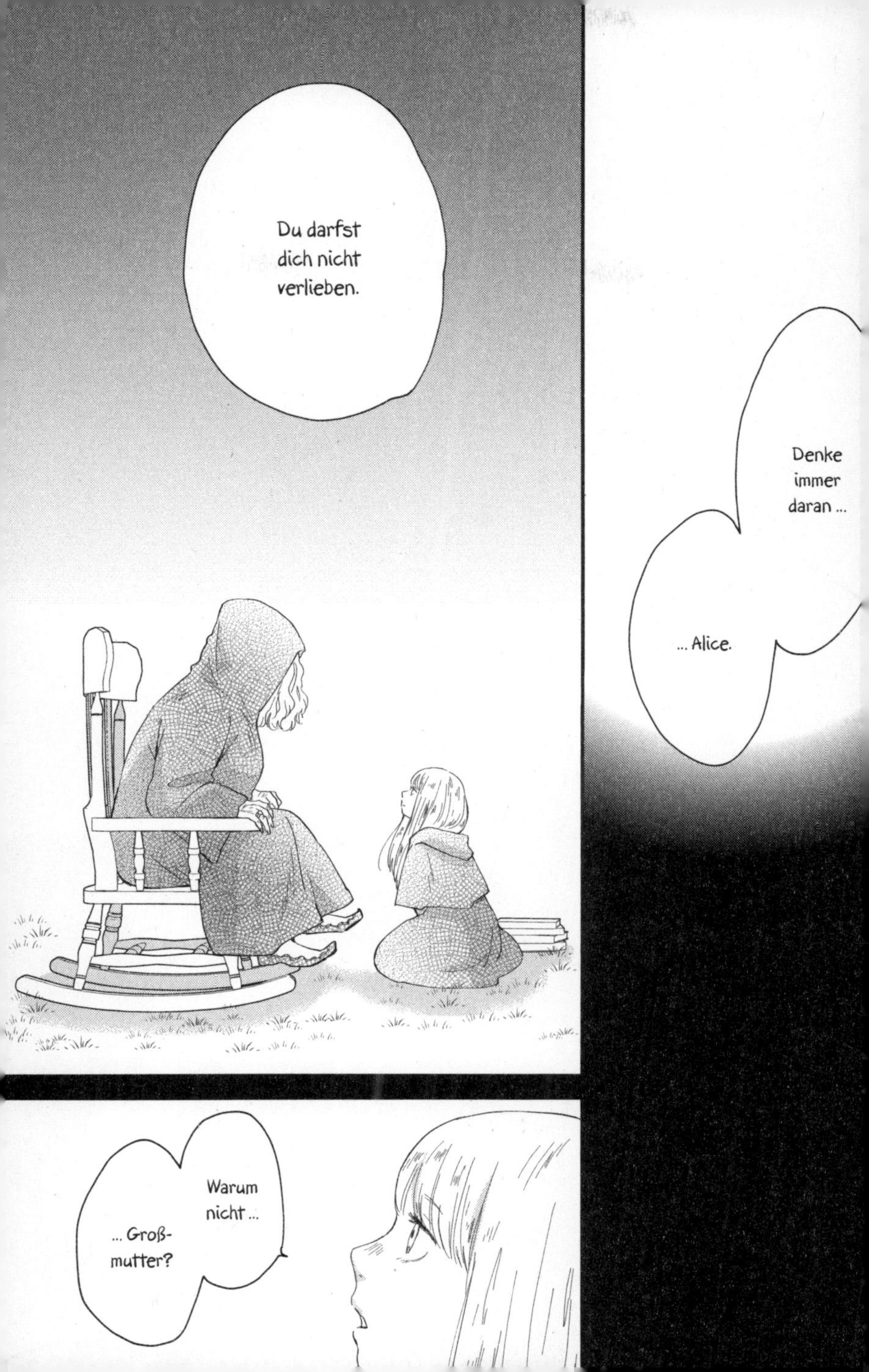
Denke immer daran ...
... Alice.
Du darfst dich nicht verlieben.
Warum nicht ...
... Großmutter?

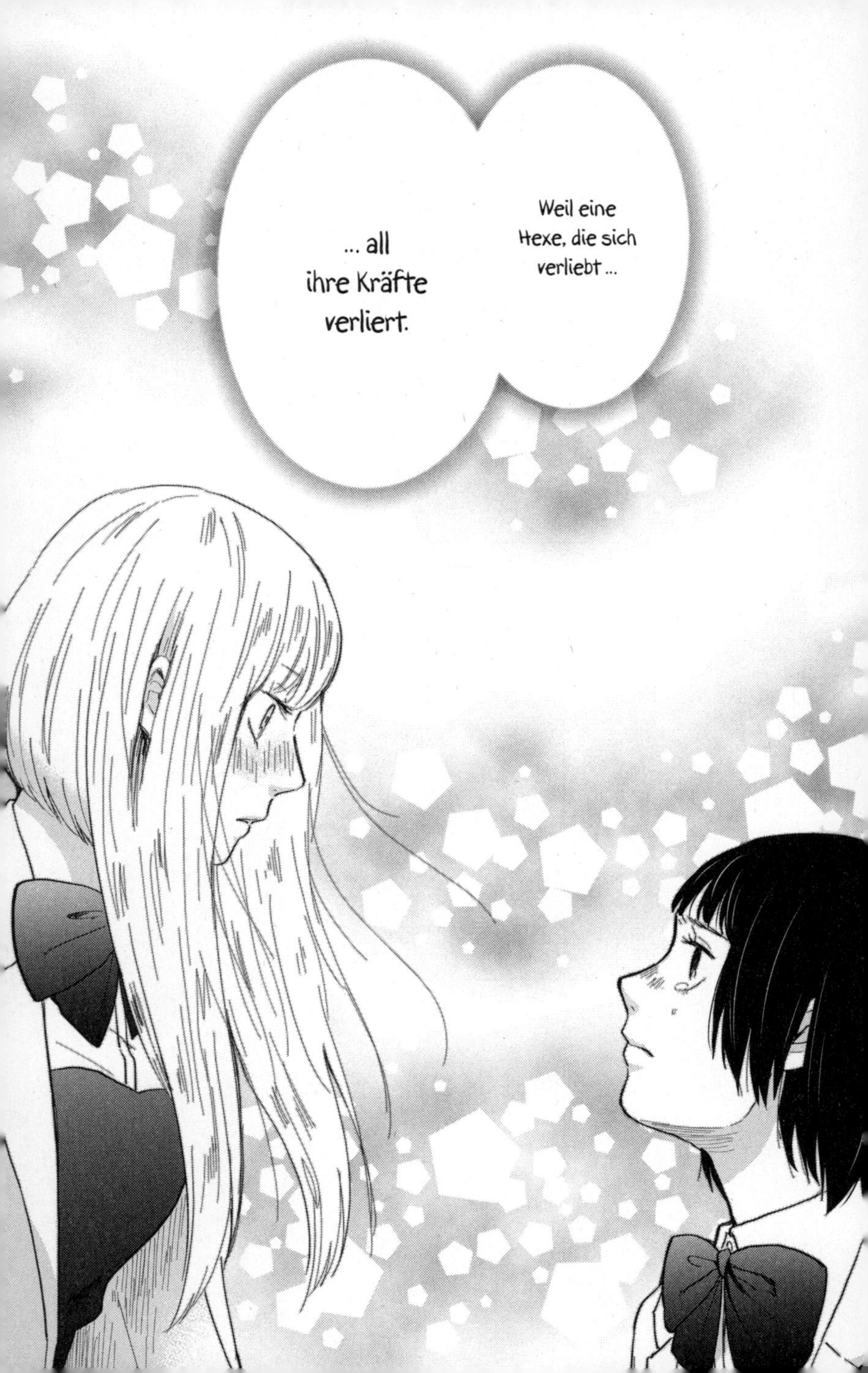
Weil eine Hexe, die sich verliebt …
… all ihre Kräfte verliert.

Alice und die Halbbluthexe

Alice und die Halbbluthexe

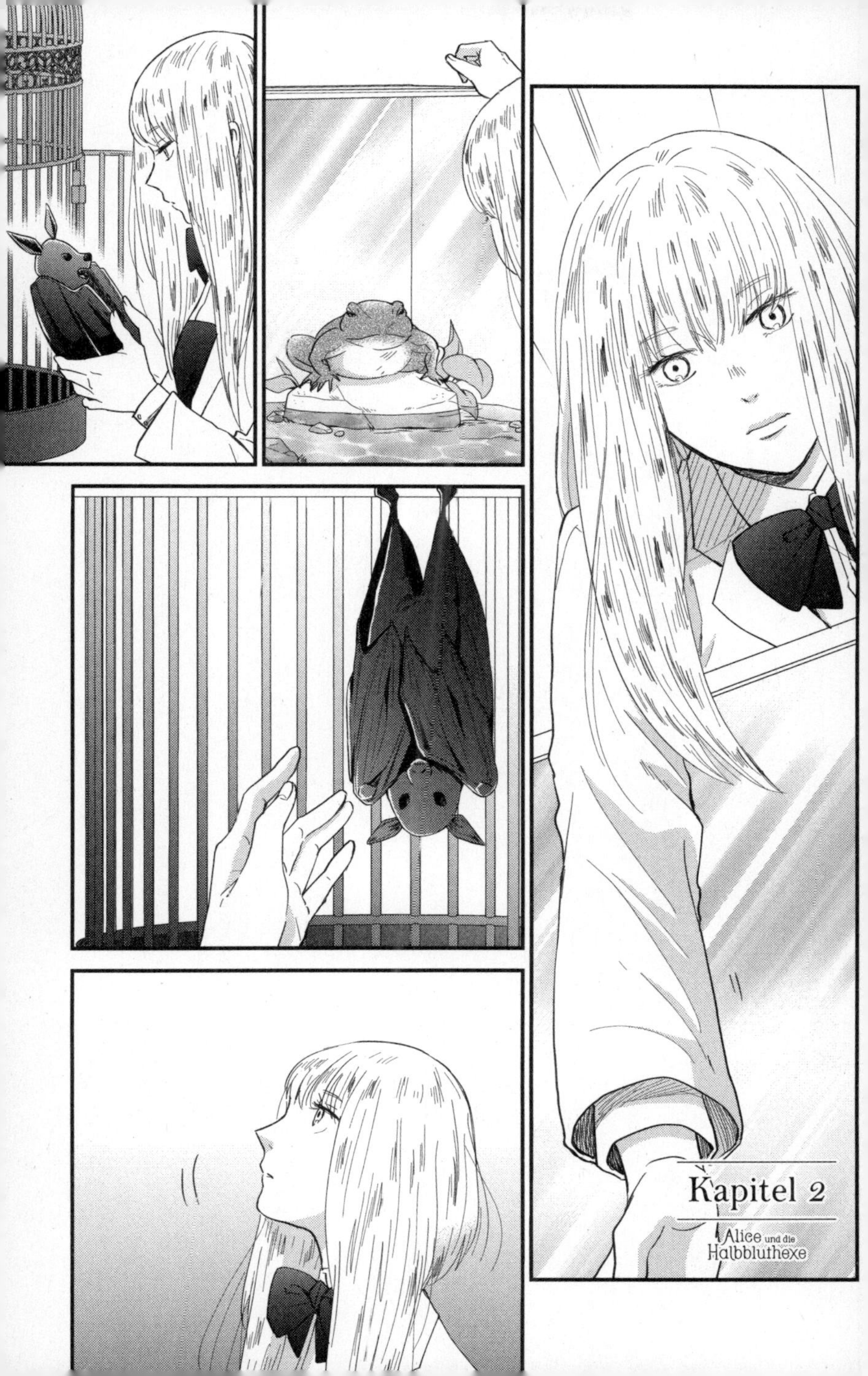
Kapitel 2
Alice und die Halbbluthexe

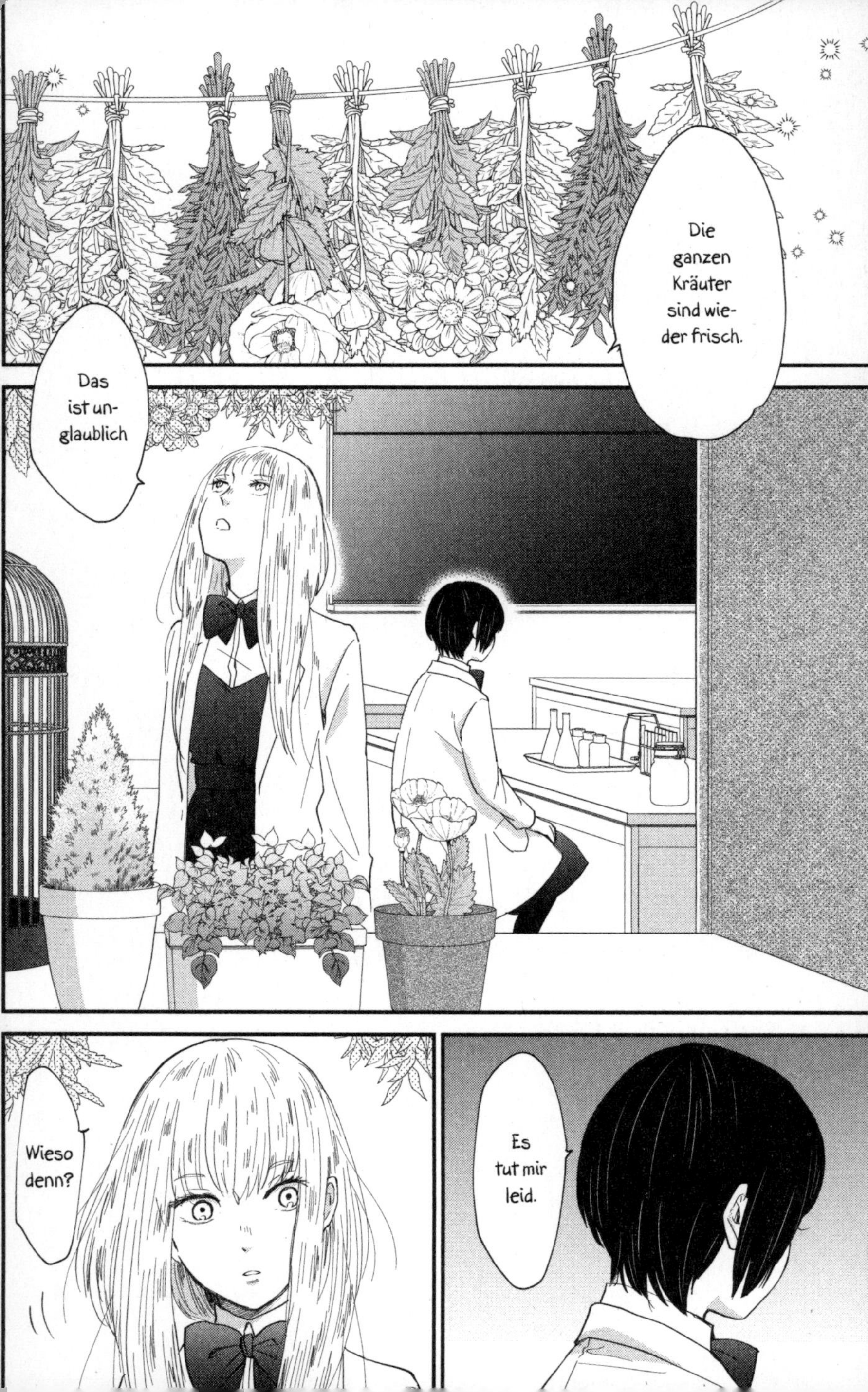
Die ganzen Kräuter sind wie-der frisch.
Das ist un-glaublich
Es tut mir leid.
Wieso denn?

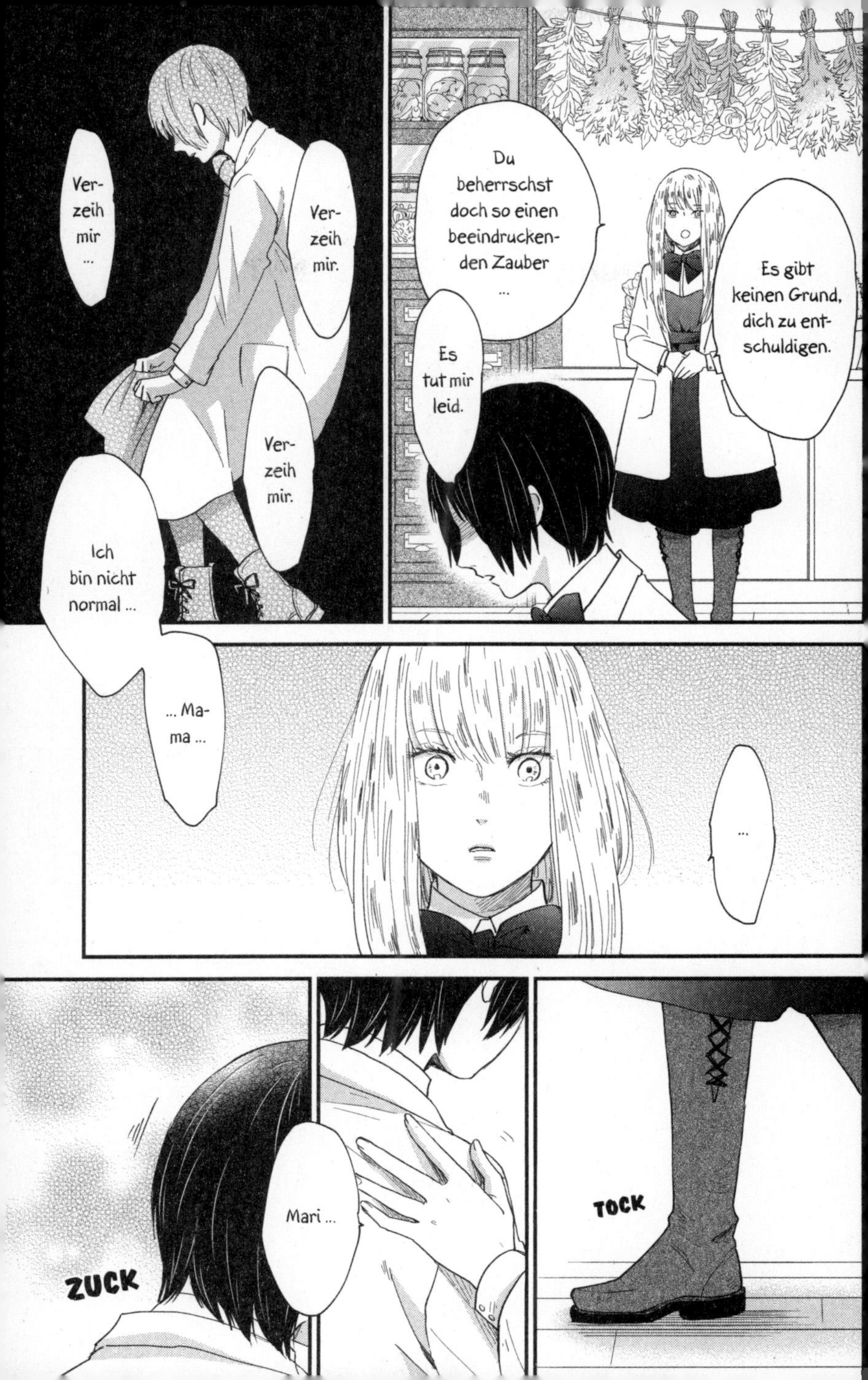
Es gibt keinen Grund, dich zu entschuldigen.
Du beherrschst doch so einen beeindrucken-den Zauber ...
Es tut mir leid.
Verzeih mir.
Verzeih mir ...
Verzeih mir.
Ich bin nicht normal ...
... Mama ...
...
TOCK
Mari ...
ZUCK

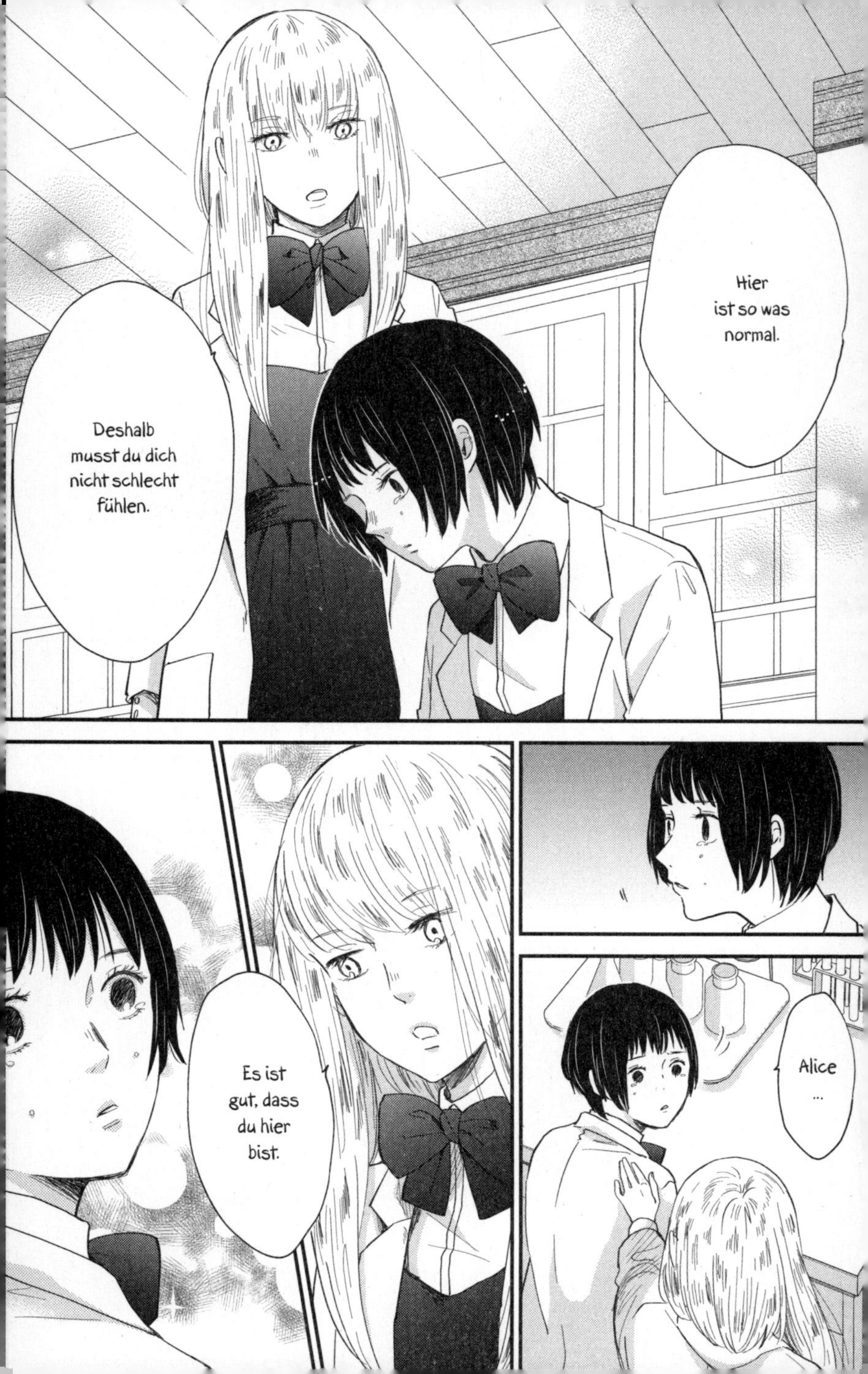

Hier ist so was normal.
Deshalb musst du dich nicht schlecht fühlen.
Alice ...
Es ist gut, dass du hier bist.

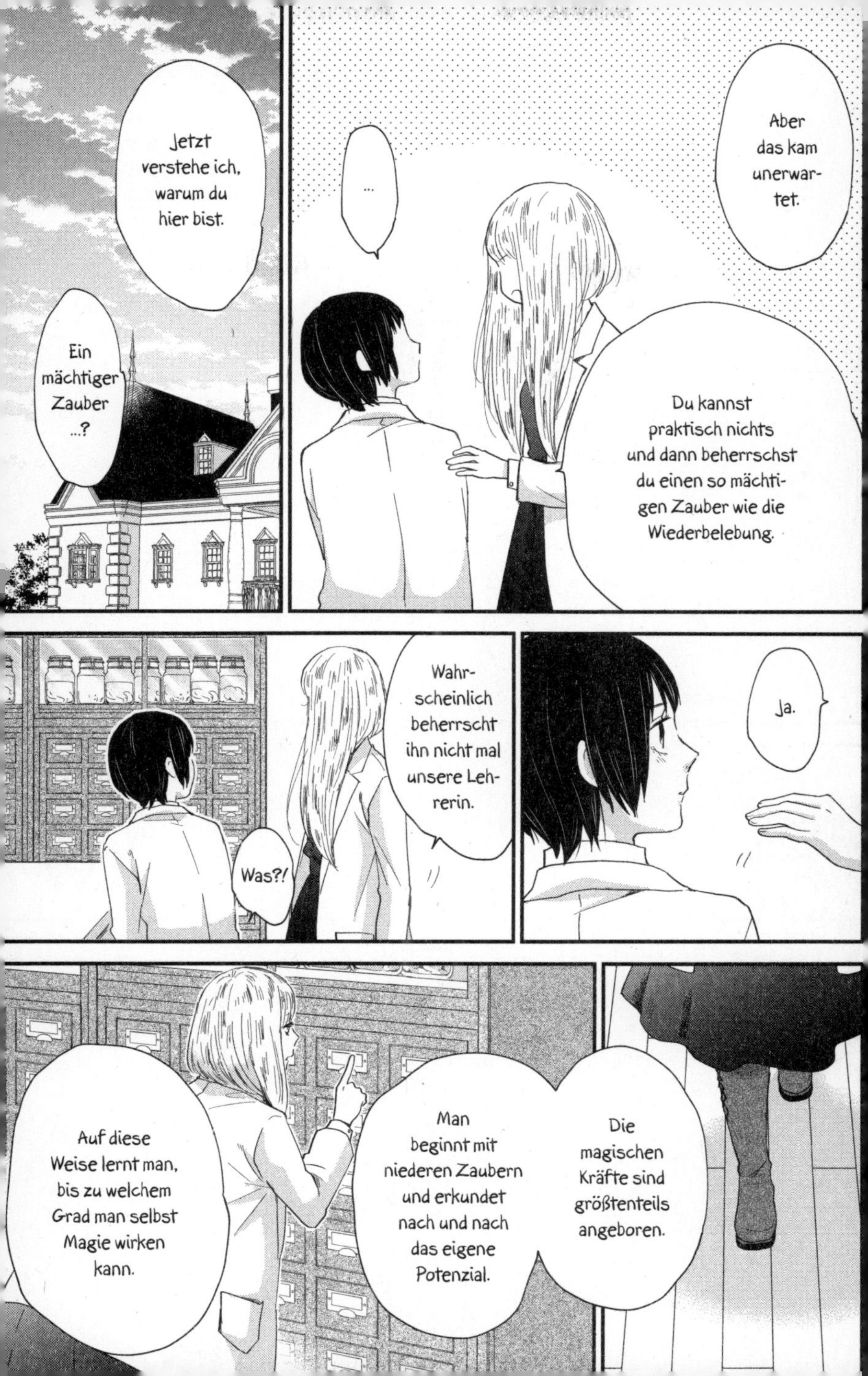
Aber das kam unerwartet.
...
Du kannst praktisch nichts und dann beherrschst du einen so mächtigen Zauber wie die Wiederbelebung.
Jetzt verstehe ich, warum du hier bist.
Ein mächtiger Zauber ...?
Ja.
Wahrscheinlich beherrscht ihn nicht mal unsere Lehrerin.
Was?!
Die magischen Kräfte sind größtenteils angeboren.
Man beginnt mit niederen Zaubern und erkundet nach und nach das eigene Potenzial.
Auf diese Weise lernt man, bis zu welchem Grad man selbst Magie wirken kann.

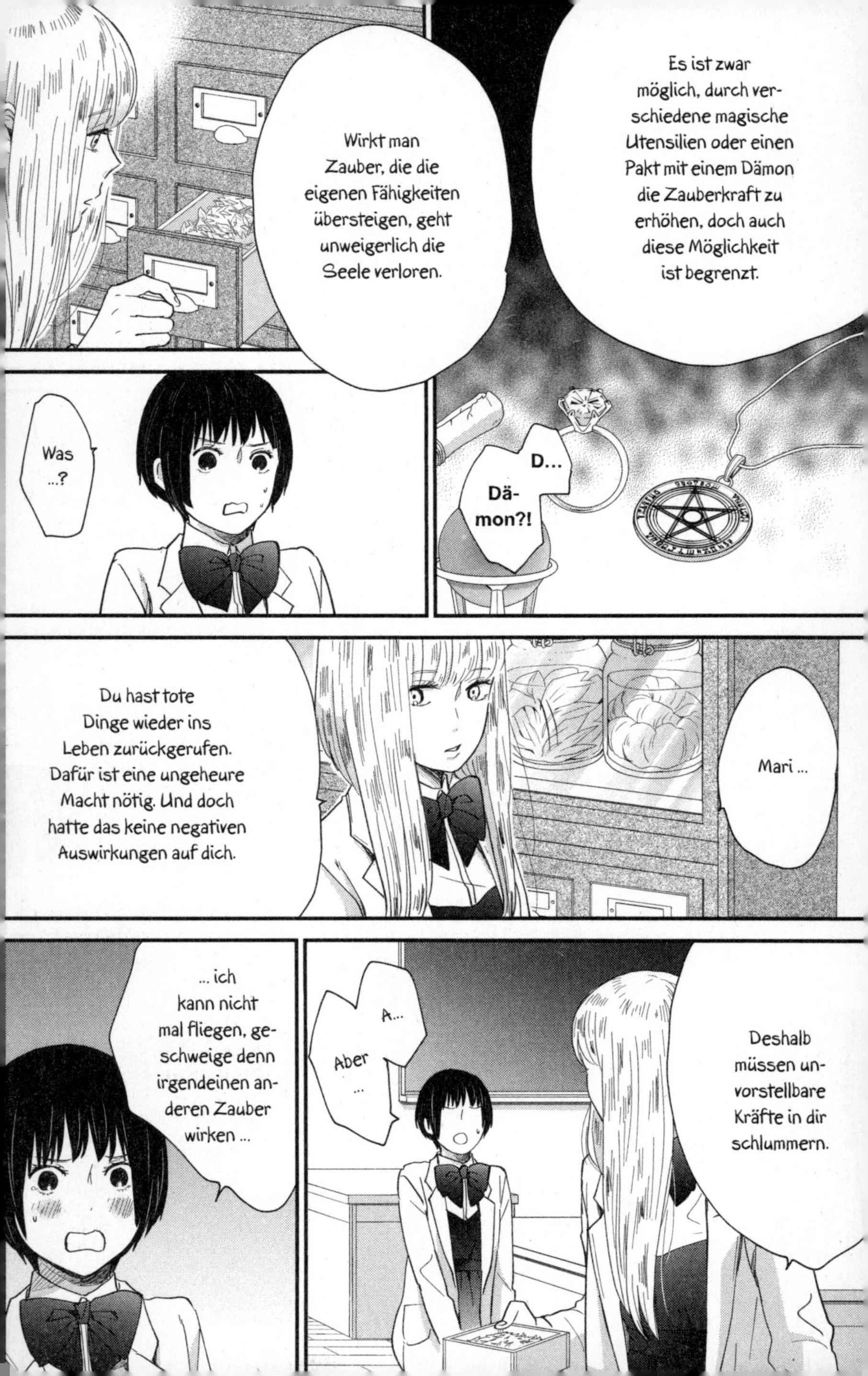

Es ist zwar möglich, durch verschiedene magische Utensilien oder einen Pakt mit einem Dämon die Zauberkraft zu erhöhen, doch auch diese Möglichkeit ist begrenzt.
Wirkt man Zauber, die die eigenen Fähigkeiten übersteigen, geht unweigerlich die Seele verloren.
D… Dämon?!
Was …?
Mari …
Du hast tote Dinge wieder ins Leben zurückgerufen. Dafür ist eine ungeheure Macht nötig. Und doch hatte das keine negativen Auswirkungen auf dich.
Deshalb müssen unvorstellbare Kräfte in dir schlummern.
A… Aber …
… ich kann nicht mal fliegen, geschweige denn irgendeinen anderen Zauber wirken …

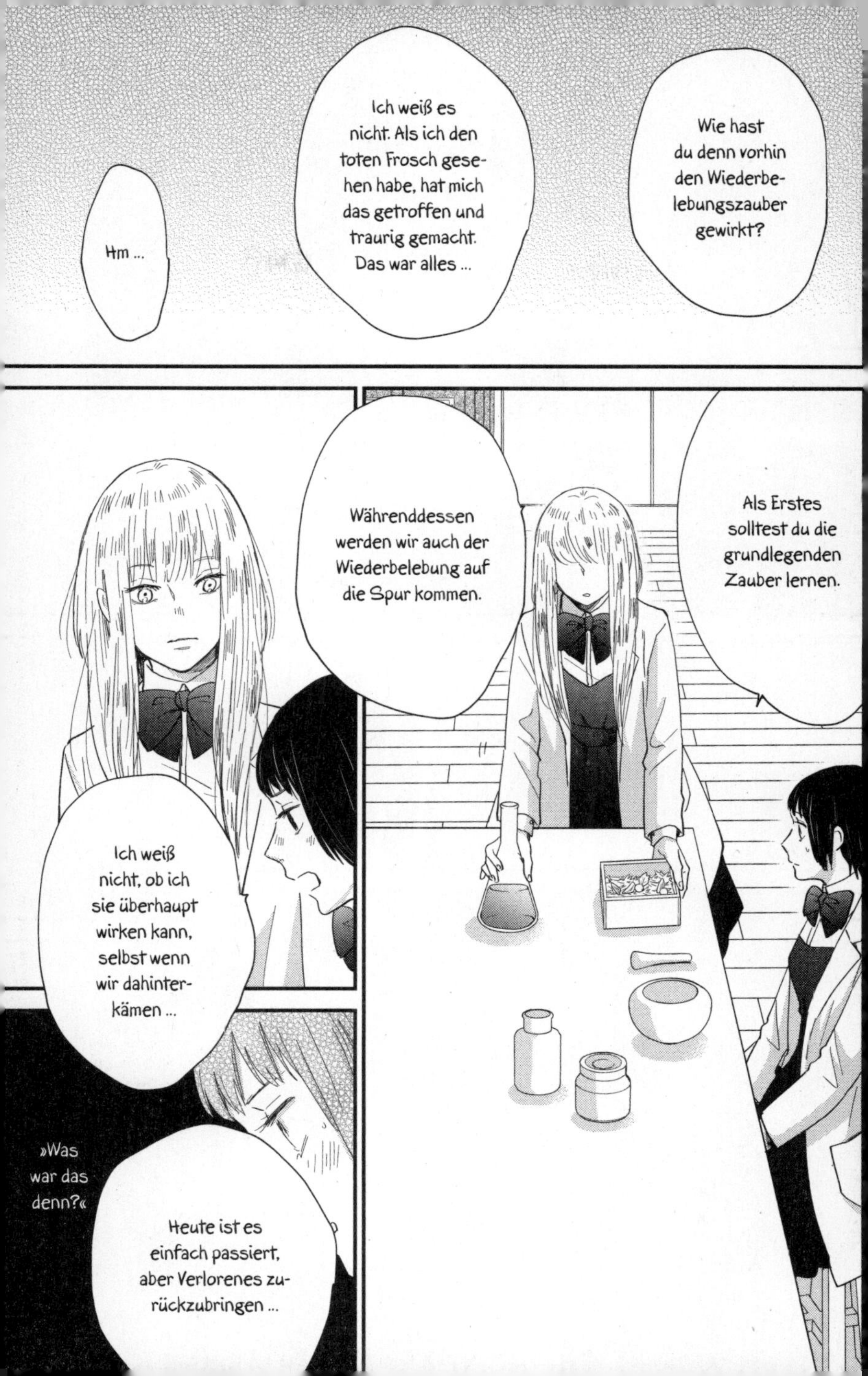
Wie hast du denn vorhin den Wiederbelebungszauber gewirkt?
Ich weiß es nicht. Als ich den toten Frosch gesehen habe, hat mich das getroffen und traurig gemacht. Das war alles ...
Hm ...
Als Erstes solltest du die grundlegenden Zauber lernen.
Währenddessen werden wir auch der Wiederbelebung auf die Spur kommen.
Ich weiß nicht, ob ich sie überhaupt wirken kann, selbst wenn wir dahinterkämen ...
Heute ist es einfach passiert, aber Verlorenes zurückzubringen ...
»Was war das denn?«

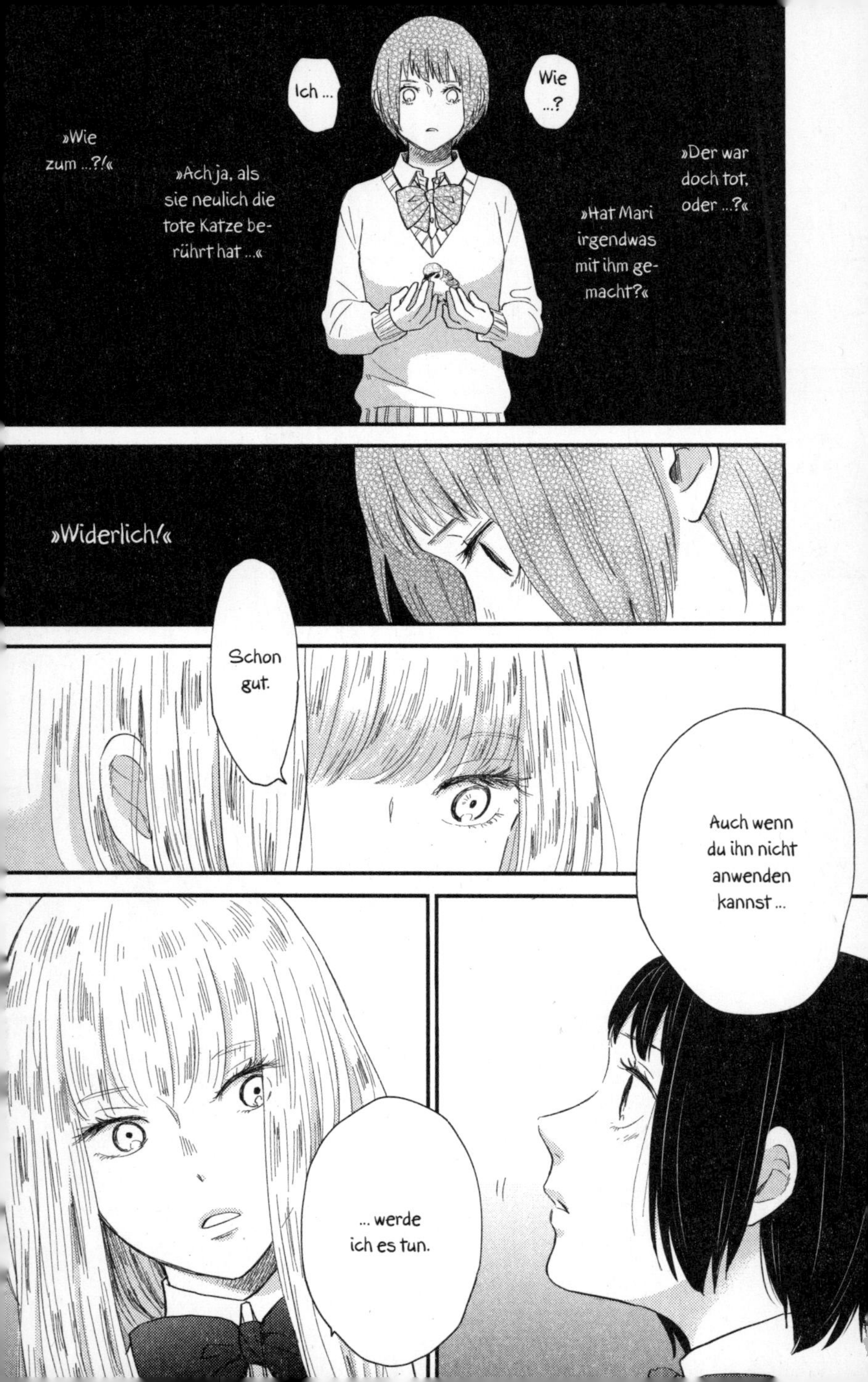
Wie ...?
Ich ...
»Der war doch tot, oder ...?«
»Hat Mari irgendwas mit ihm gemacht?«
»Ach ja, als sie neulich die tote Katze berührt hat ...«
»Wie zum ...?!«
»Widerlich!«
Schon gut.
Auch wenn du ihn nicht anwenden kannst ...
... werde ich es tun.

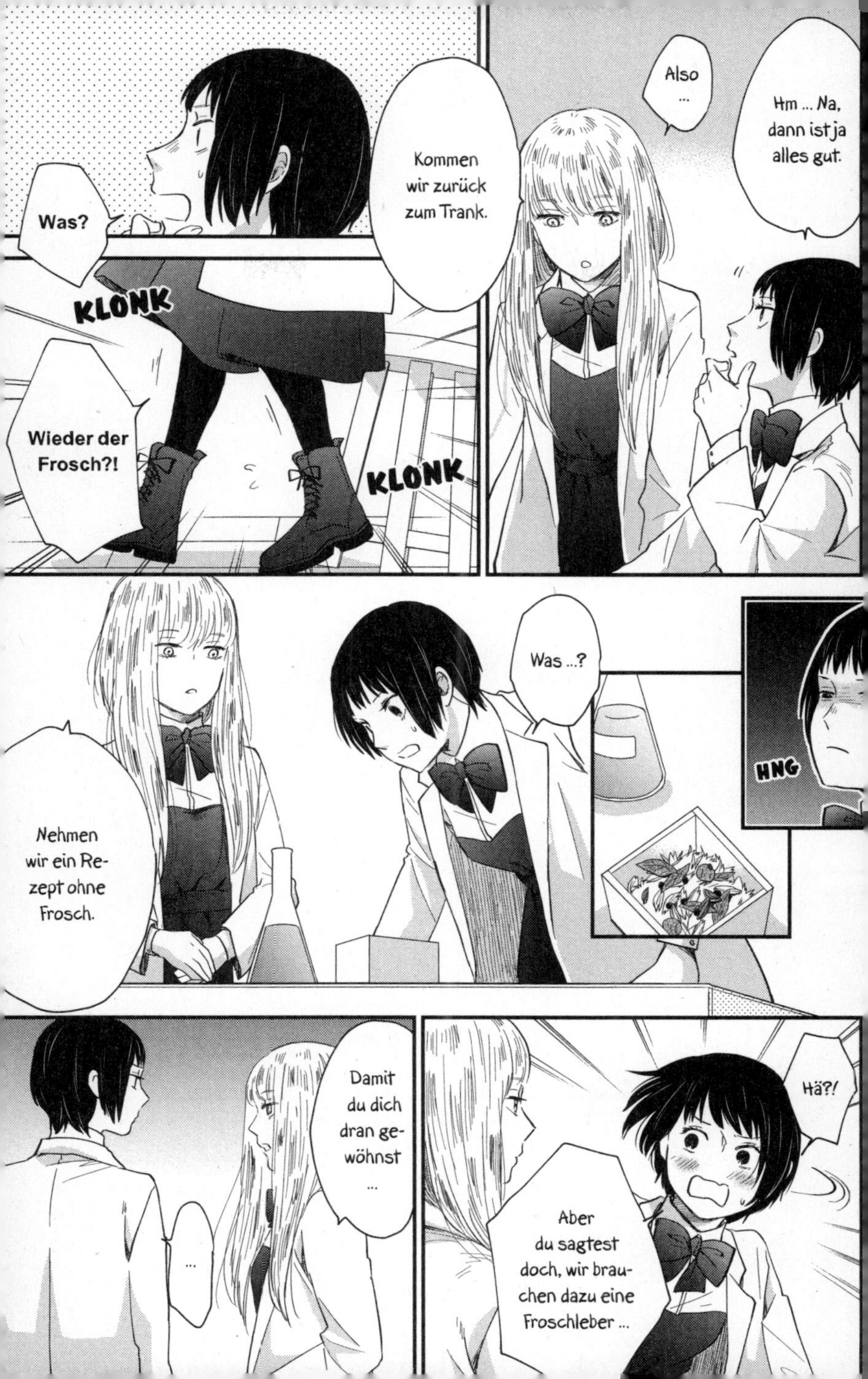
Hm ... Na, dann ist ja alles gut.
Also ...
Kommen wir zurück zum Trank.
Was?
KLONK
Wieder der Frosch?!
KLONK
HNG
Was ...?
Nehmen wir ein Rezept ohne Frosch.
Hä?!
Aber du sagtest doch, wir brauchen dazu eine Froschleber ...
Damit du dich dran gewöhnst ...
...

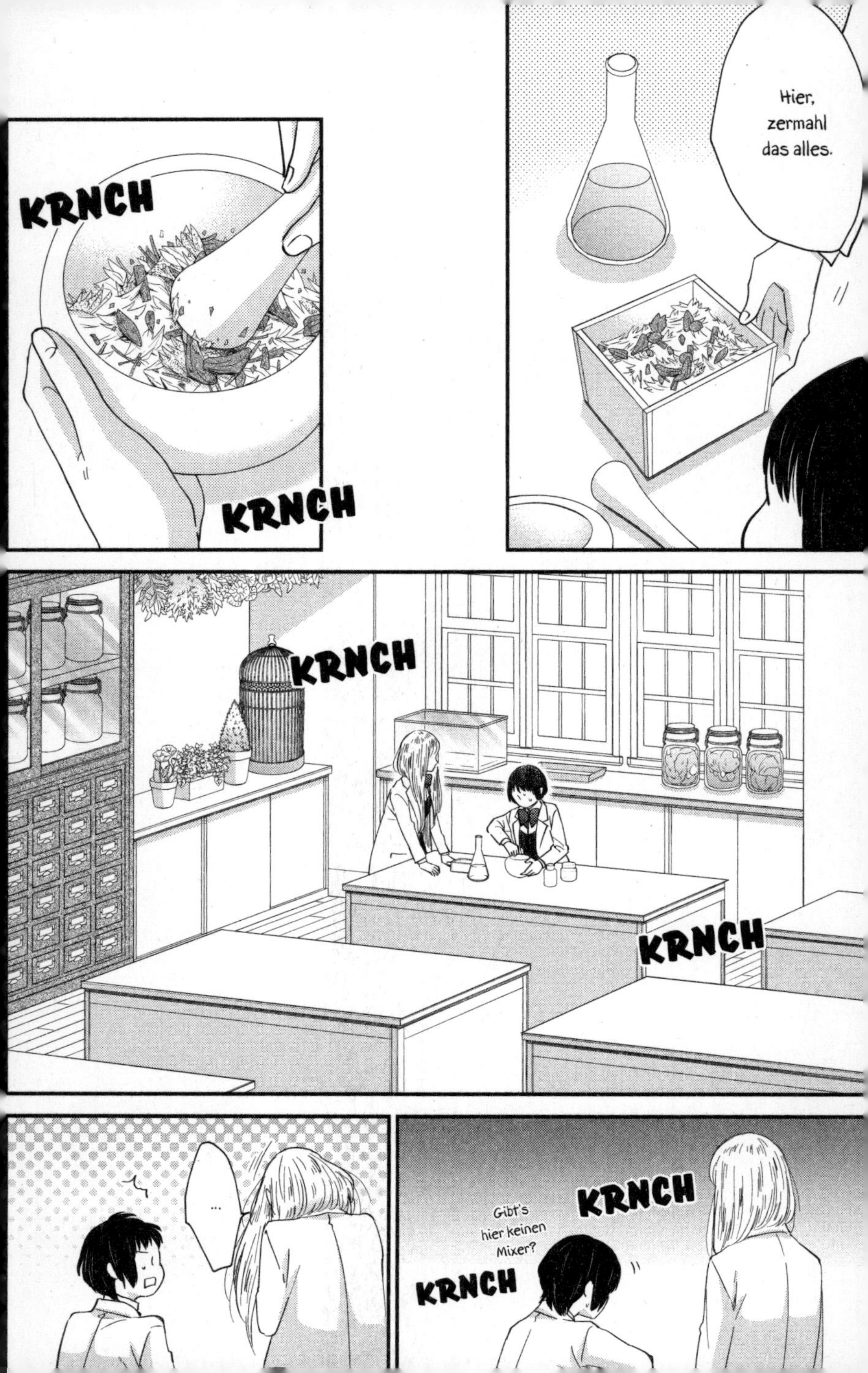

Hier,
zermahl
das alles.
KRNCH
KRNCH
KRNCH
KRNCH
Gibt's
hier keinen
Mixer?
KRNCH
KRNCH
...

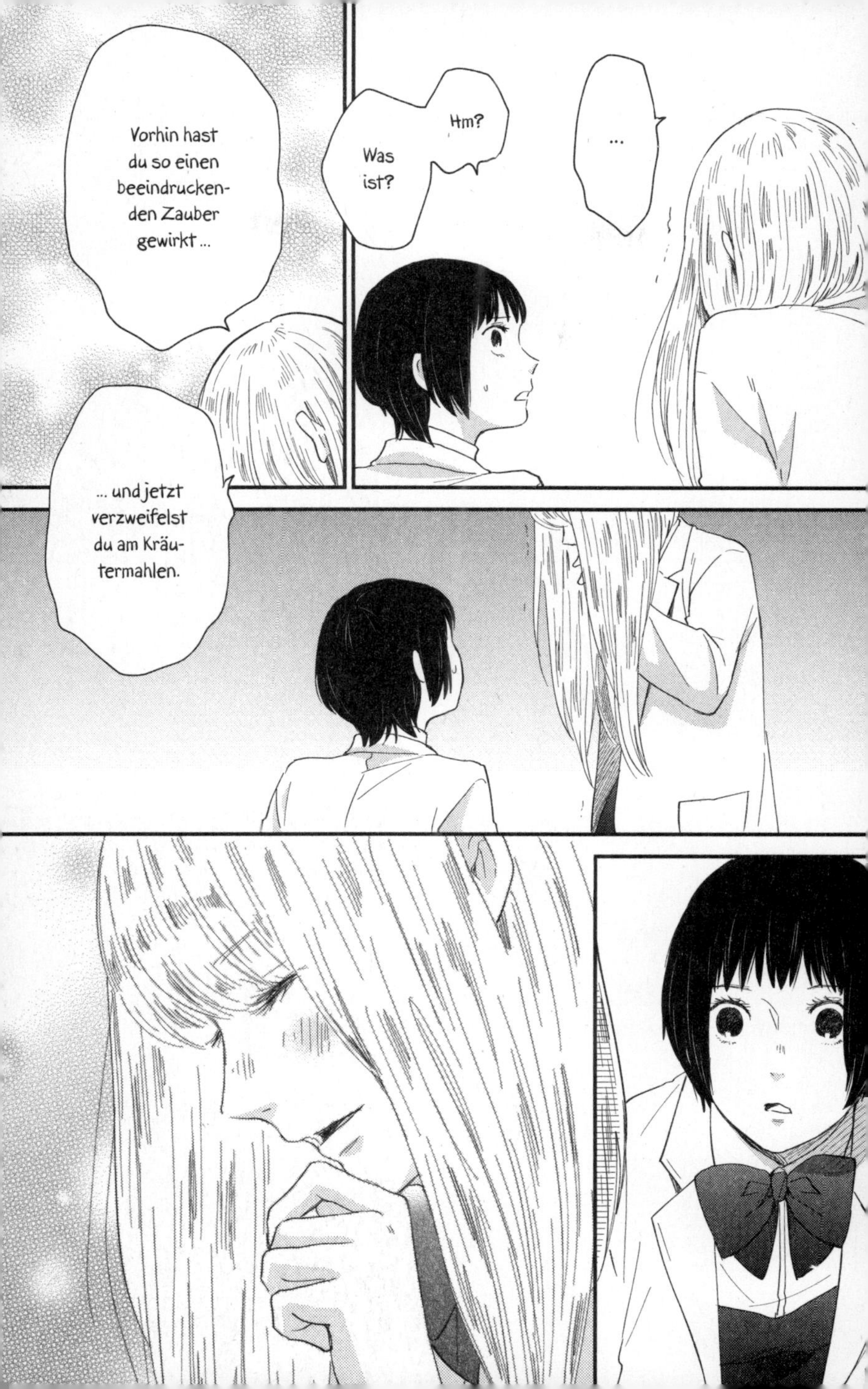
…
Hm?
Was ist?
Vorhin hast du so einen beeindrucken-den Zauber gewirkt …
… und jetzt verzweifelst du am Kräu-termahlen.

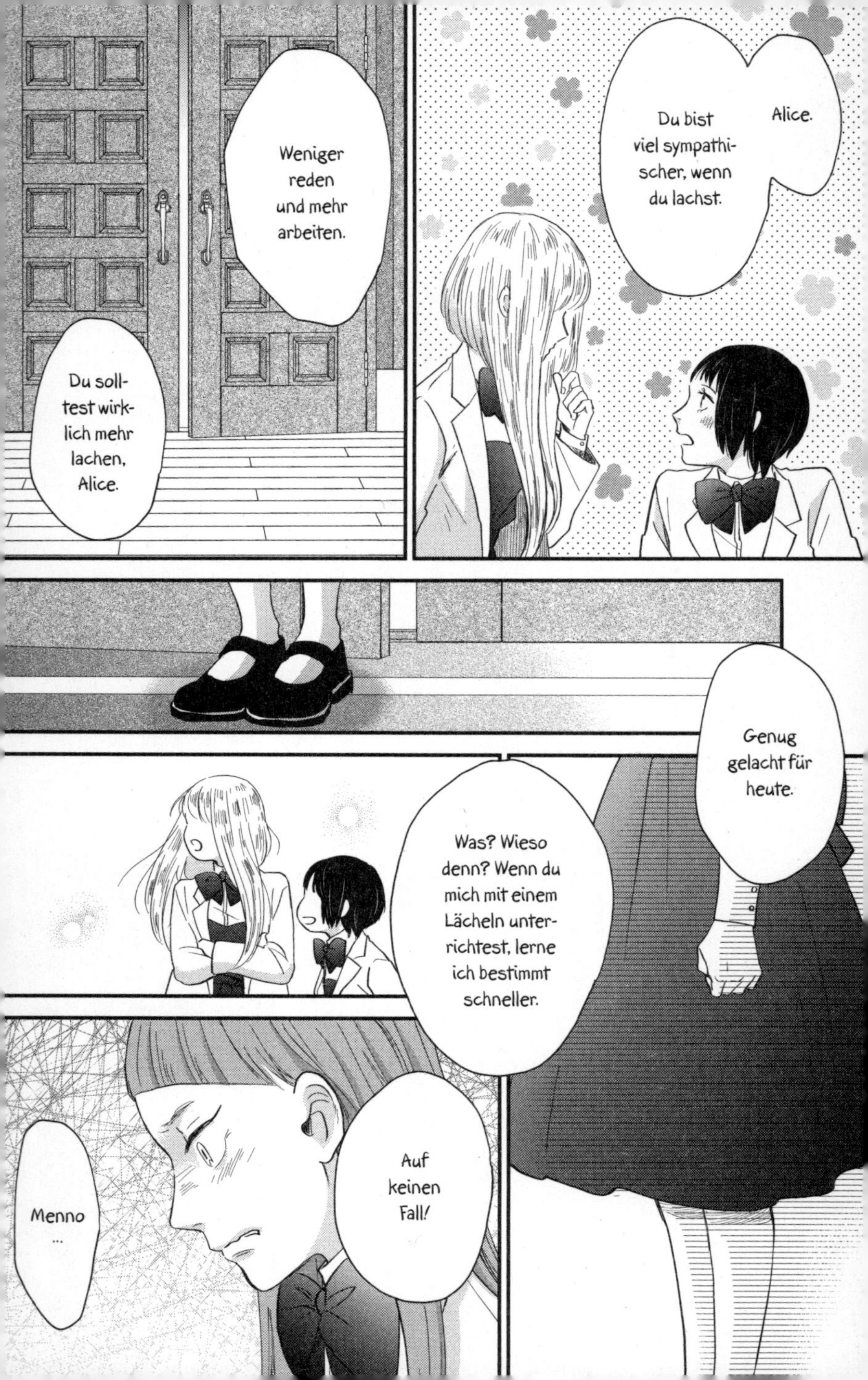
Alice.
Du bist viel sympathischer, wenn du lachst.
Weniger reden und mehr arbeiten.
Du solltest wirklich mehr lachen, Alice.
Genug gelacht für heute.
Was? Wieso denn? Wenn du mich mit einem Lächeln unterrichtest, lerne ich bestimmt schneller.
Auf keinen Fall!
Menno ...

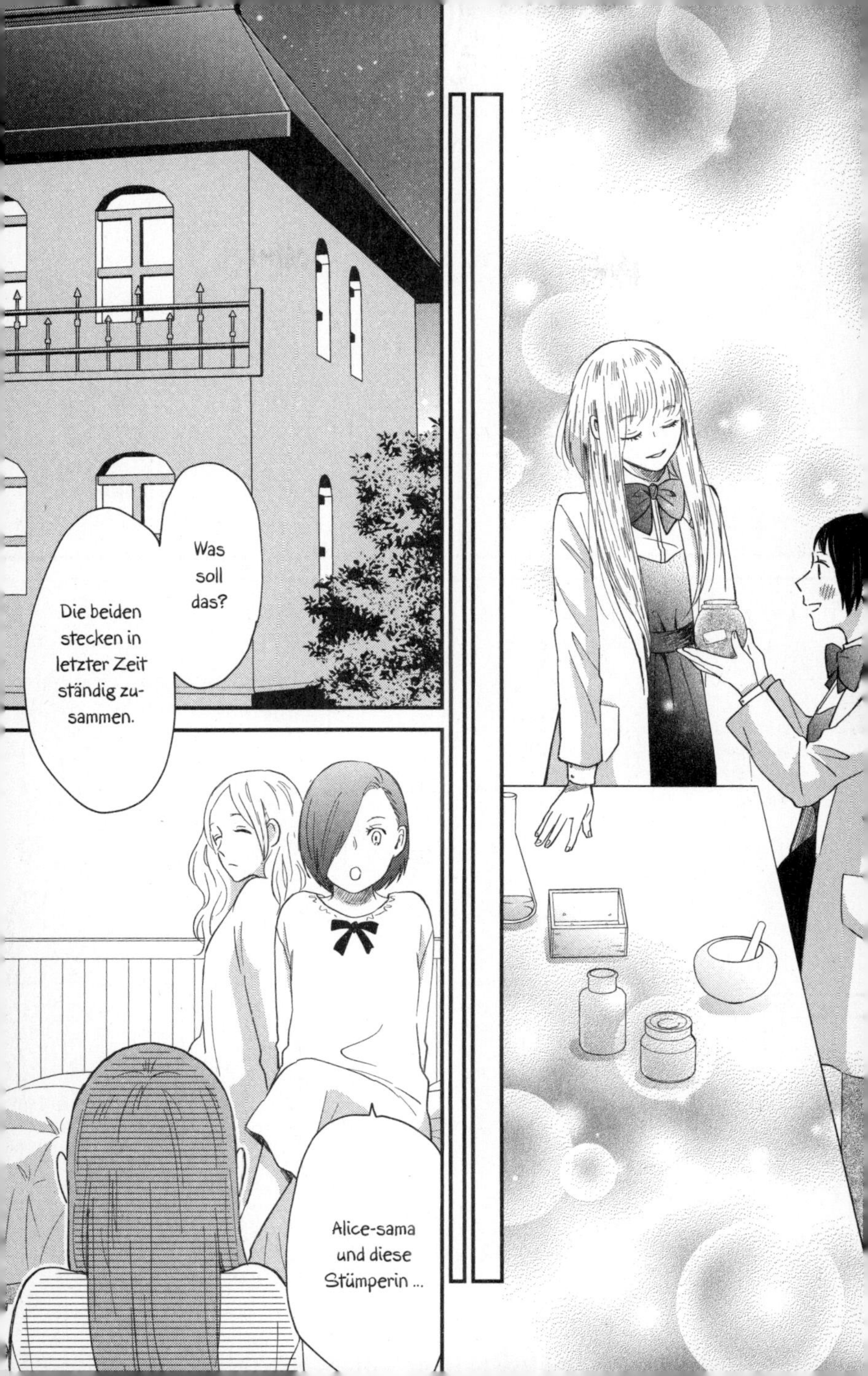
Was soll das?
Die beiden stecken in letzter Zeit ständig zusammen.
Alice-sama und diese Stümperin ...

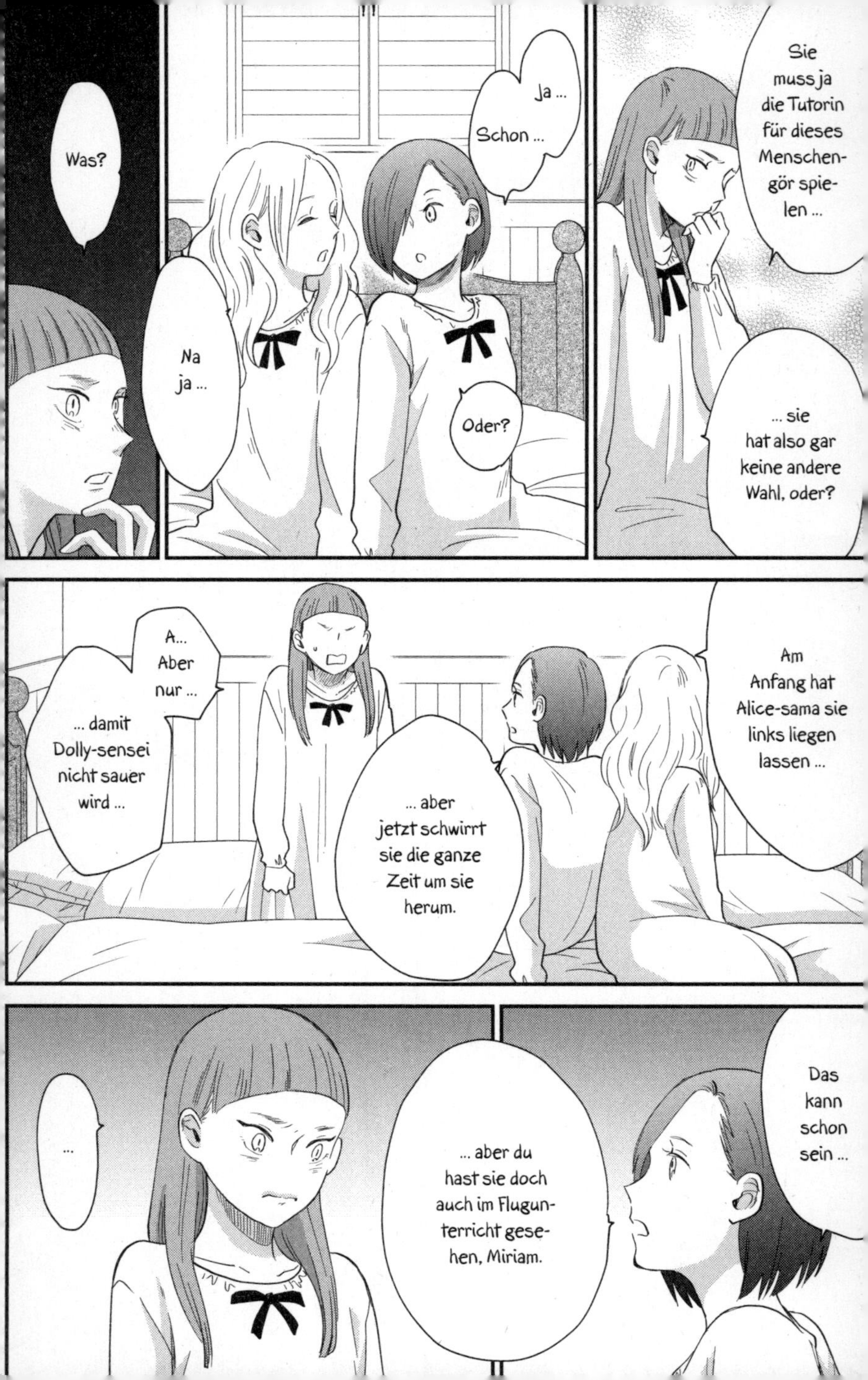
Sie muss ja die Tutorin für dieses Menschengör spielen ...
... sie hat also gar keine andere Wahl, oder?
Ja ... Schon ...
Oder?
Na ja ...
Was?
Am Anfang hat Alice-sama sie links liegen lassen ...
... aber jetzt schwirrt sie die ganze Zeit um sie herum.
A... Aber nur ...
... damit Dolly-sensei nicht sauer wird ...
Das kann schon sein ...
... aber du hast sie doch auch im Flugunterricht gesehen, Miriam.
...

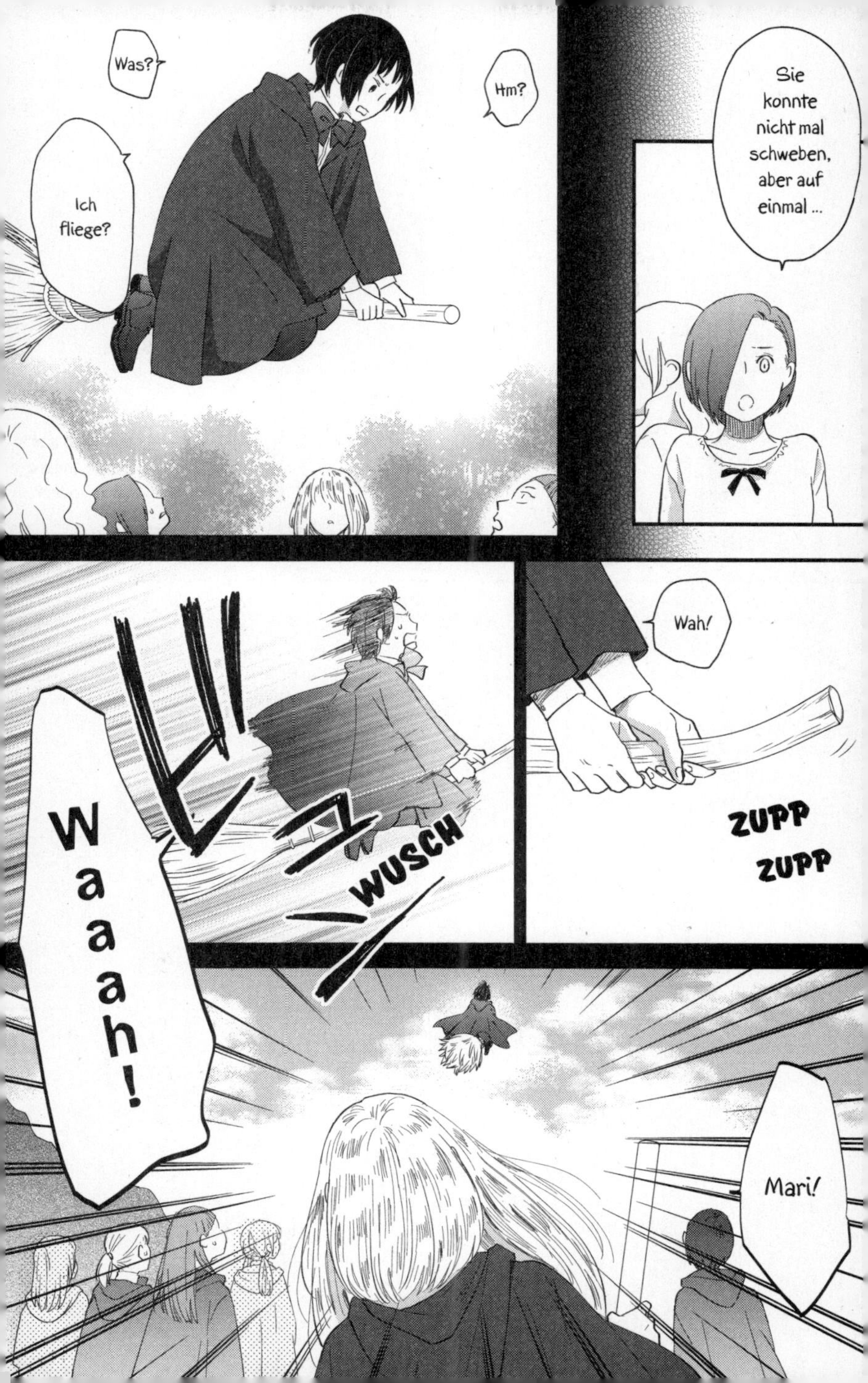
Sie konnte nicht mal schweben, aber auf einmal …
Hm?
Was?
Ich fliege?
Wah!
ZUPP ZUPP
WUSCH
Waaah!
Mari!

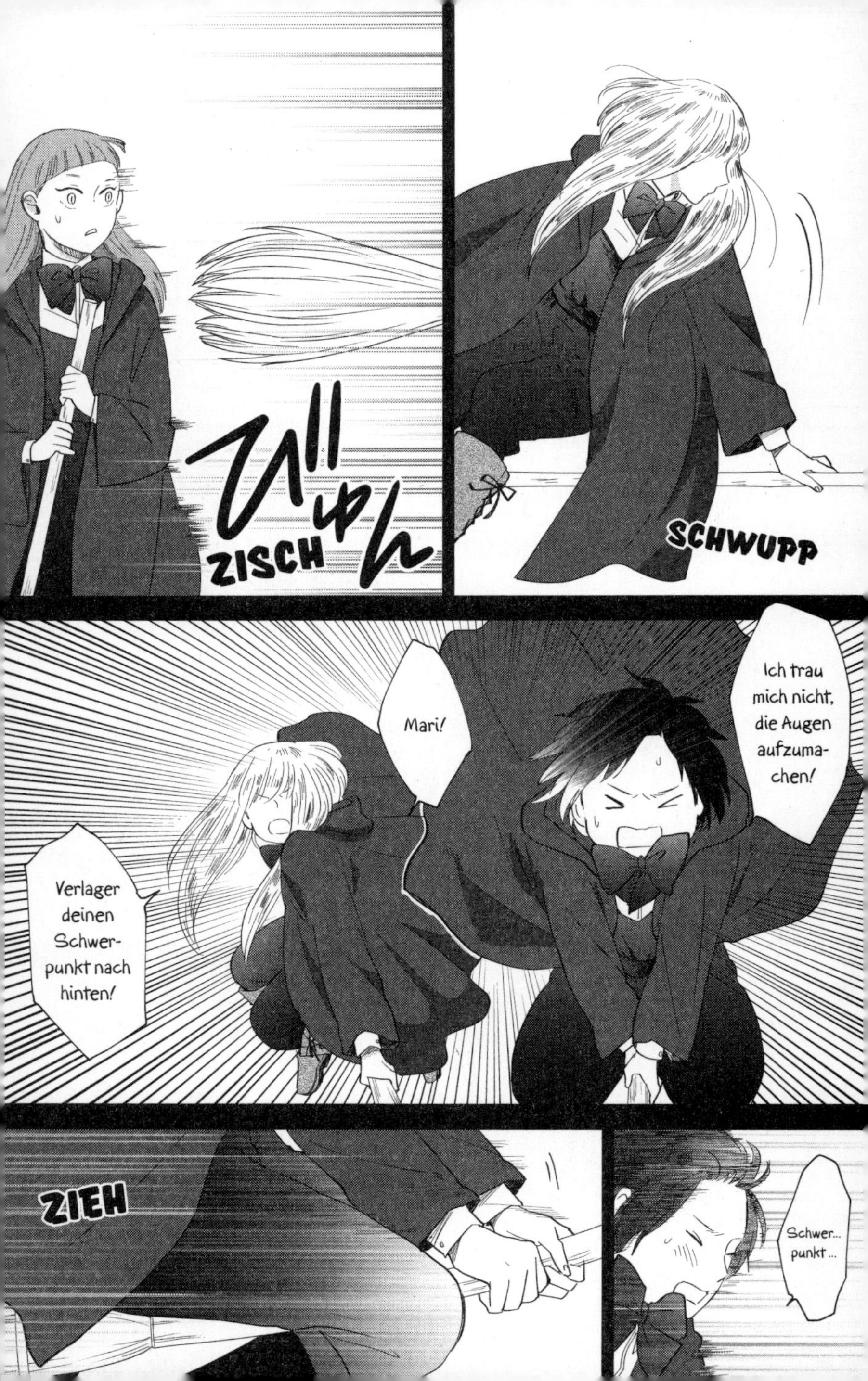

ZISCH
SCHWUPP
Ich trau mich nicht, die Augen aufzumachen!
Mari!
Verlager deinen Schwerpunkt nach hinten!
Schwer... punkt...
ZIEH

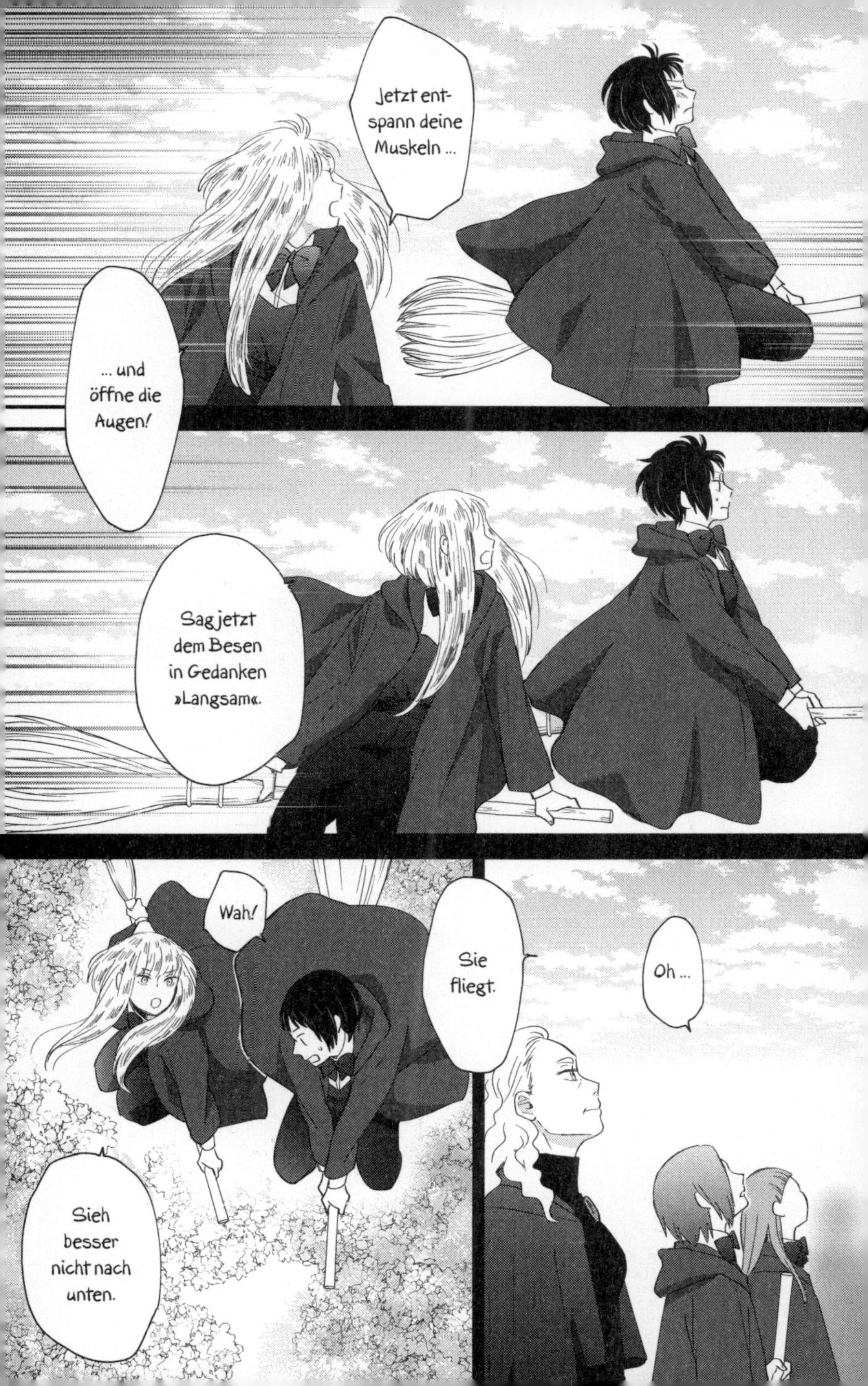
Jetzt ent-
spann deine
Muskeln ...
... und
öffne die
Augen!
Sag jetzt
dem Besen
in Gedanken
»Langsam«.
Wah!
Sieh
besser
nicht nach
unten.
Sie
fliegt.
Oh ...

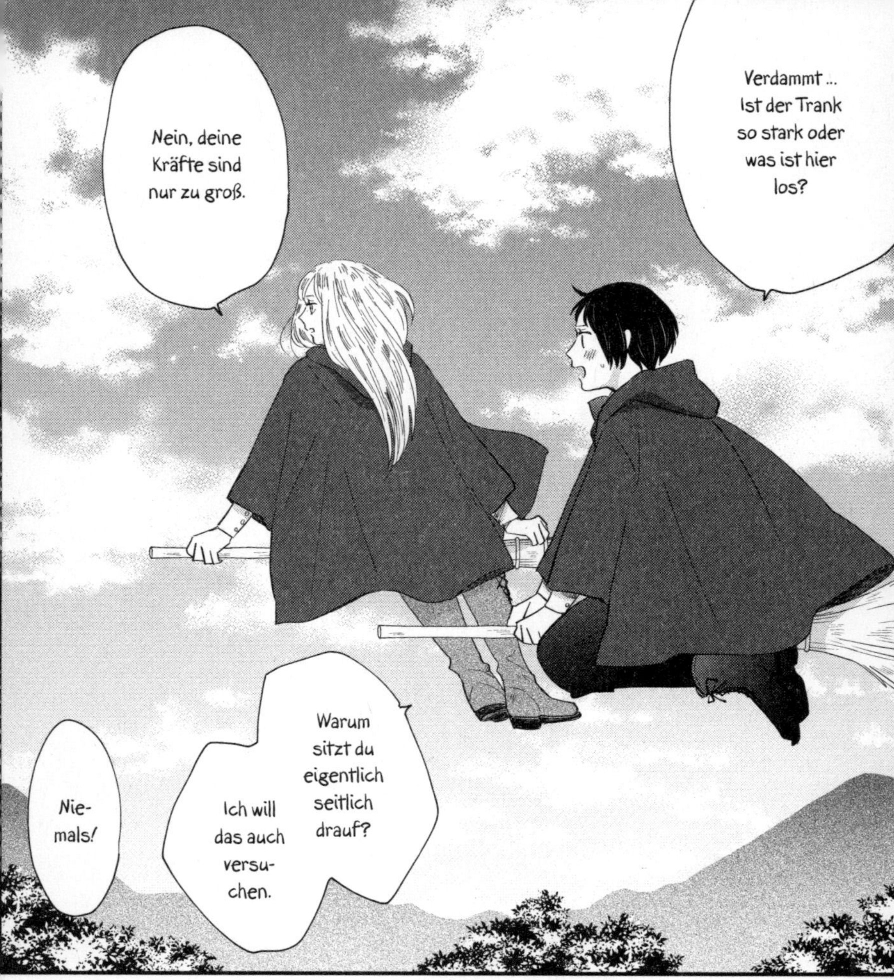
Verdammt ... Ist der Trank so stark oder was ist hier los?
Nein, deine Kräfte sind nur zu groß.
Warum sitzt du eigentlich seitlich drauf?
Ich will das auch versuchen.
Nie-mals!
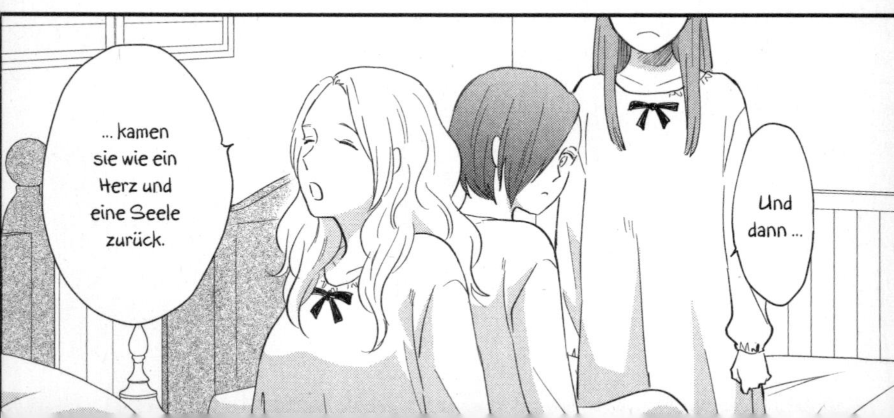
Und dann ...
... kamen sie wie ein Herz und eine Seele zurück.

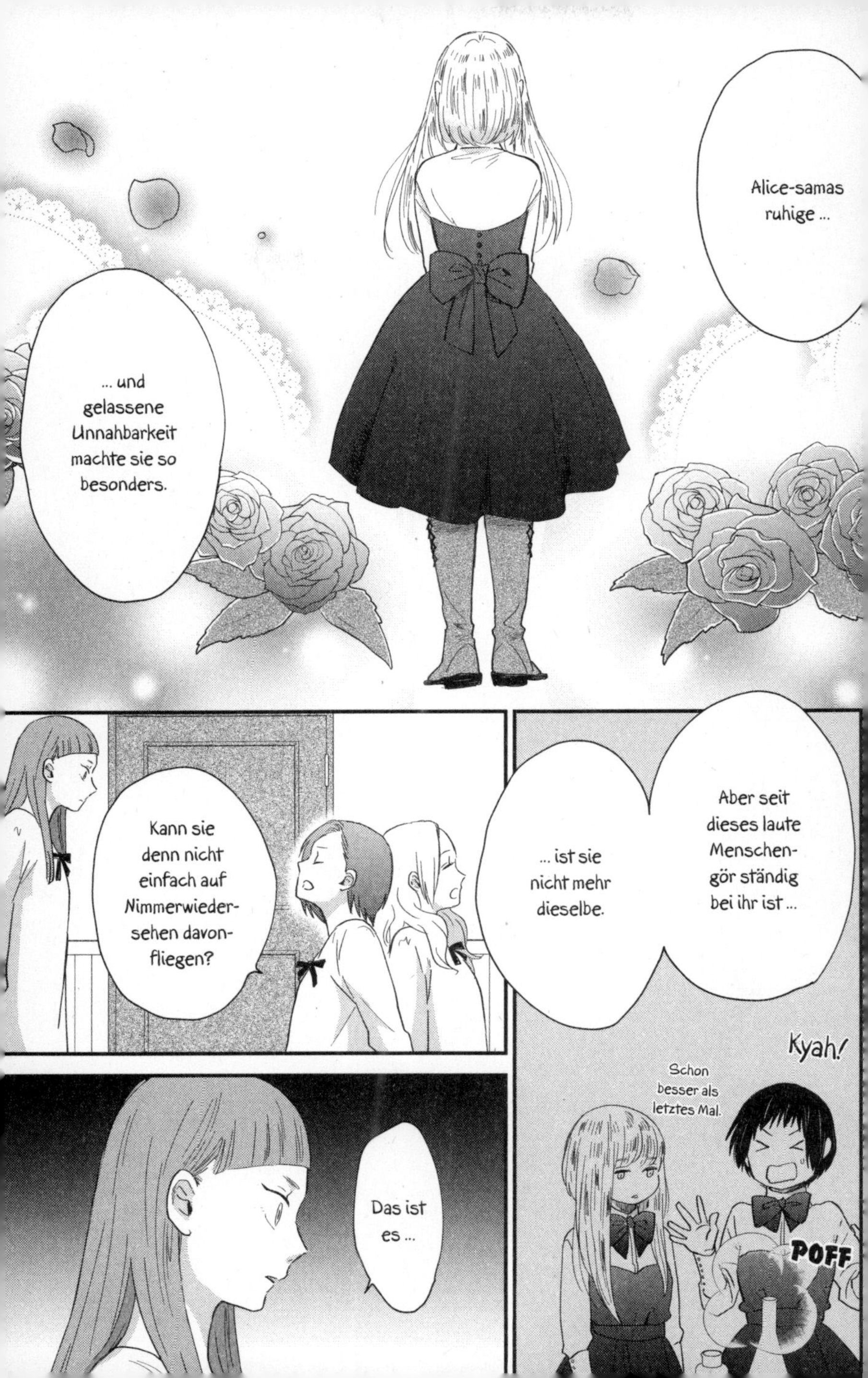
Alice-samas ruhige ...
... und gelassene Unnahbarkeit machte sie so besonders.
Aber seit dieses laute Menschengör ständig bei ihr ist ...
... ist sie nicht mehr dieselbe.
Kyah!
Schon besser als letztes Mal.
POFF
Kann sie denn nicht einfach auf Nimmerwiedersehen davonfliegen?
Das ist es ...

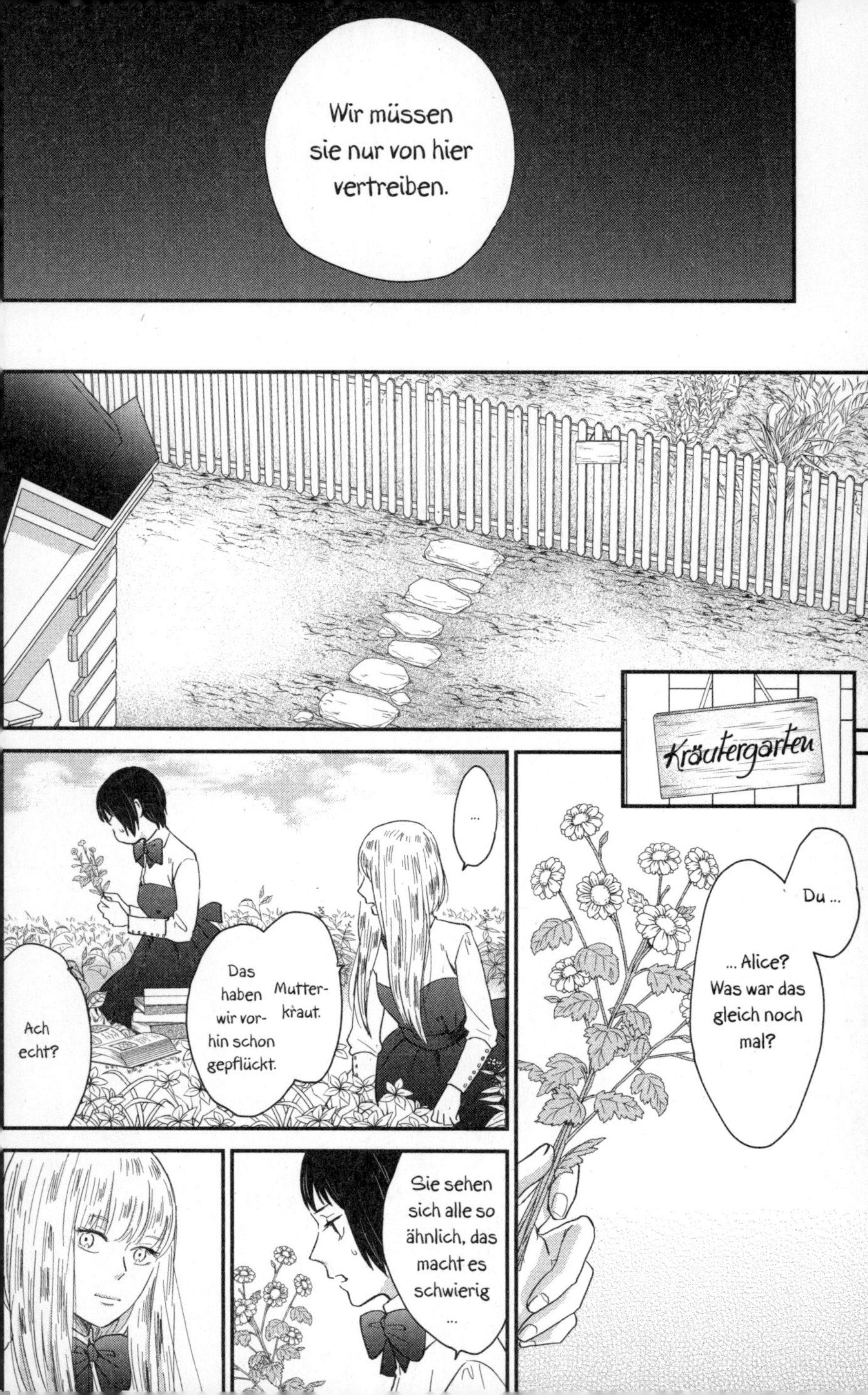
Wir müssen sie nur von hier vertreiben.
Kräutergarten
Du ...
... Alice? Was war das gleich noch mal?
...
Mutter-kraut.
Das haben wir vor-hin schon gepflückt.
Ach echt?
Sie sehen sich alle so ähnlich, das macht es schwierig ...

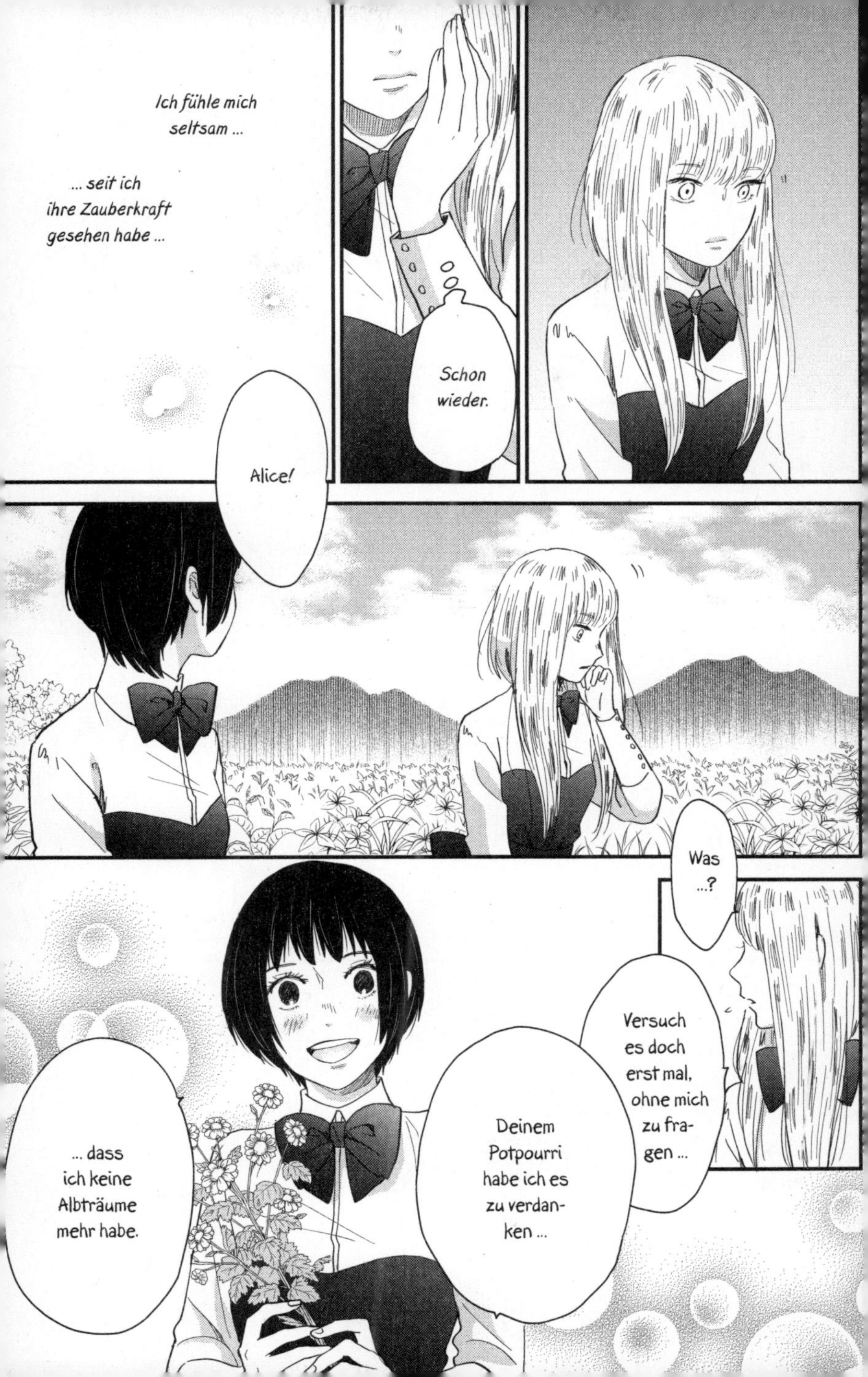

Ich fühle mich seltsam ...
... seit ich ihre Zauberkraft gesehen habe ...
Schon wieder.
Alice!
Was ...?
Versuch es doch erst mal, ohne mich zu fragen ...
Deinem Potpourri habe ich es zu verdanken ...
... dass ich keine Albträume mehr habe.

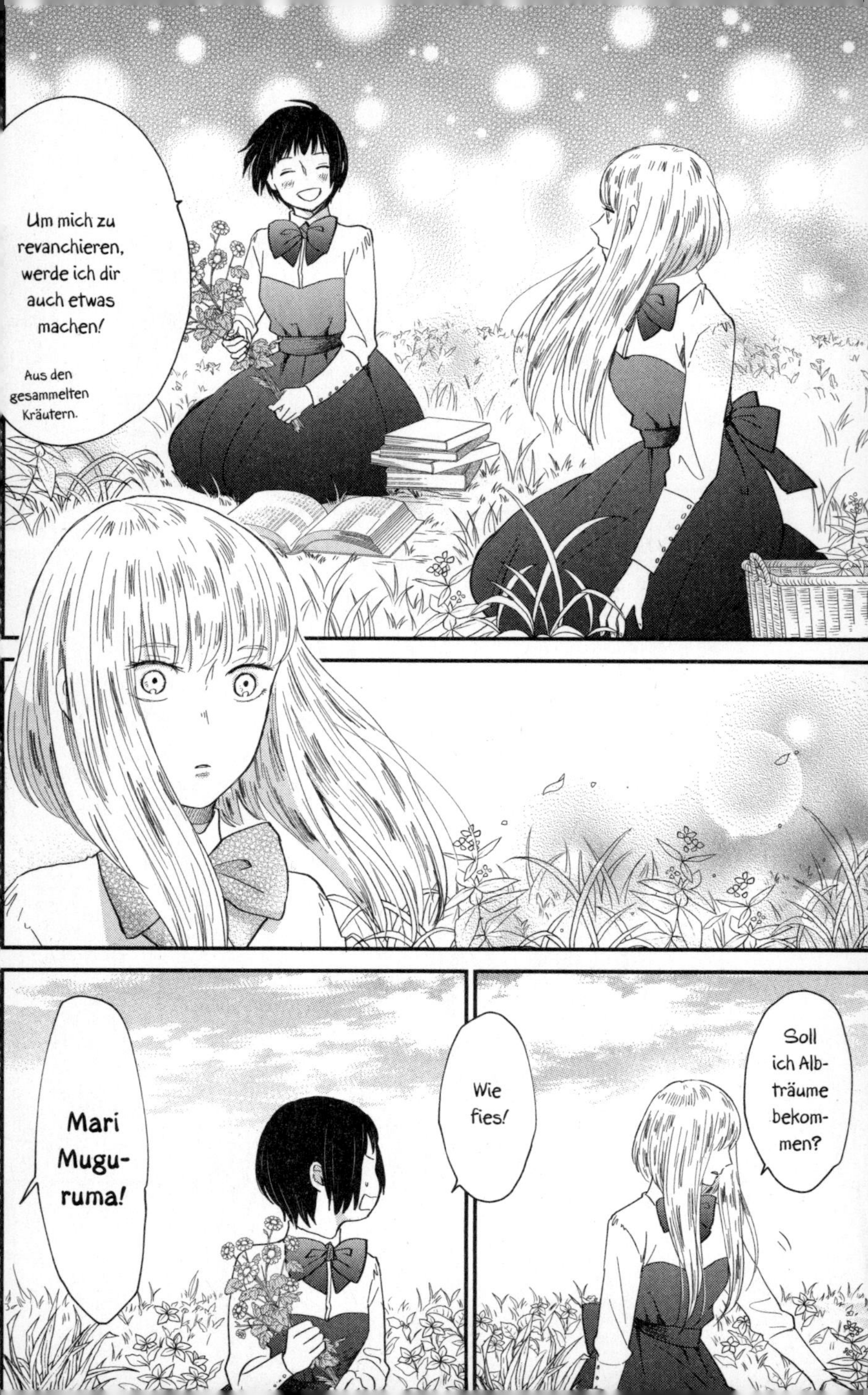
Um mich zu revanchieren, werde ich dir auch etwas machen!
Aus den gesammelten Kräutern.
Soll ich Albträume bekommen?
Wie fies!
Mari Muguruma!

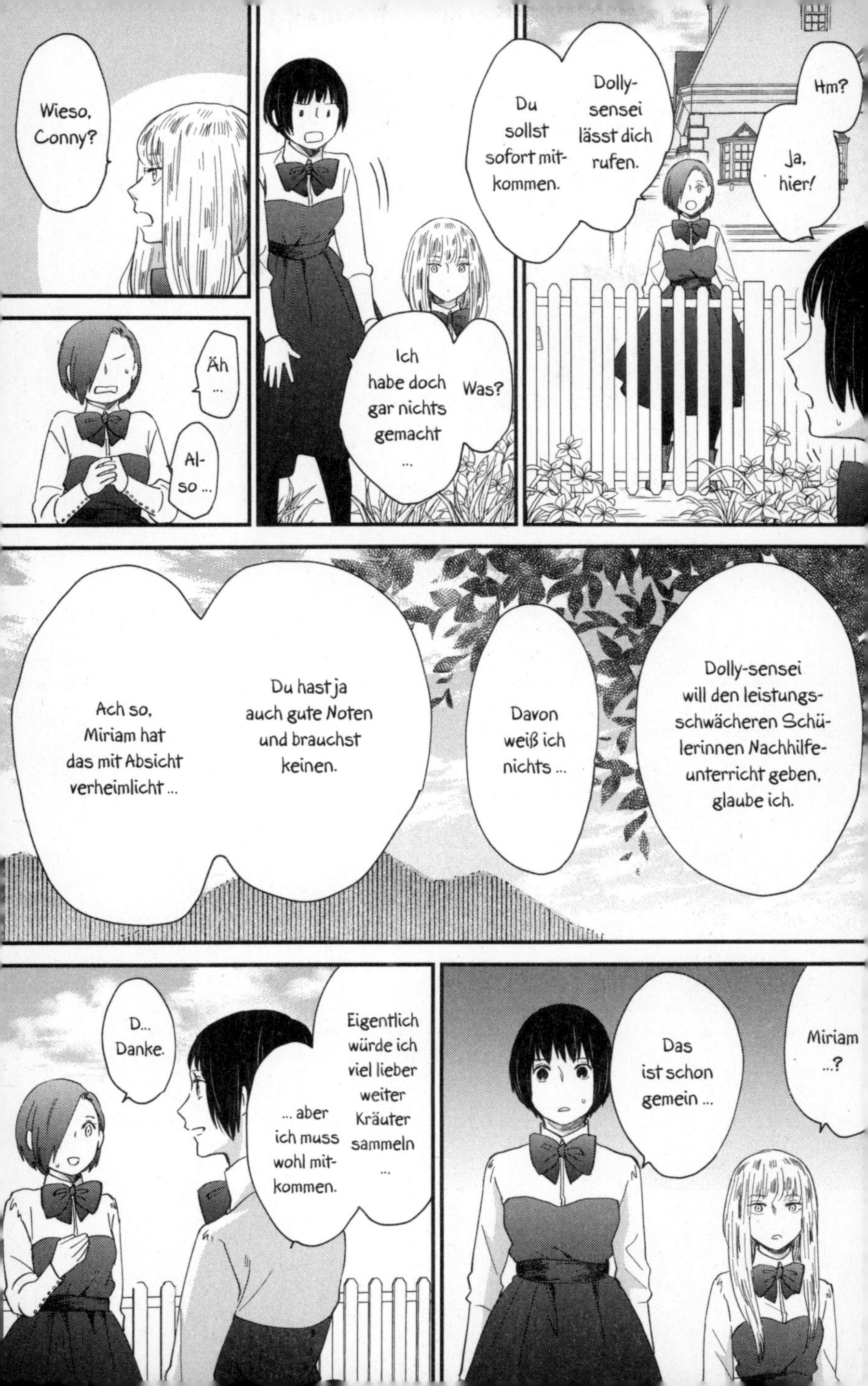
Hm?
Ja, hier!
Dolly-sensei lässt dich rufen.
Du sollst sofort mitkommen.
Was?
Ich habe doch gar nichts gemacht ...
Wieso, Conny?
Äh ...
Also ...
Dolly-sensei will den leistungsschwächeren Schülerinnen Nachhilfeunterricht geben, glaube ich.
Davon weiß ich nichts ...
Du hast ja auch gute Noten und brauchst keinen.
Ach so, Miriam hat das mit Absicht verheimlicht ...
Miriam ...?
Das ist schon gemein ...
Eigentlich würde ich viel lieber weiter Kräuter sammeln ...
... aber ich muss wohl mitkommen.
D... Danke.

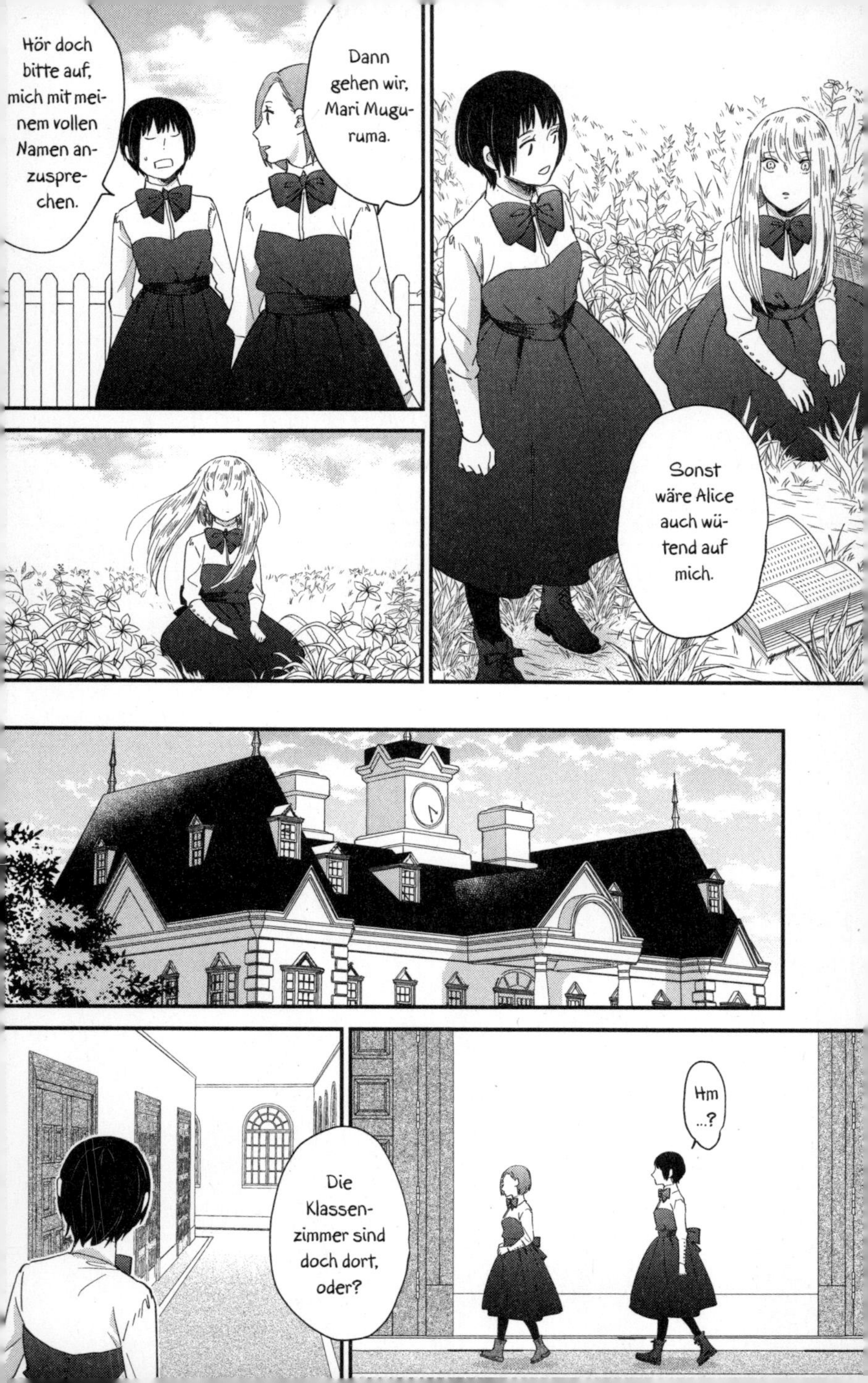
Sonst wäre Alice auch wütend auf mich.
Dann gehen wir, Mari Muguruma.
Hör doch bitte auf, mich mit meinem vollen Namen anzusprechen.
Hm ...?
Die Klassenzimmer sind doch dort, oder?

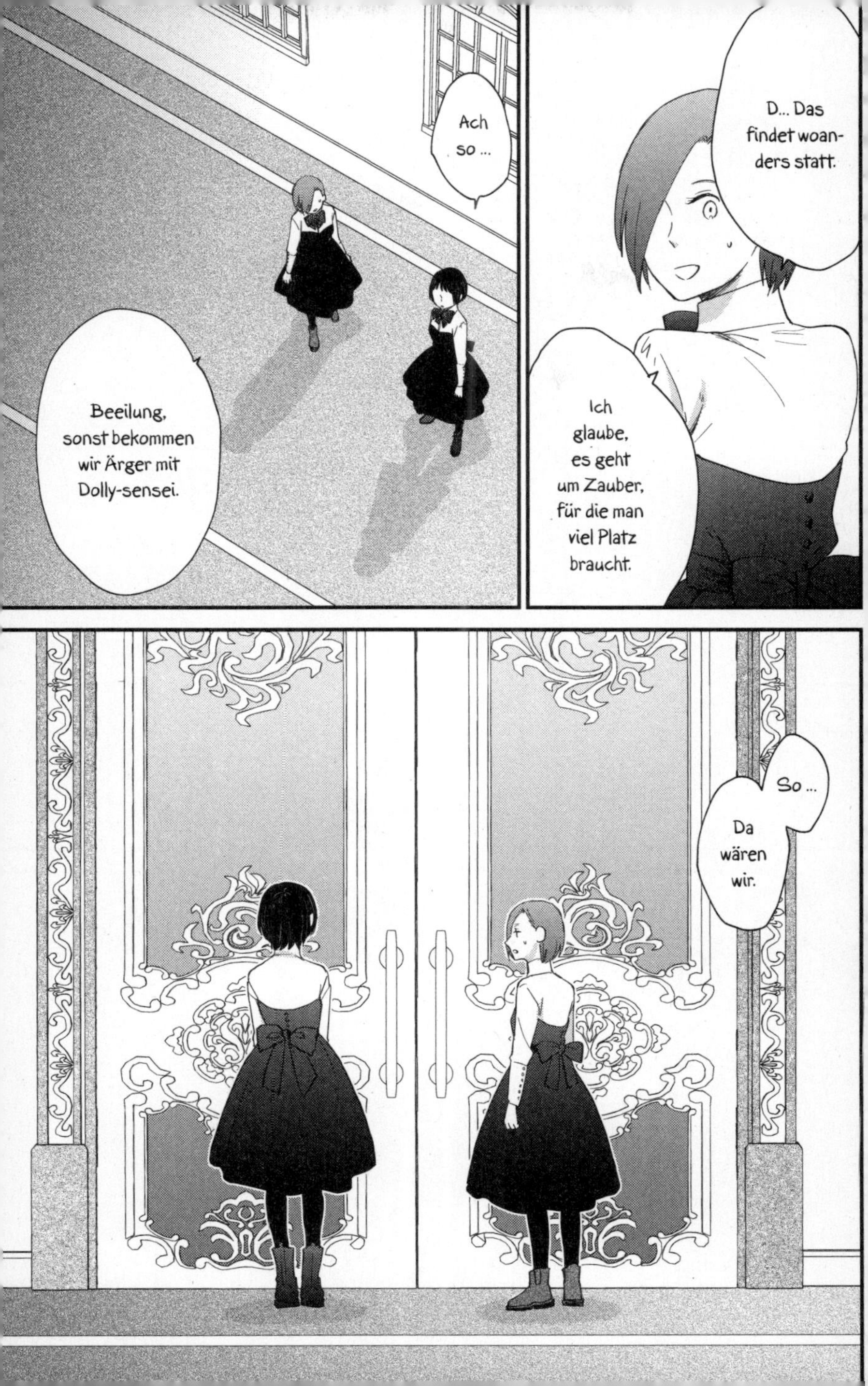
D... Das findet woanders statt.
Ich glaube, es geht um Zauber, für die man viel Platz braucht.
Ach so ...
Beeilung, sonst bekommen wir Ärger mit Dolly-sensei.
So ...
Da wären wir.

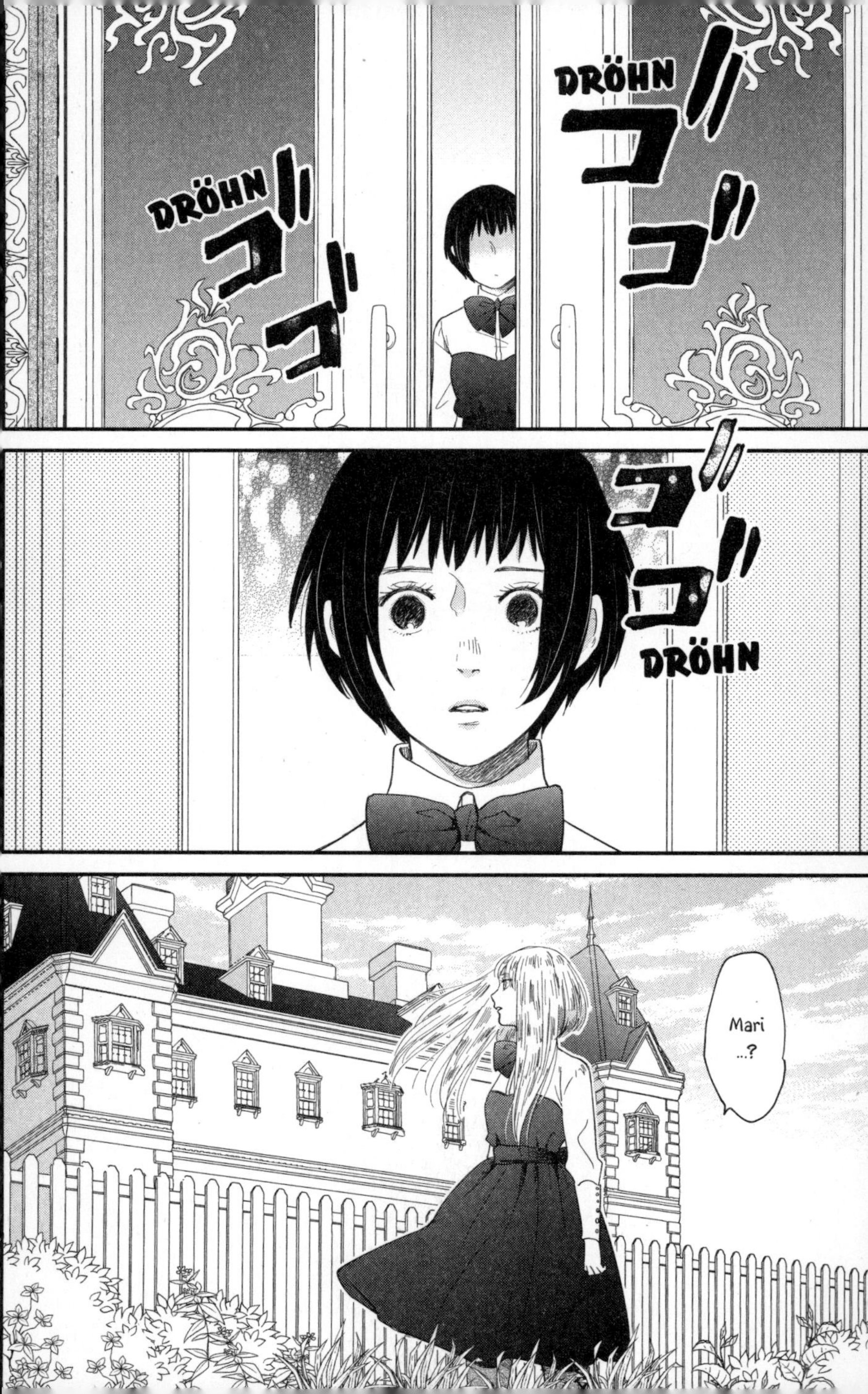

DRÖHN
ゴゴ
DRÖHN
ゴゴ
ゴゴ
DRÖHN
Mari
...?

Alice und die Halbbluthexe

Alice und die Halbbluthexe

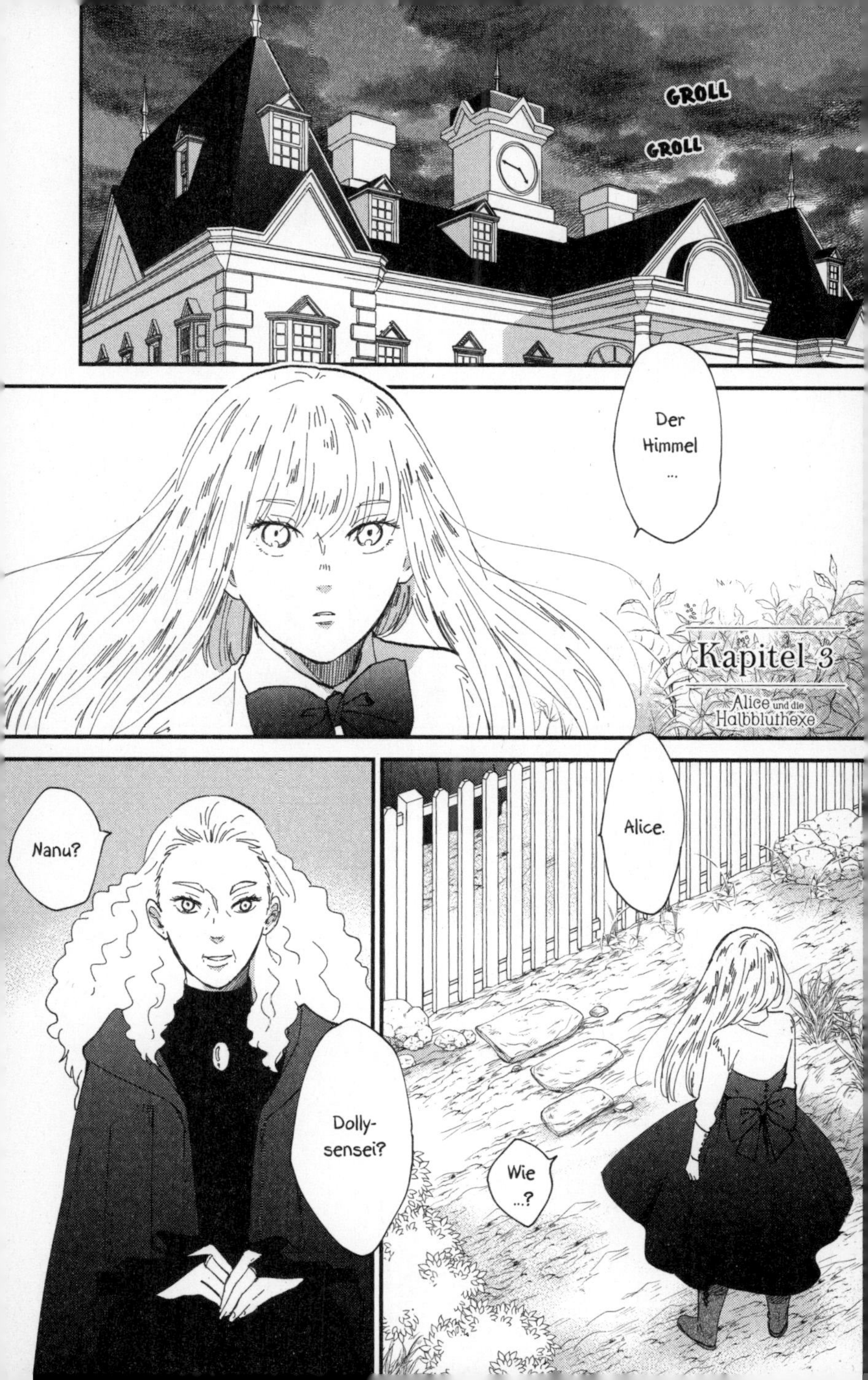
GROLL
GROLL
Der Himmel ...
Kapitel 3
Alice und die Halbbluthexe
Alice.
Wie ...?
Nanu?
Dolly-sensei?

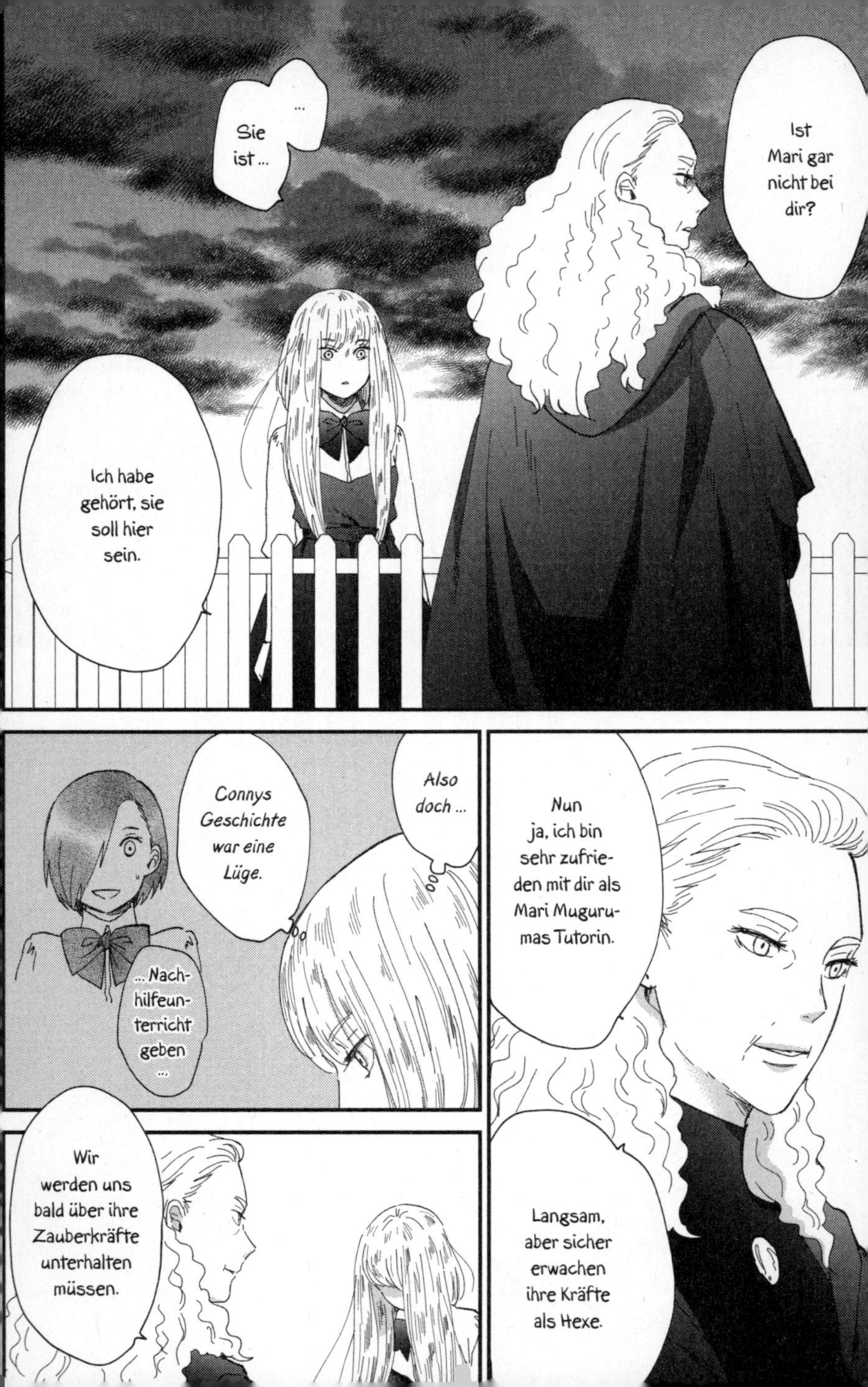
Ist Mari gar nicht bei dir?
... Sie ist ...
Ich habe gehört, sie soll hier sein.
Nun ja, ich bin sehr zufrieden mit dir als Mari Mugurumas Tutorin.
Also doch ...
Connys Geschichte war eine Lüge.
... Nachhilfeunterricht geben ...
Langsam, aber sicher erwachen ihre Kräfte als Hexe.
Wir werden uns bald über ihre Zauberkräfte unterhalten müssen.

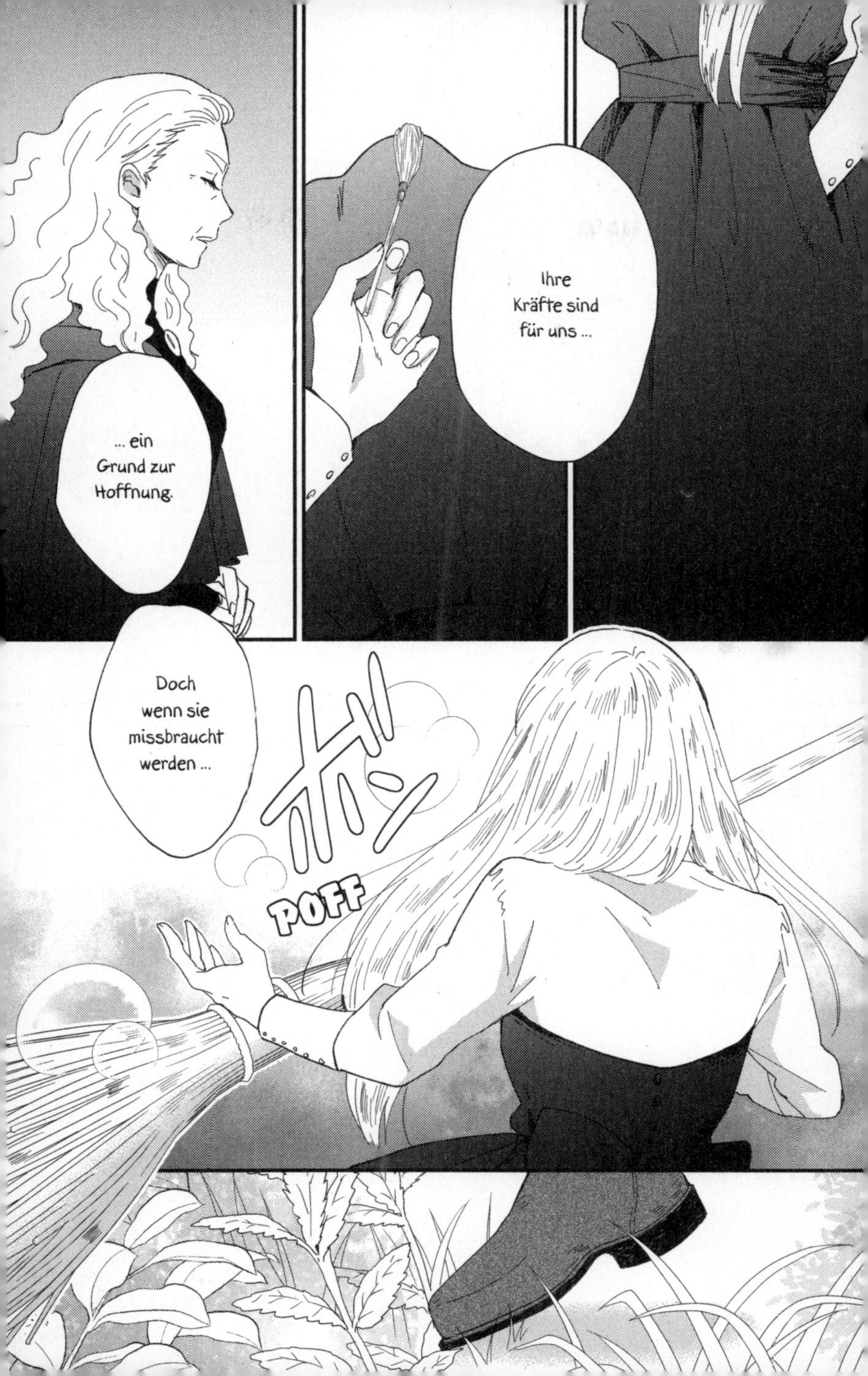
Ihre Kräfte sind für uns ...
... ein Grund zur Hoffnung.
Doch wenn sie missbraucht werden ...
POFF

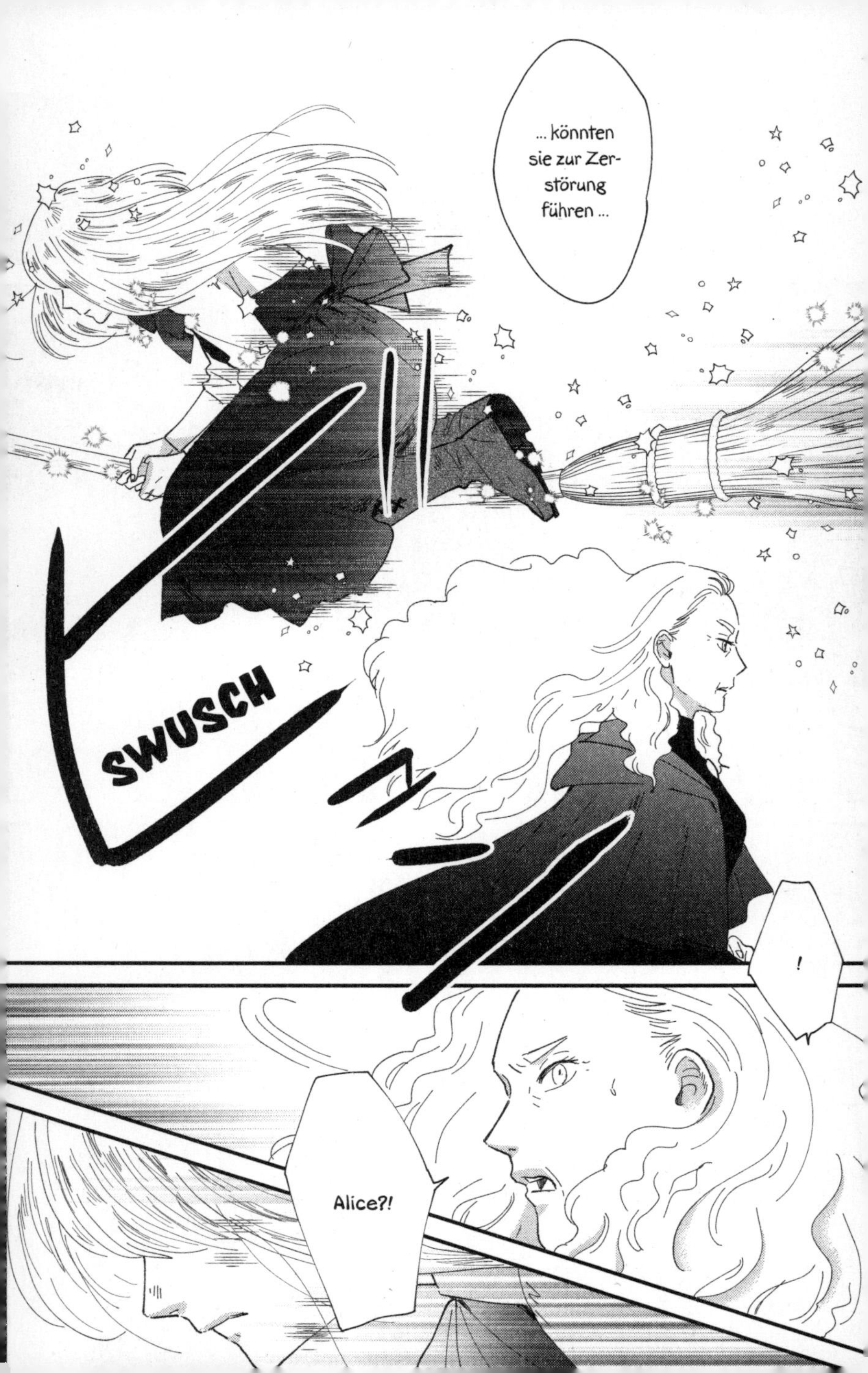

... könnten sie zur Zerstörung führen ...
SWUSCH
!
Alice?!

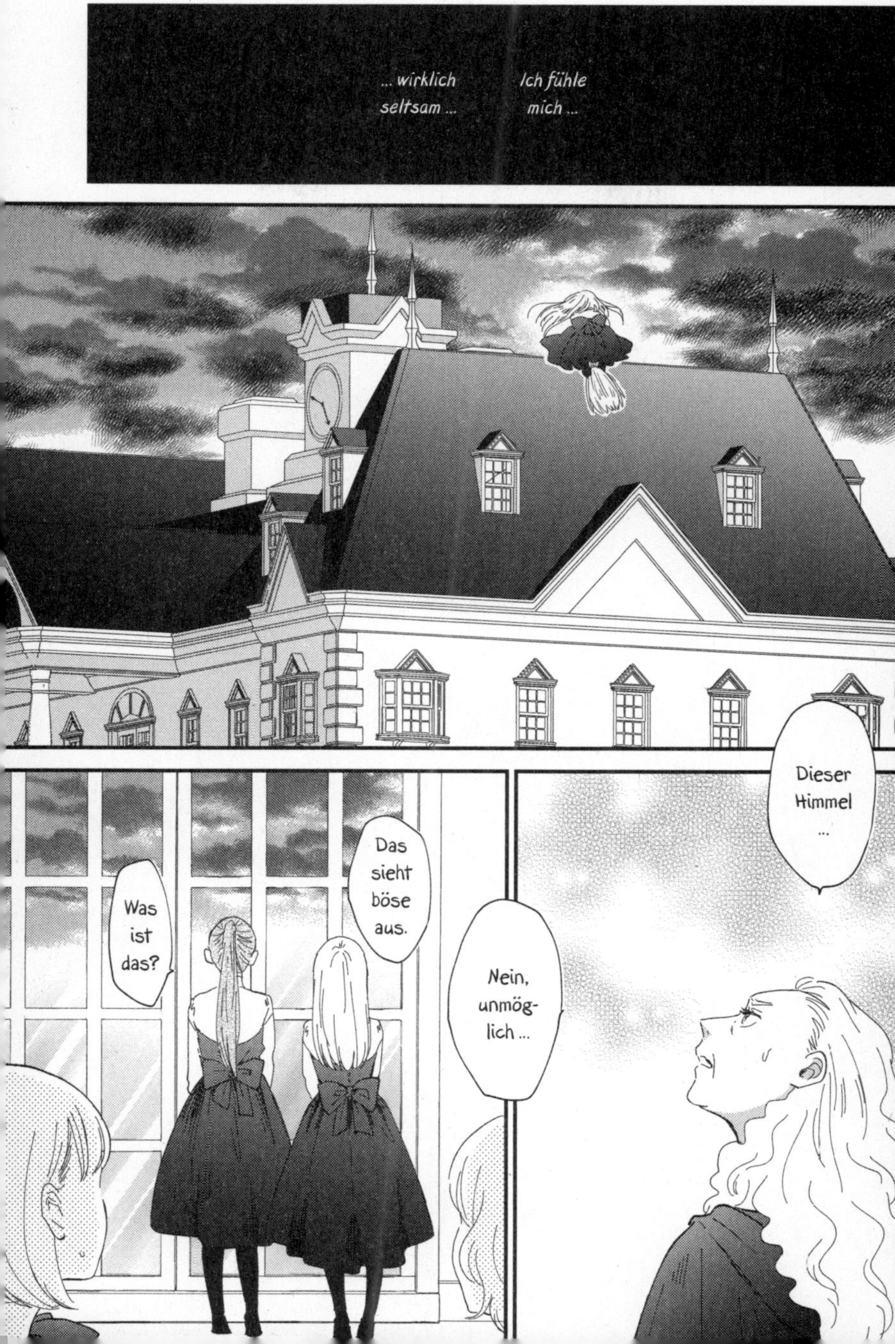
Ich fühle mich ...
... wirklich seltsam ...
Dieser Himmel ...
Nein, unmög-lich ...
Das sieht böse aus.
Was ist das?

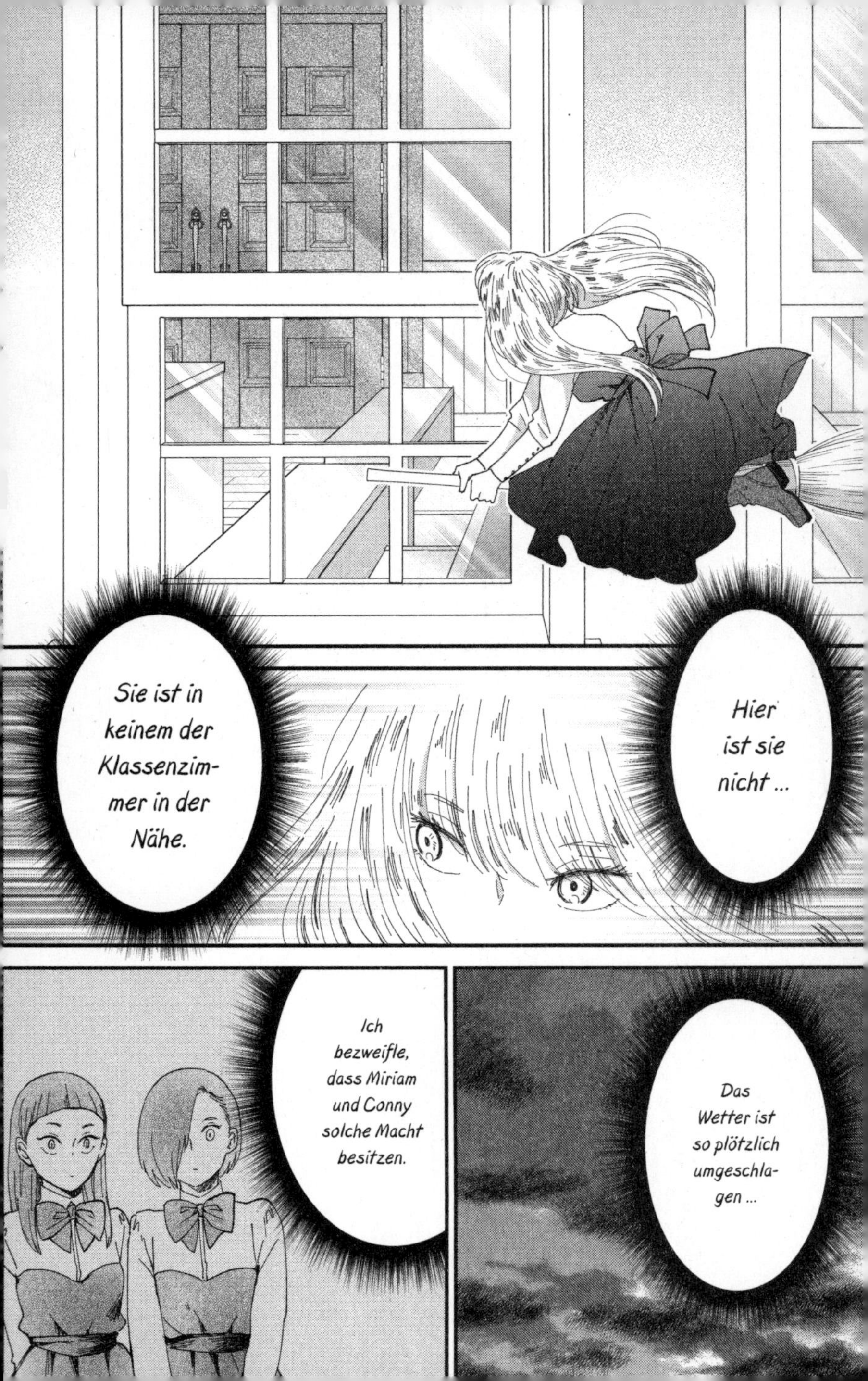
Hier ist sie nicht ...
Sie ist in keinem der Klassenzimmer in der Nähe.
Das Wetter ist so plötzlich umgeschlagen ...
Ich bezweifle, dass Miriam und Conny solche Macht besitzen.

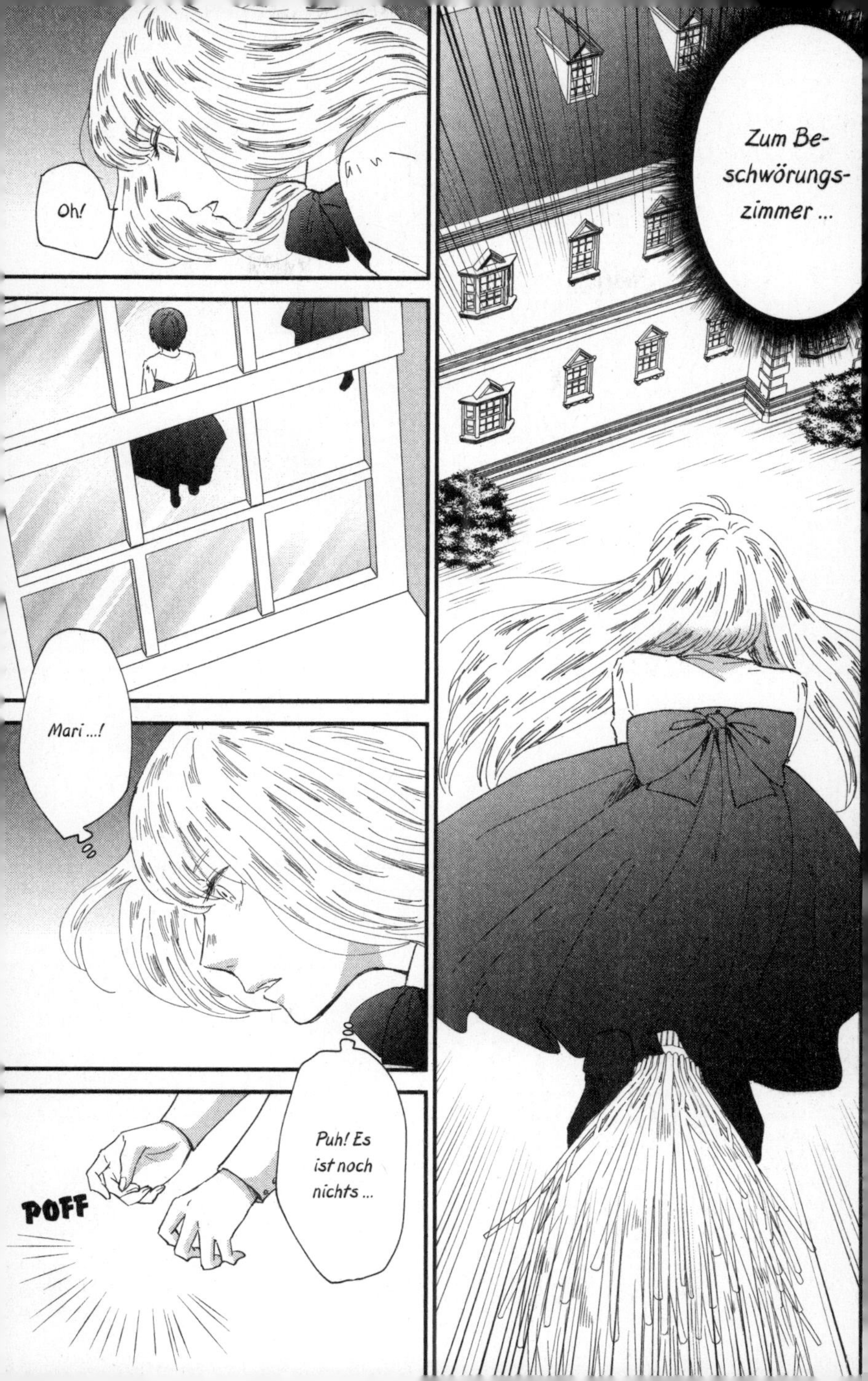

Zum Beschwörungszimmer ...
Oh!
Mari ...!
Puh! Es ist noch nichts ...
POFF

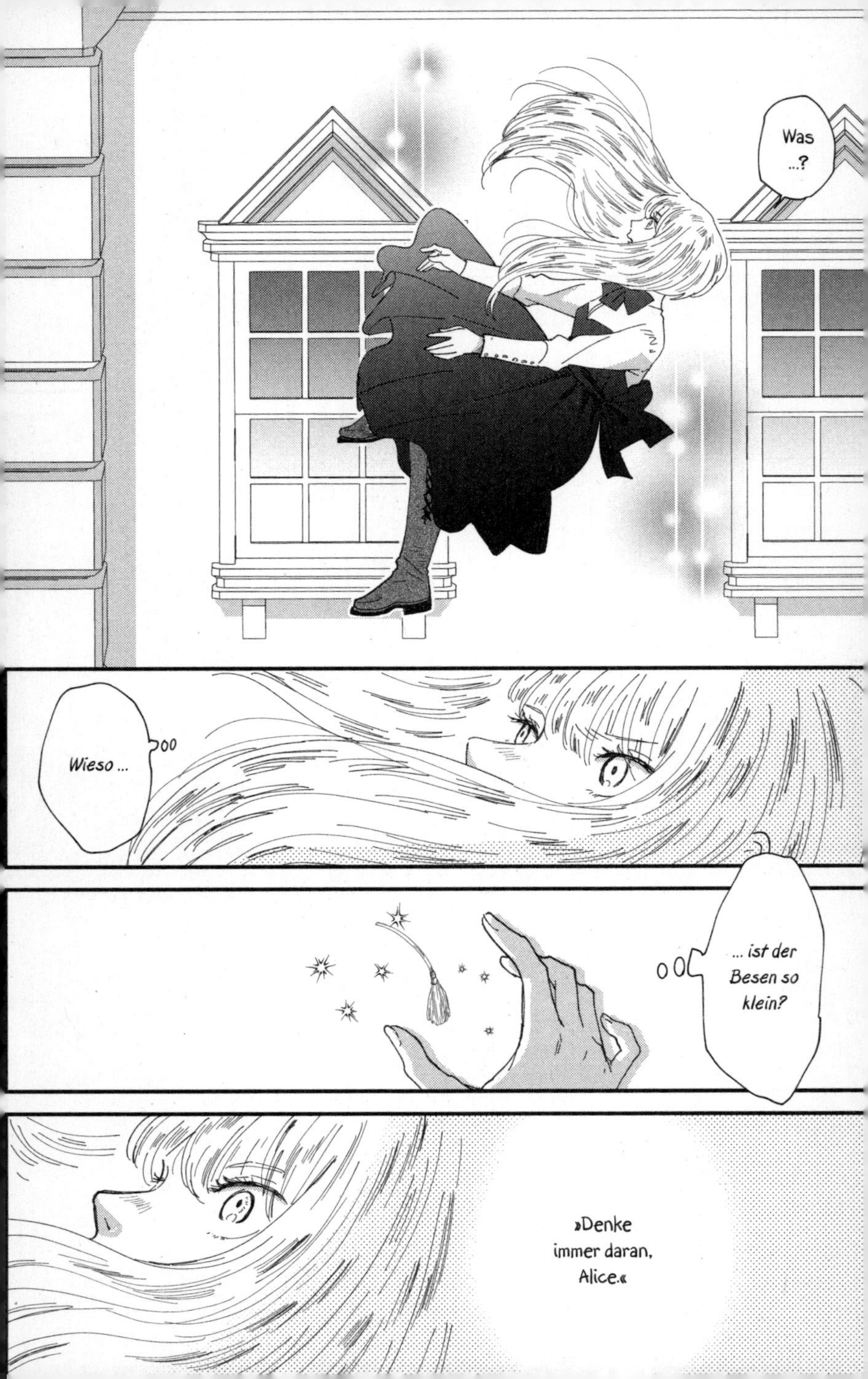
Was ...?
Wieso ...
... ist der Besen so klein?
»Denke immer daran, Alice.«

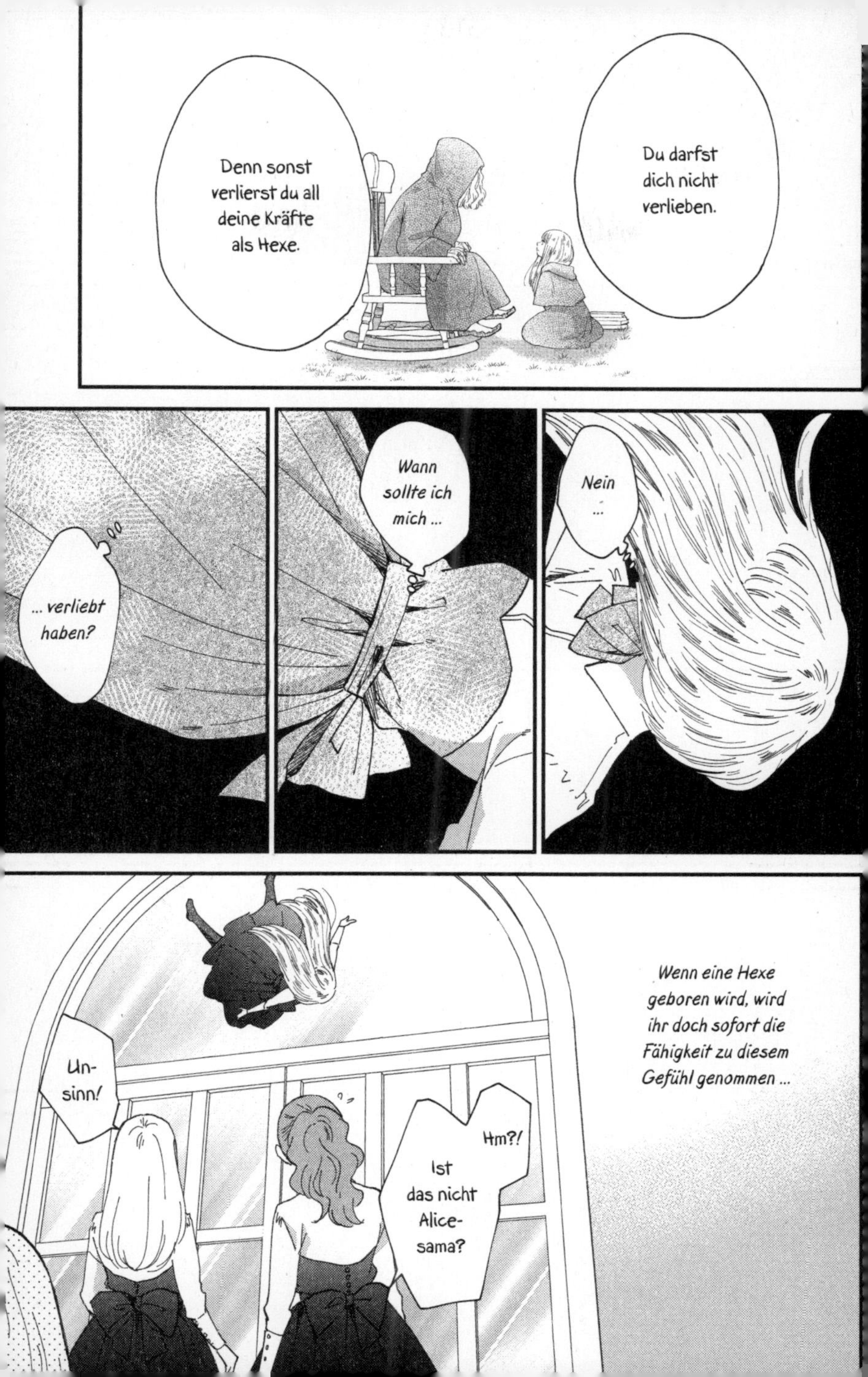

Du darfst dich nicht verlieben.
Denn sonst verlierst du all deine Kräfte als Hexe.
Nein …
Wann sollte ich mich …
… verliebt haben?
Wenn eine Hexe geboren wird, wird ihr doch sofort die Fähigkeit zu diesem Gefühl genommen …
Hm?!
Ist das nicht Alice-sama?
Un-sinn!

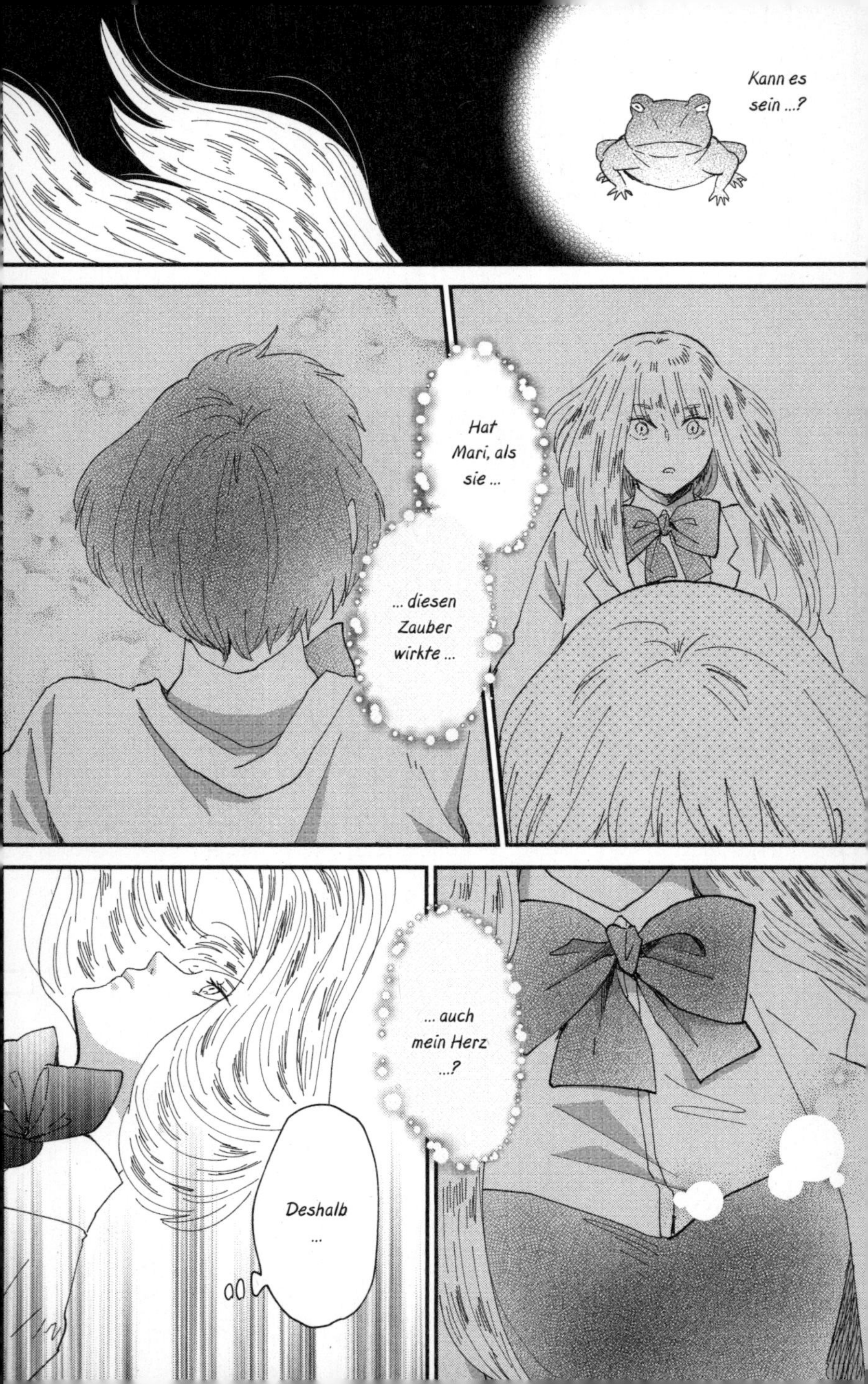
Kann es sein ...?
Hat Mari, als sie ...
... diesen Zauber wirkte ...
... auch mein Herz ...?
Deshalb ...

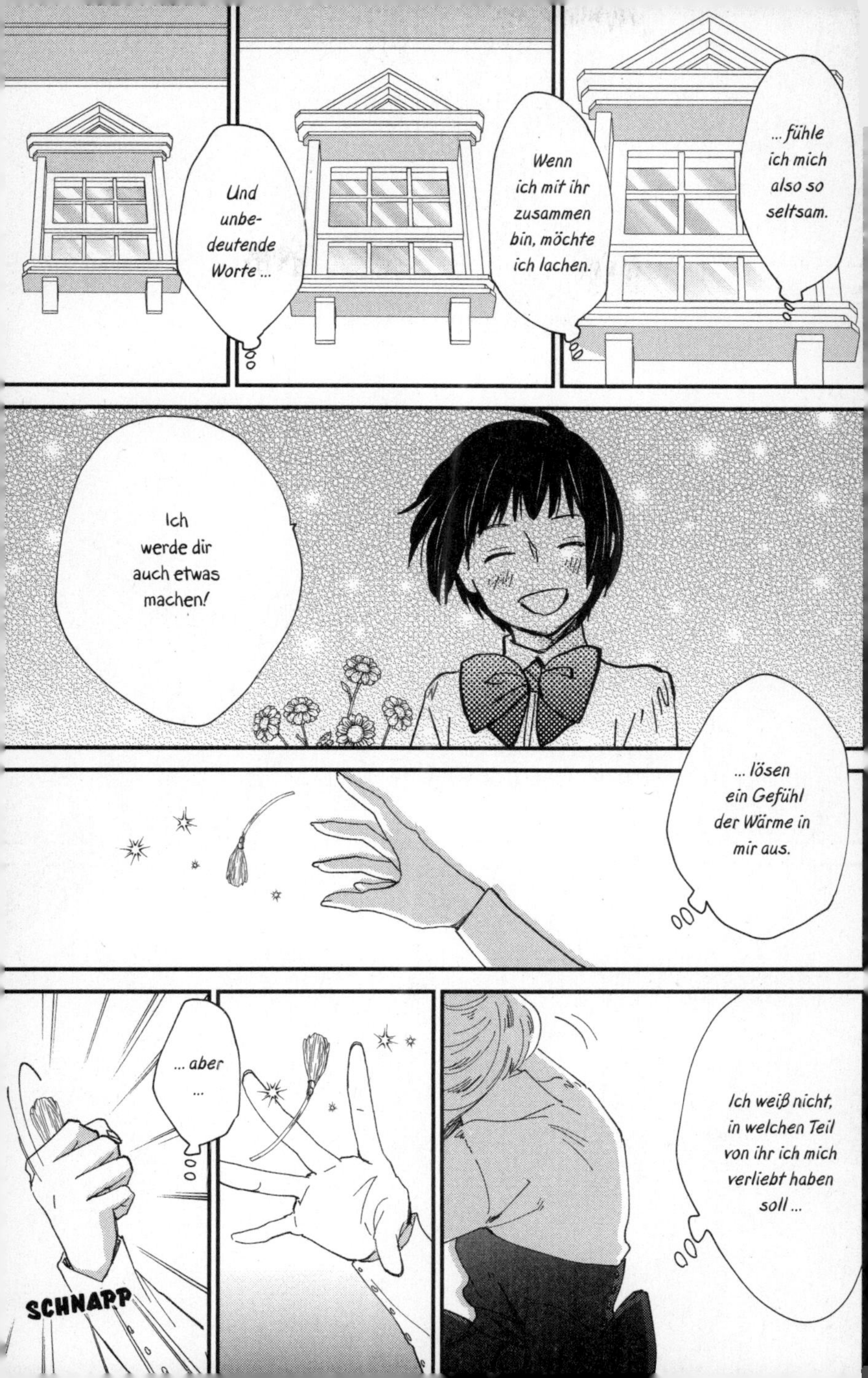

... fühle ich mich also so seltsam.
Wenn ich mit ihr zusammen bin, möchte ich lachen.
Und unbedeutende Worte ...
Ich werde dir auch etwas machen!
... lösen ein Gefühl der Wärme in mir aus.
Ich weiß nicht, in welchen Teil von ihr ich mich verliebt haben soll ...
... aber ...
SCHNAPP

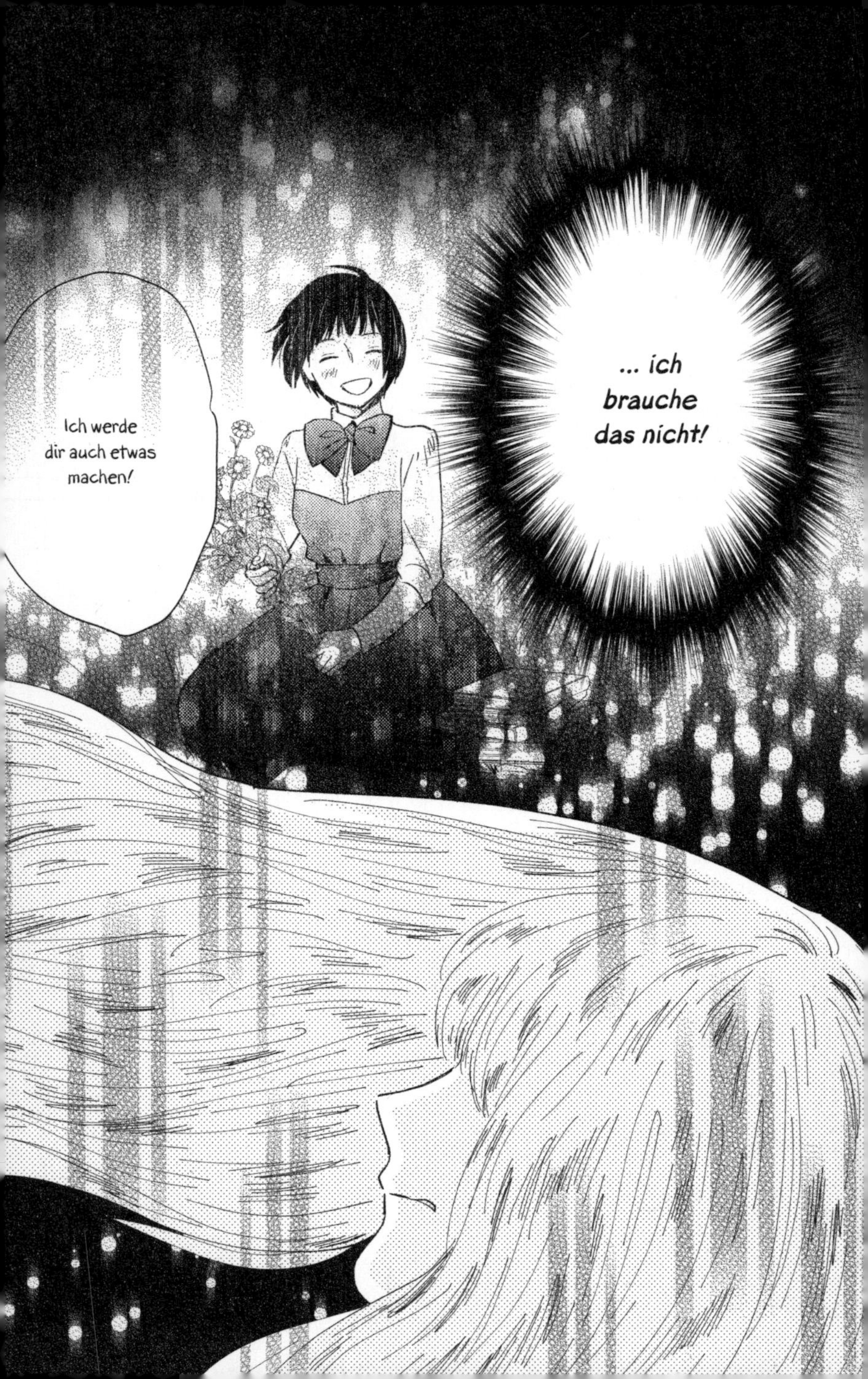
... ich brauche das nicht!
Ich werde dir auch etwas machen!

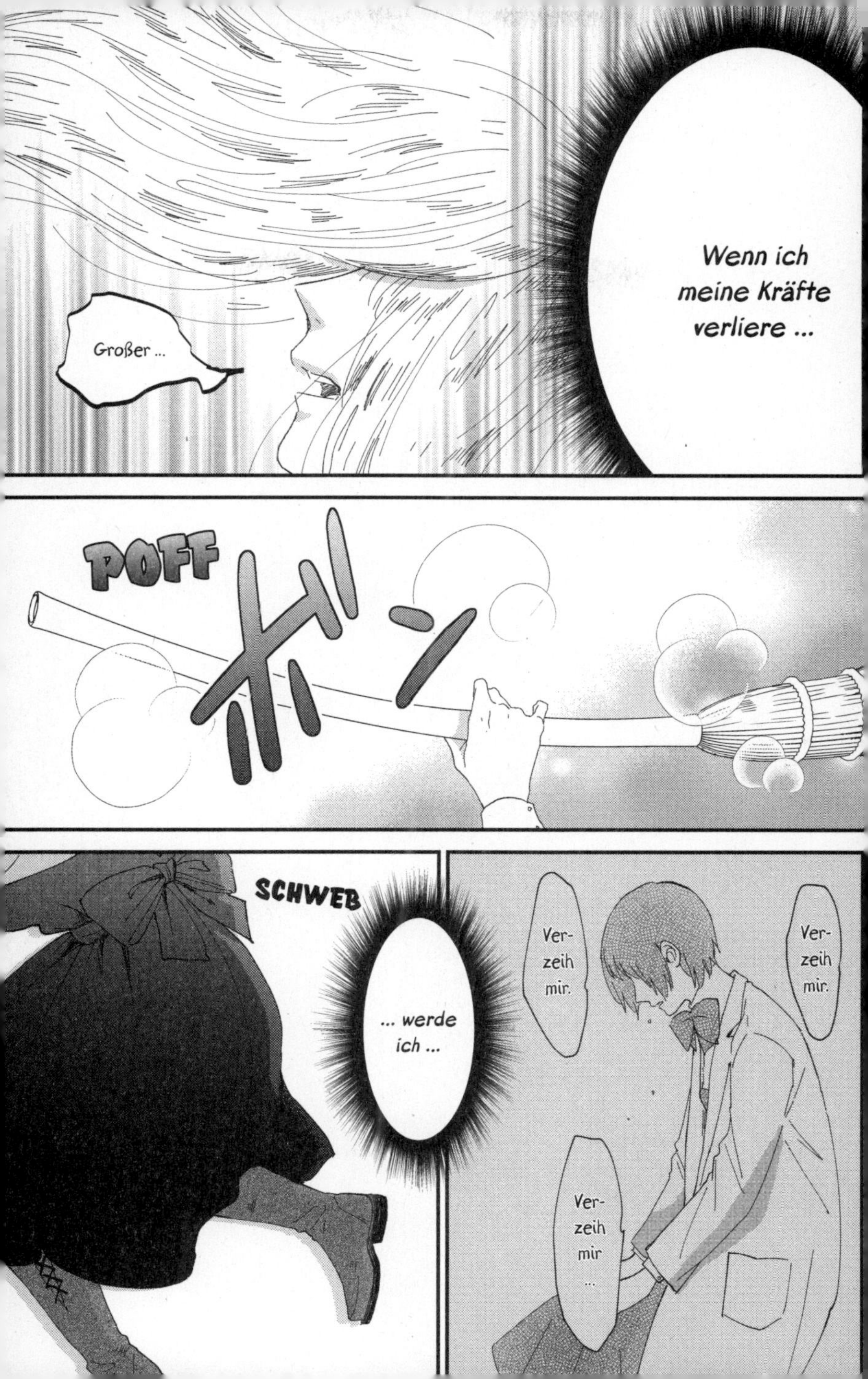
Wenn ich meine Kräfte verliere ...
Großer ...
POFF
SCHWEB
Verzeih mir.
Verzeih mir.
Verzeih mir ...
... werde ich ...

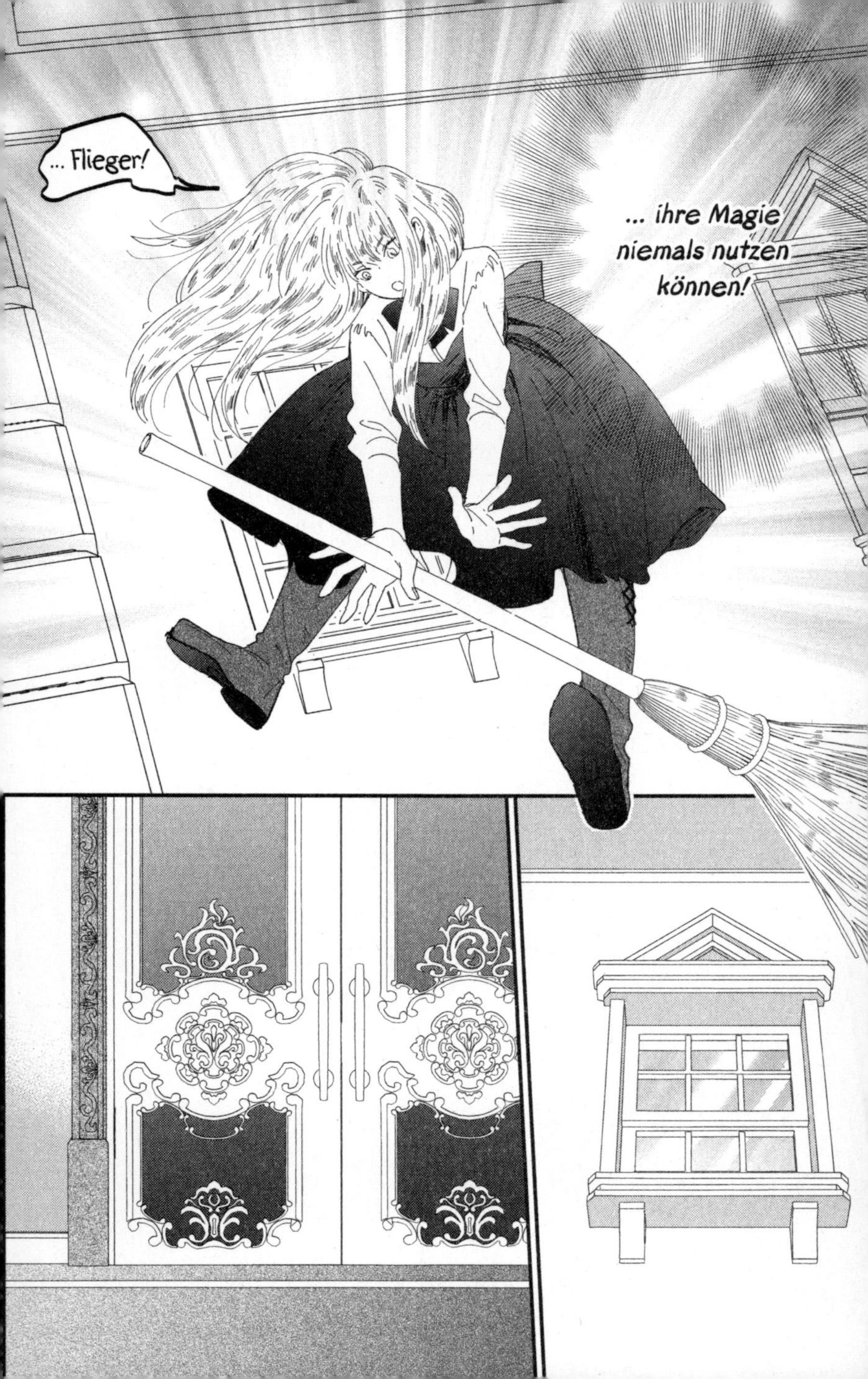
... ihre Magie niemals nutzen können!
... Flieger!

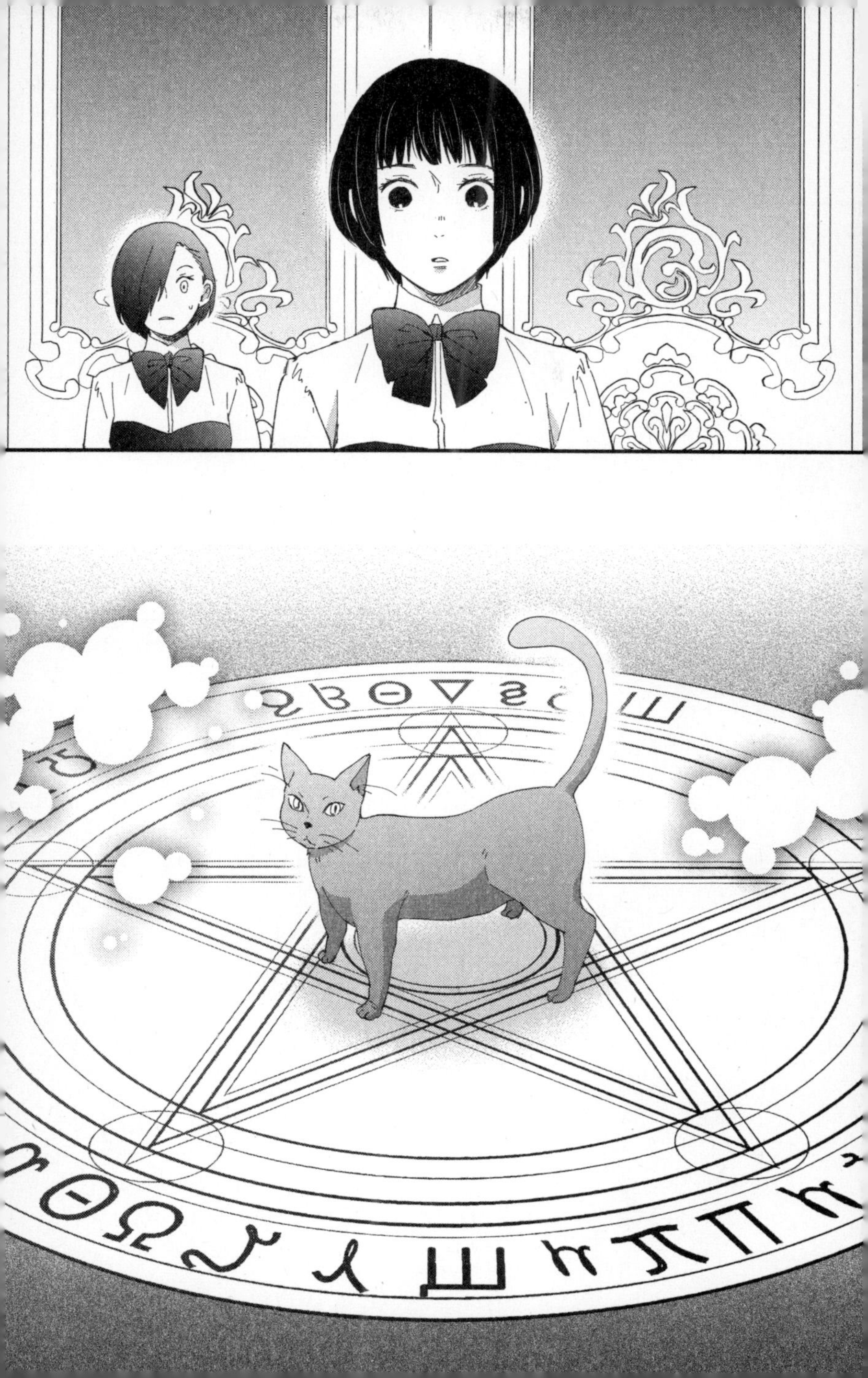

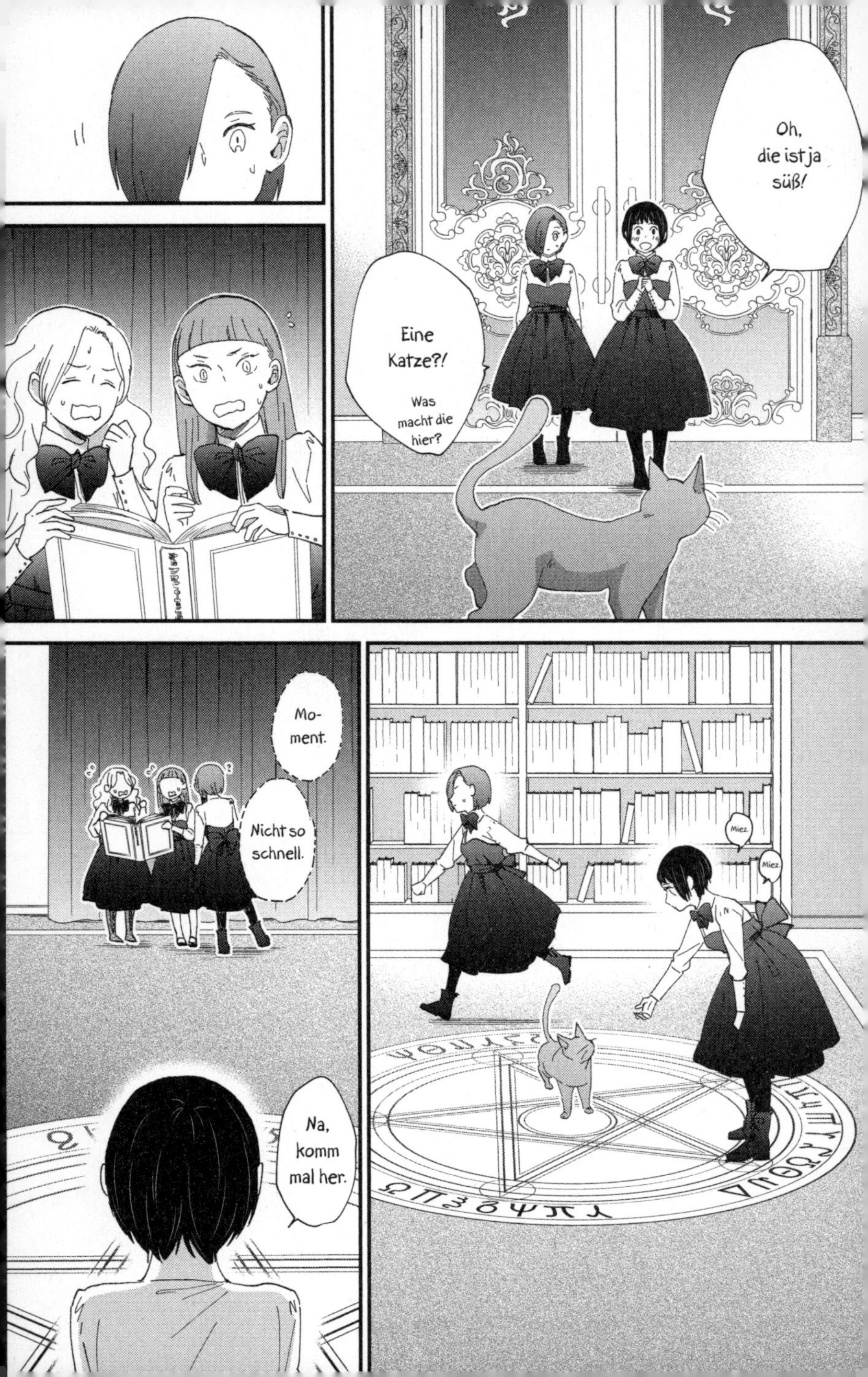

Oh, die ist ja süß!
Eine Katze?!
Was macht die hier?
Miez.
Miez.
Mo-ment.
Nicht so schnell.
Na, komm mal her.

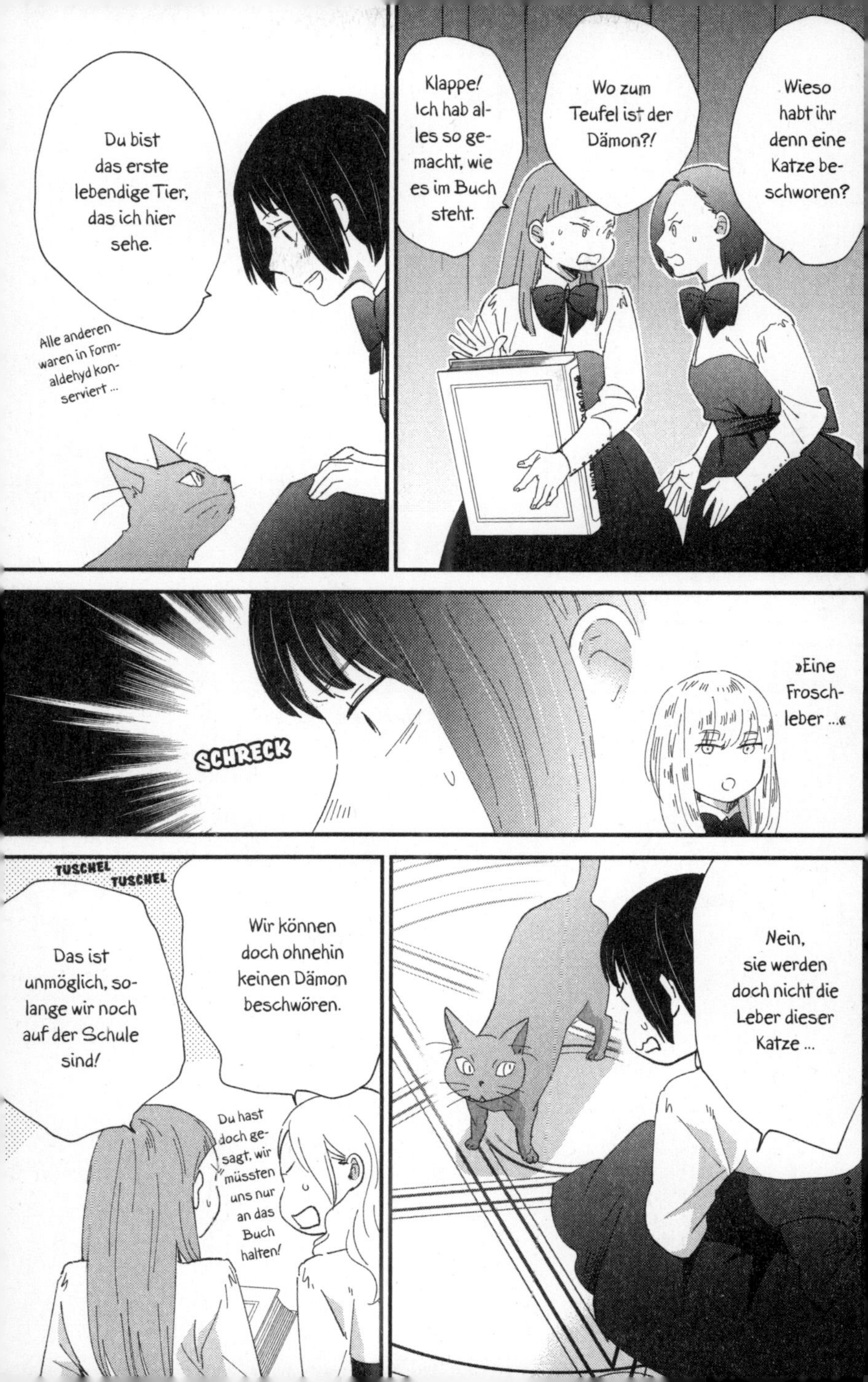
Wieso habt ihr denn eine Katze beschworen?
Wo zum Teufel ist der Dämon?!
Klappe! Ich hab alles so gemacht, wie es im Buch steht.
Du bist das erste lebendige Tier, das ich hier sehe.
Alle anderen waren in Formaldehyd konserviert ...
»Eine Froschleber ...«
SCHRECK
Nein, sie werden doch nicht die Leber dieser Katze ...
Wir können doch ohnehin keinen Dämon beschwören.
TUSCHEL TUSCHEL
Das ist unmöglich, solange wir noch auf der Schule sind!
Du hast doch gesagt, wir müssten uns nur an das Buch halten!

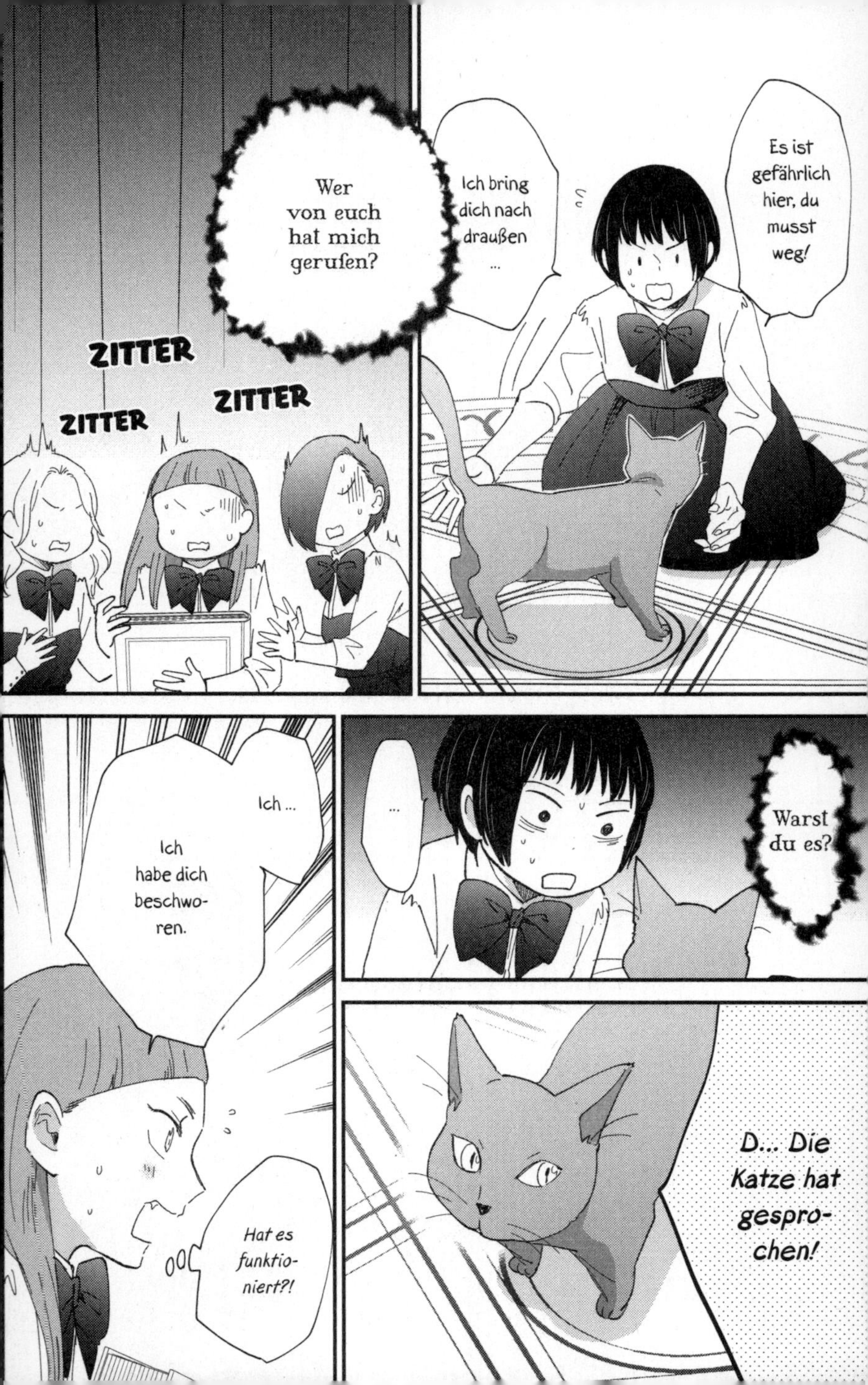
Es ist gefährlich hier, du musst weg!
Ich bring dich nach draußen ...
Wer von euch hat mich gerufen?
ZITTER
ZITTER
ZITTER
Warst du es?
...
D... Die Katze hat gesprochen!
Ich ...
Ich habe dich beschworen.
Hat es funktioniert?!

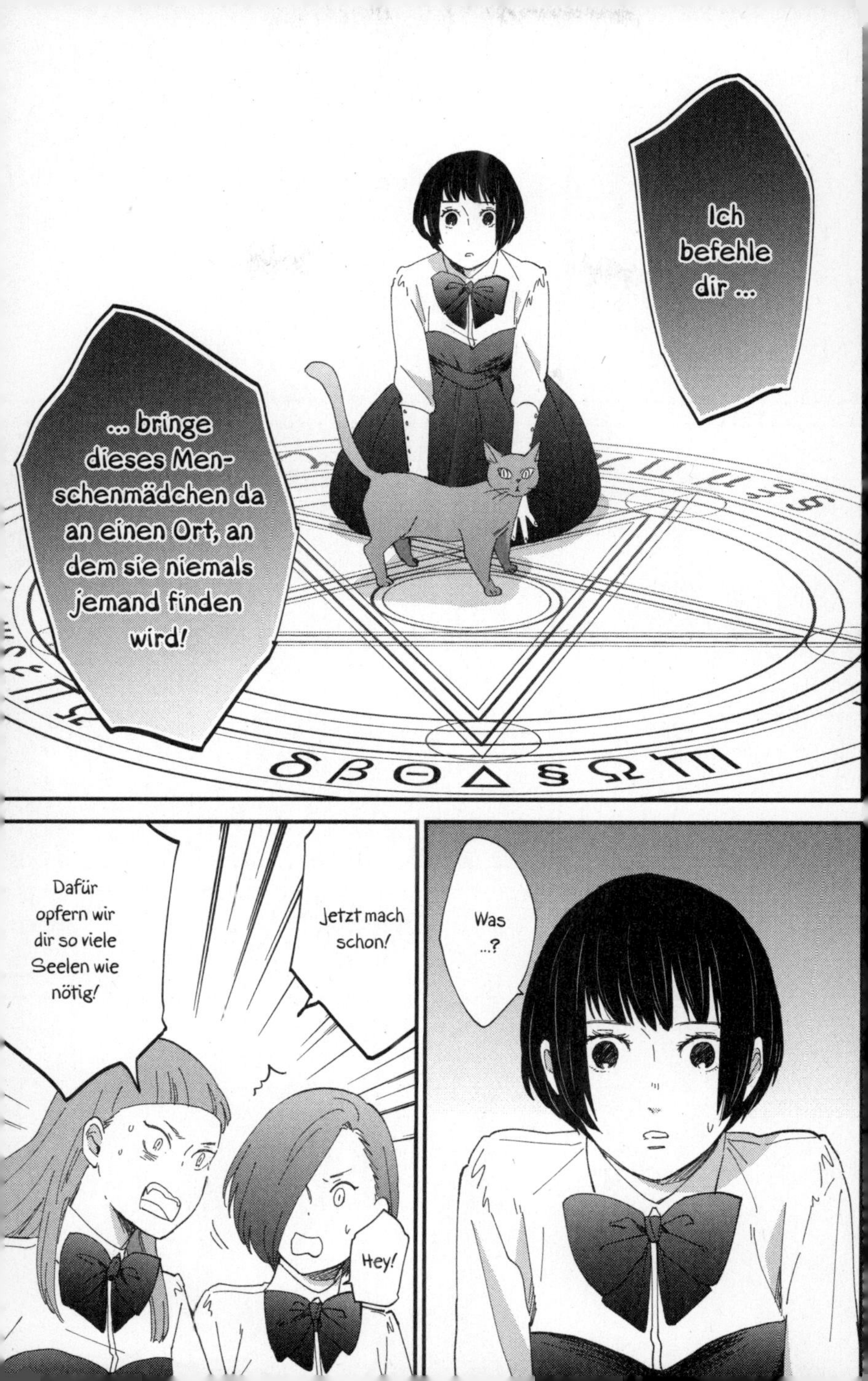
Ich befehle dir ...
... bringe dieses Men- schenmädchen da an einen Ort, an dem sie niemals jemand finden wird!
Was ...?
Jetzt mach schon!
Dafür opfern wir dir so viele Seelen wie nötig!
Hey!

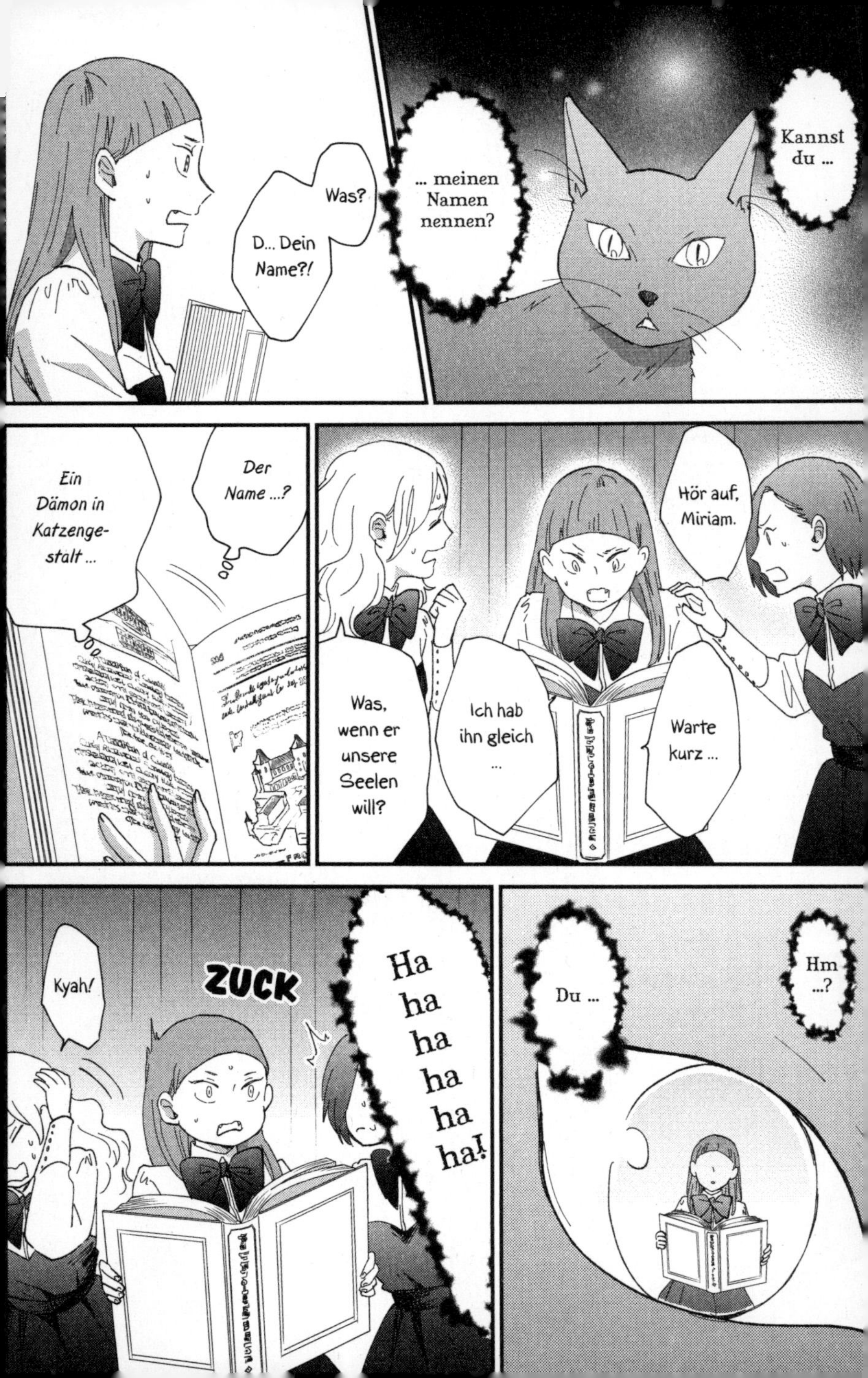
Kannst du ...
... meinen Namen nennen?
Was?
D... Dein Name?!
Hör auf, Miriam.
Warte kurz ...
Ich hab ihn gleich ...
Was, wenn er unsere Seelen will?
Der Name ...?
Ein Dämon in Katzengestalt ...
Hm ...?
Du ...
Ha ha ha ha ha ha!
ZUCK
Kyah!

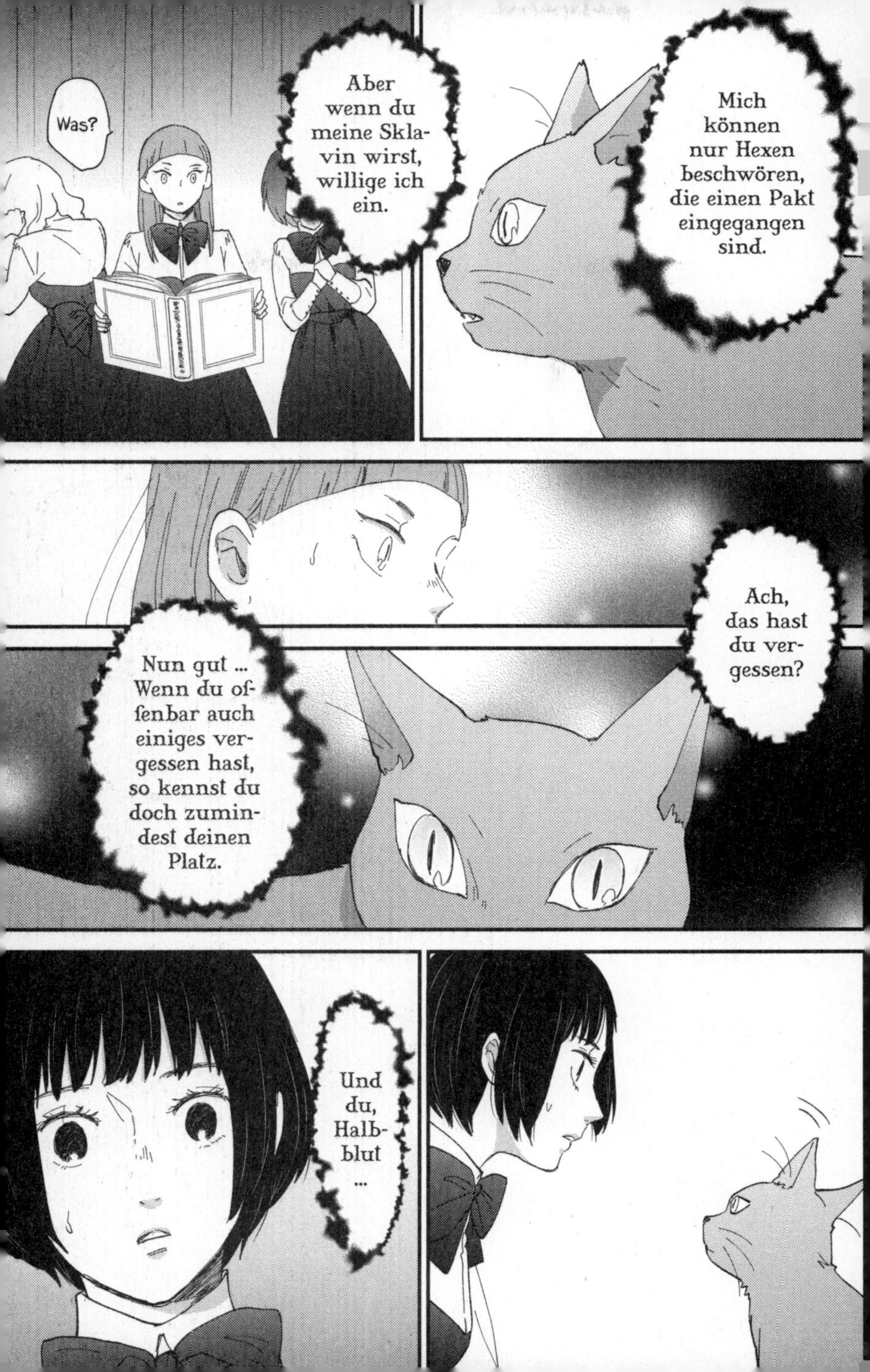

Mich können nur Hexen beschwören, die einen Pakt eingegangen sind.
Aber wenn du meine Sklavin wirst, willige ich ein.
Was?
Ach, das hast du vergessen?
Nun gut ... Wenn du offenbar auch einiges vergessen hast, so kennst du doch zumindest deinen Platz.
Und du, Halbblut ...

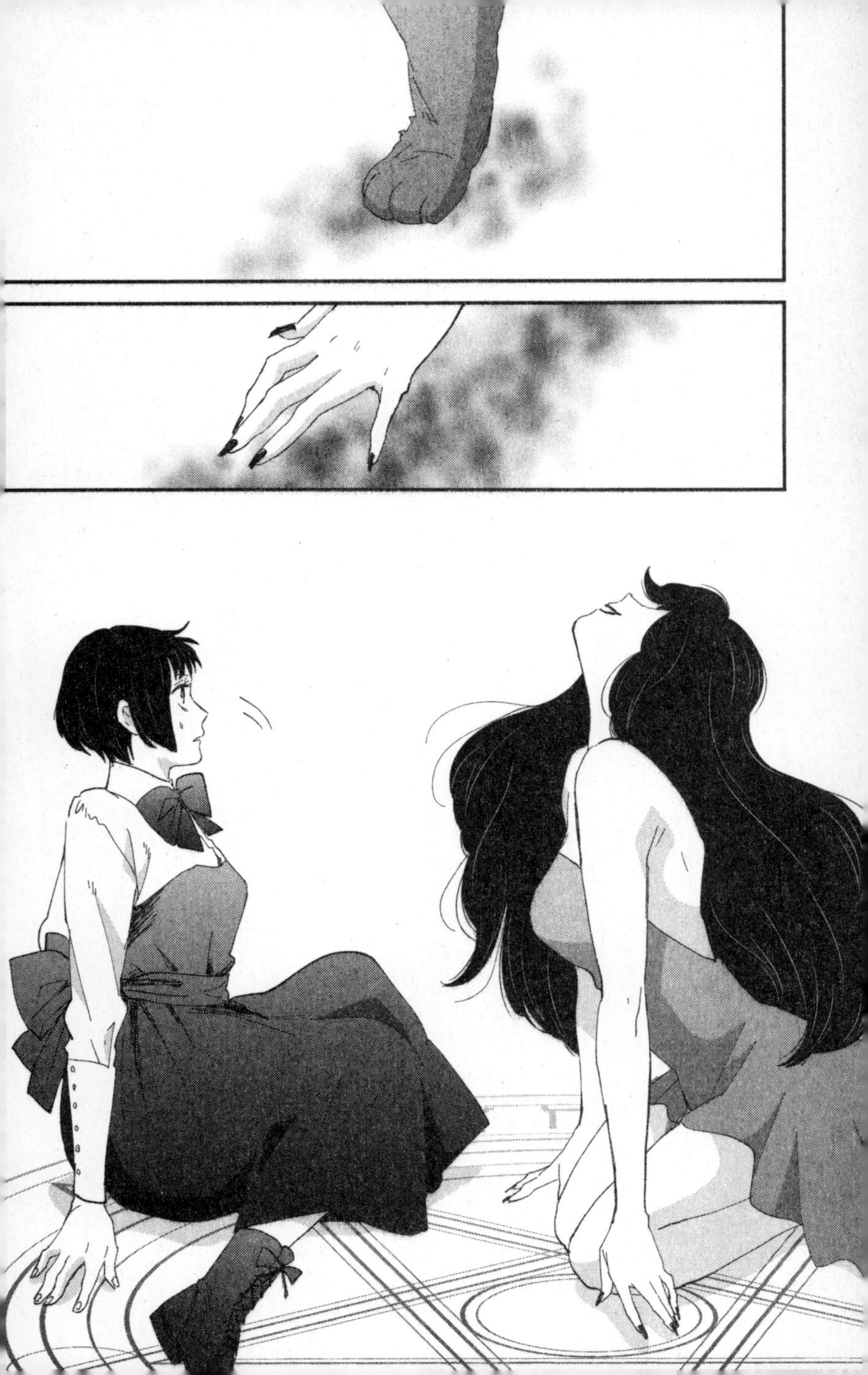

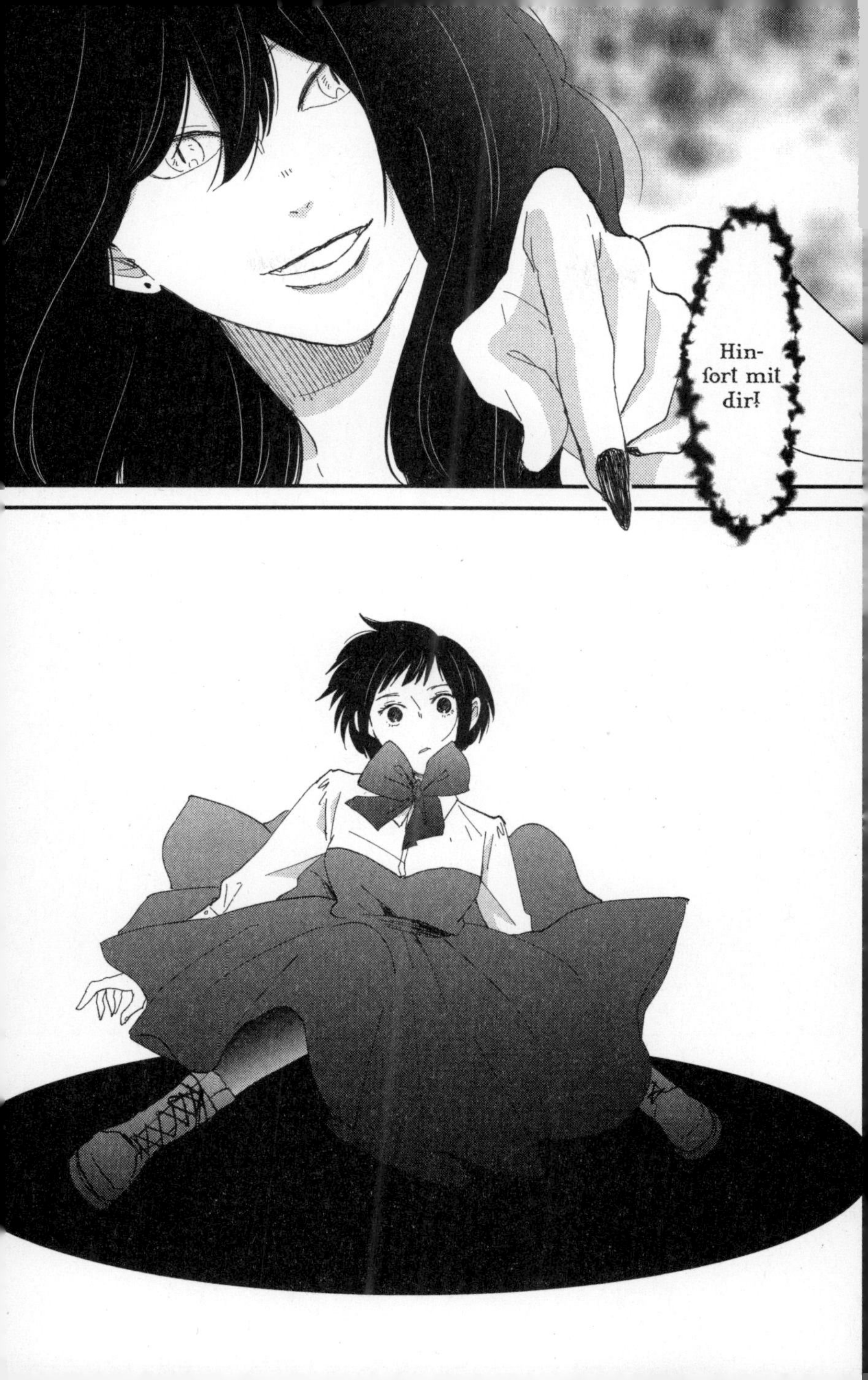
Hin-
fort mit
dir!

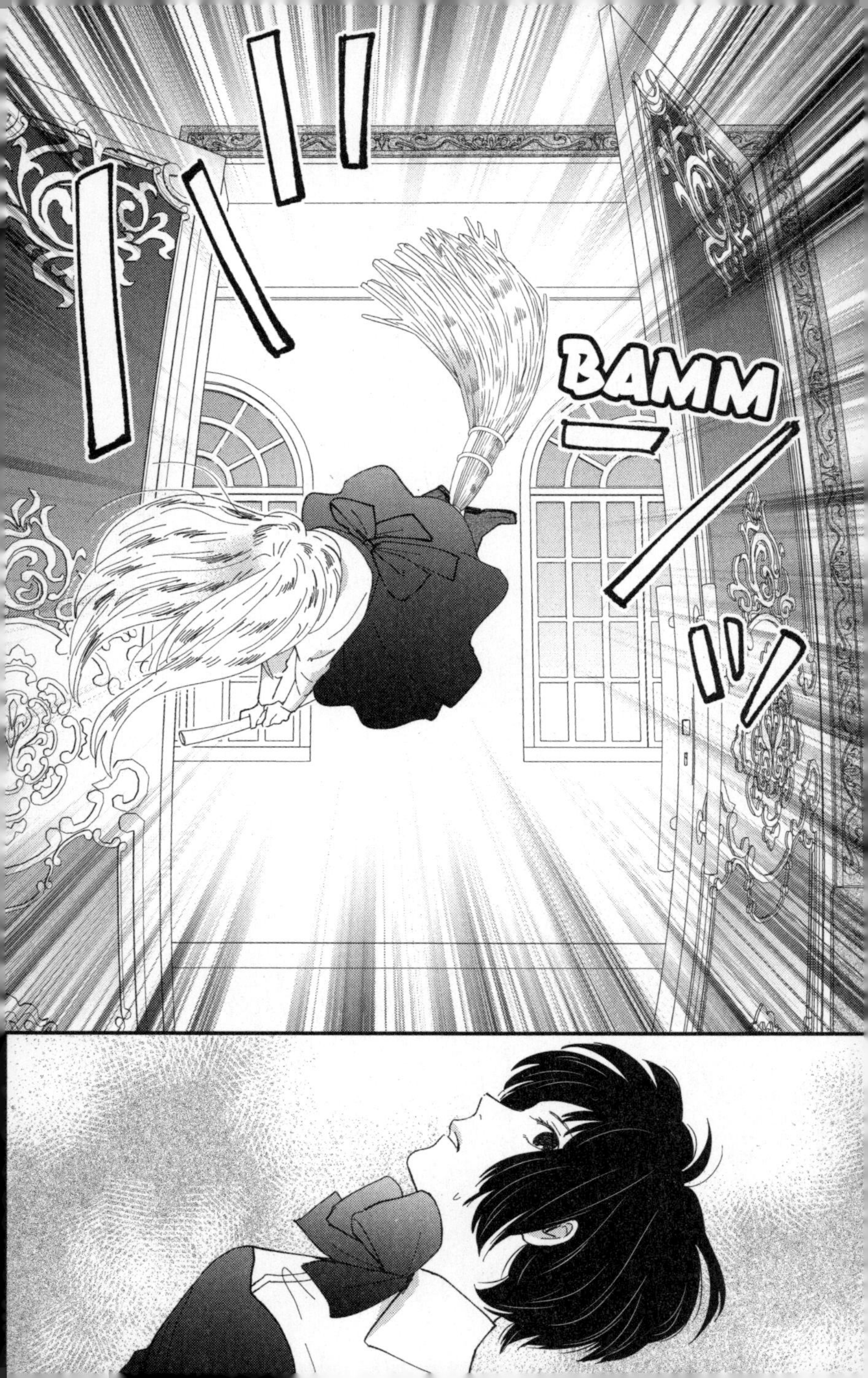
BAMM

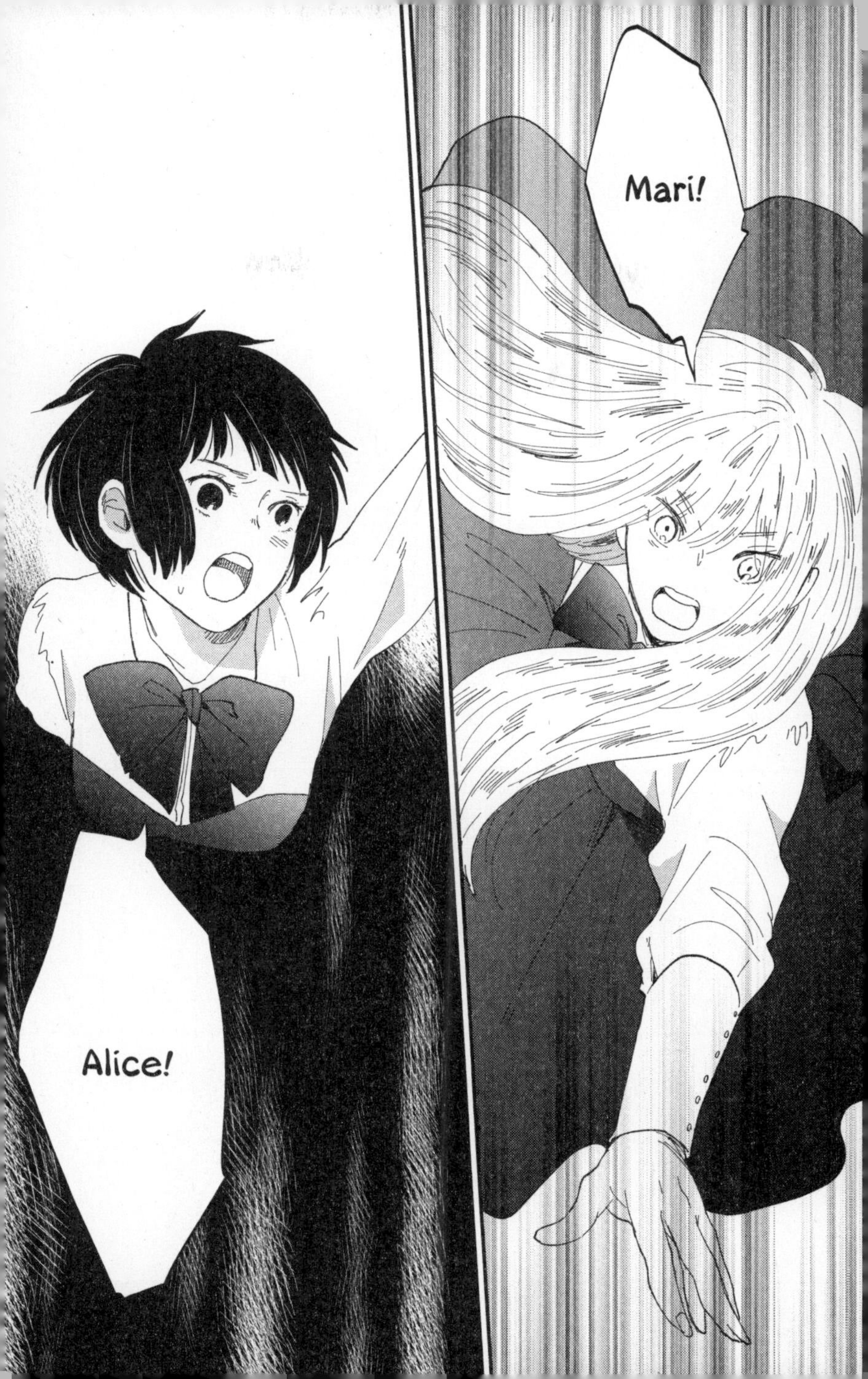
Mari!
Alice!

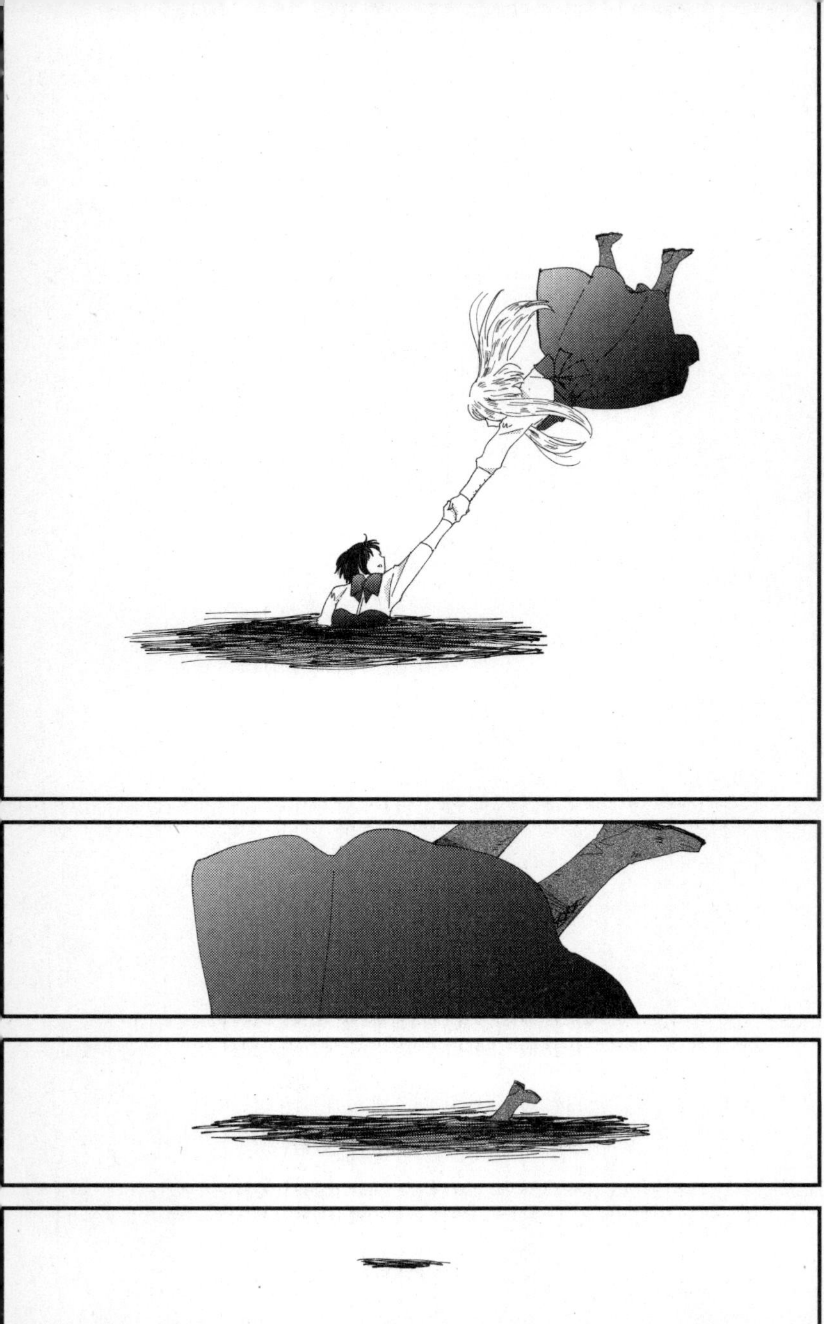

Alice und die Halbbluthexe

Alice und die Halbbluthexe

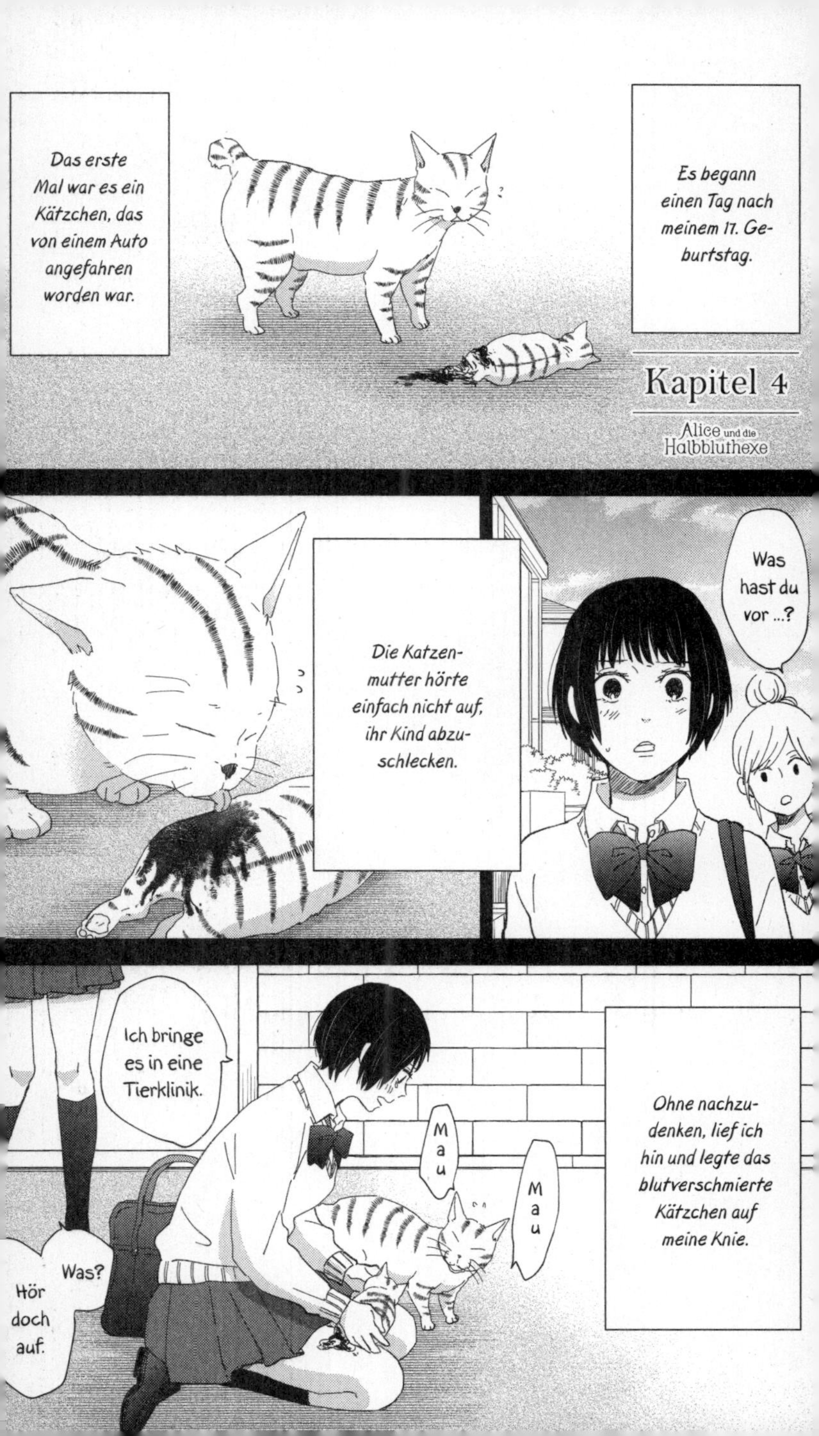
Es begann einen Tag nach meinem 17. Geburtstag.
Kapitel 4
Alice und die Halbbluthexe
Das erste Mal war es ein Kätzchen, das von einem Auto angefahren worden war.
Was hast du vor ...?
Die Katzenmutter hörte einfach nicht auf, ihr Kind abzuschlecken.
Ohne nachzudenken, lief ich hin und legte das blutverschmierte Kätzchen auf meine Knie.
Mau
Mau
Ich bringe es in eine Tierklinik.
Was?
Hör doch auf.

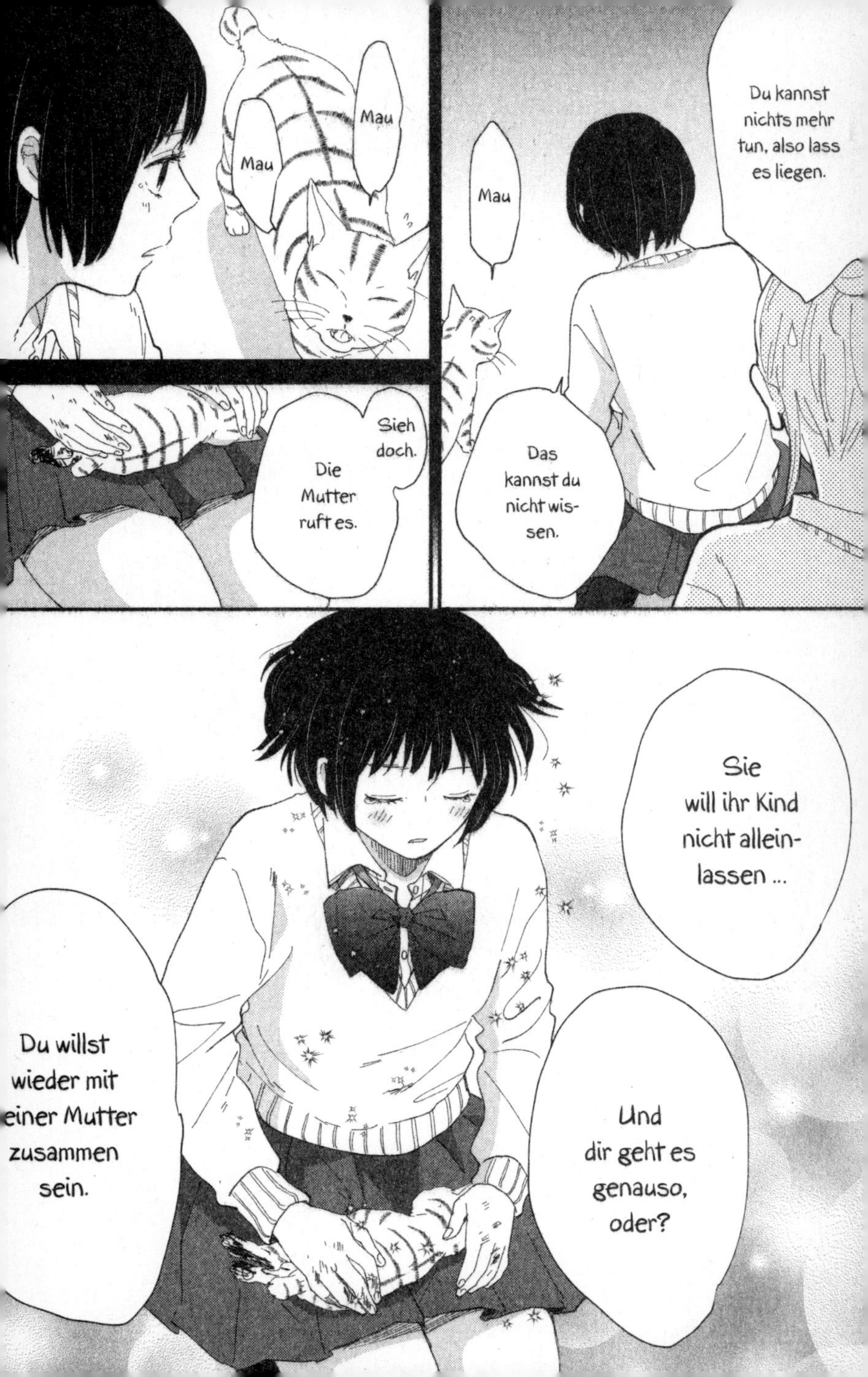
Du kannst nichts mehr tun, also lass es liegen.
Mau
Mau
Mau
Das kannst du nicht wis-sen.
Sieh doch.
Die Mutter ruft es.
Sie will ihr Kind nicht allein-lassen ...
Und dir geht es genauso, oder?
Du willst wieder mit einer Mutter zusammen sein.

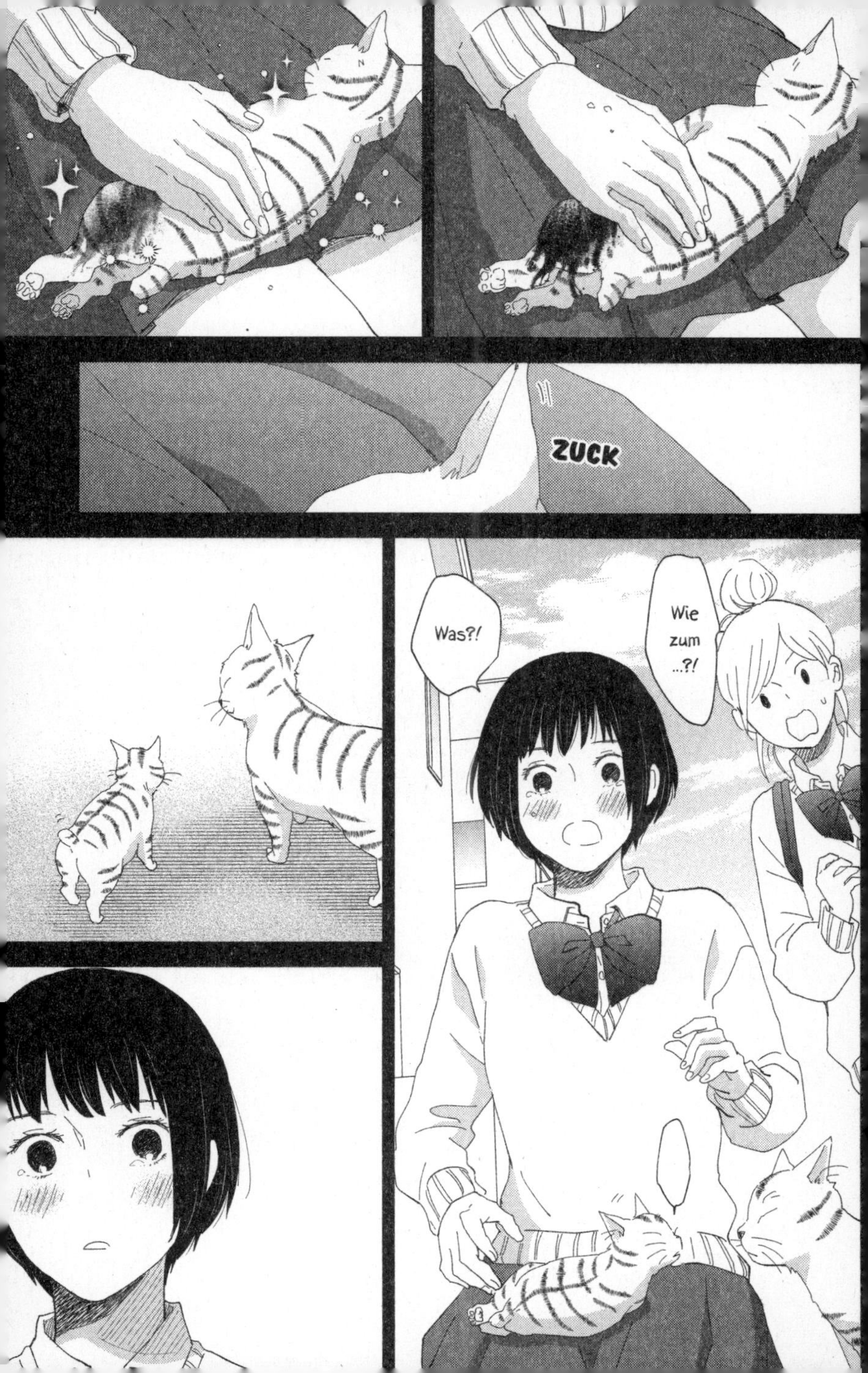
ZUCK
Wie zum ...?!
Was?!

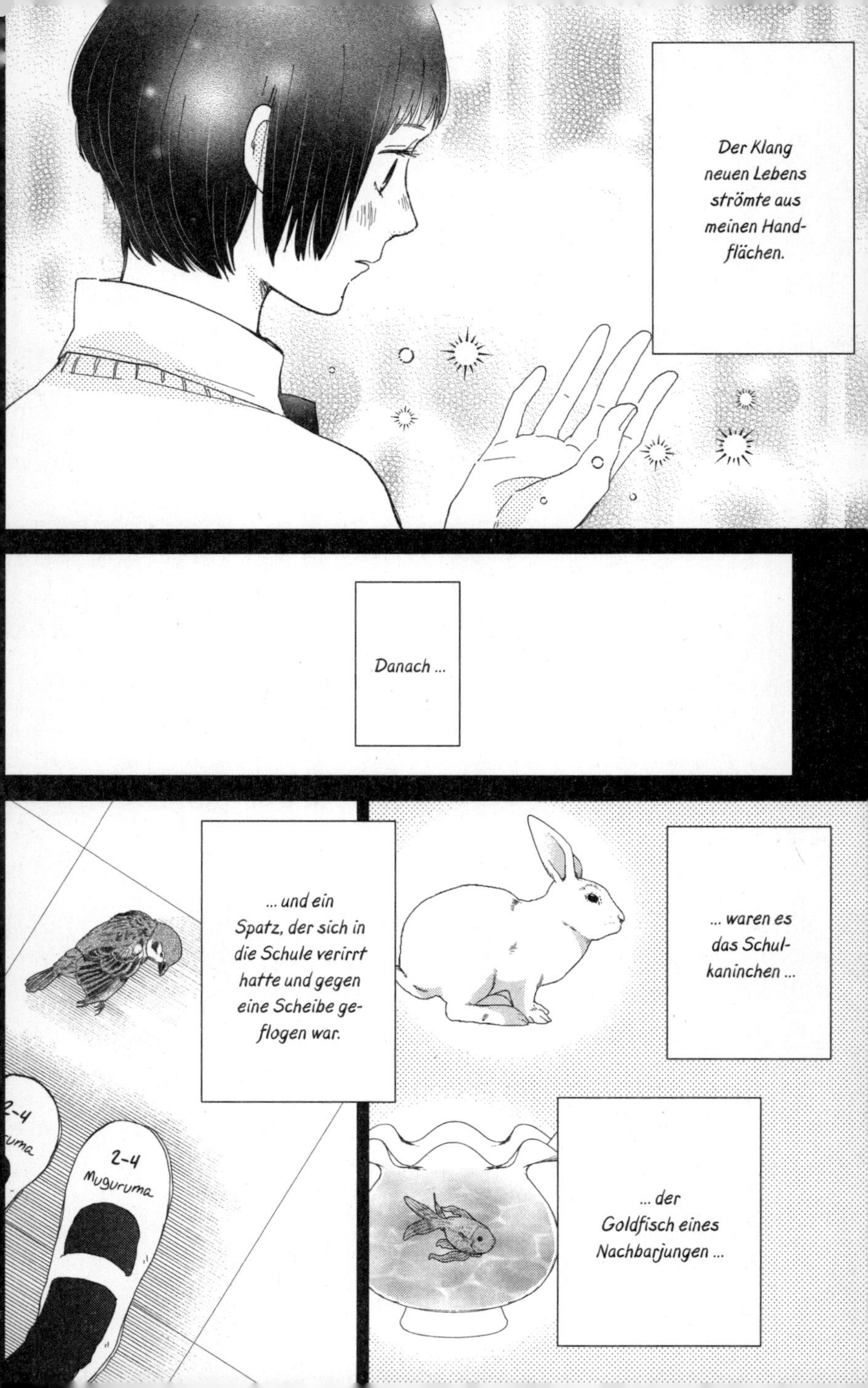
Der Klang neuen Lebens strömte aus meinen Handflächen.
Danach ...
... waren es das Schulkaninchen ...
... und ein Spatz, der sich in die Schule verirrt hatte und gegen eine Scheibe geflogen war.
... der Goldfisch eines Nachbarjungen ...
2-4 Muguruma

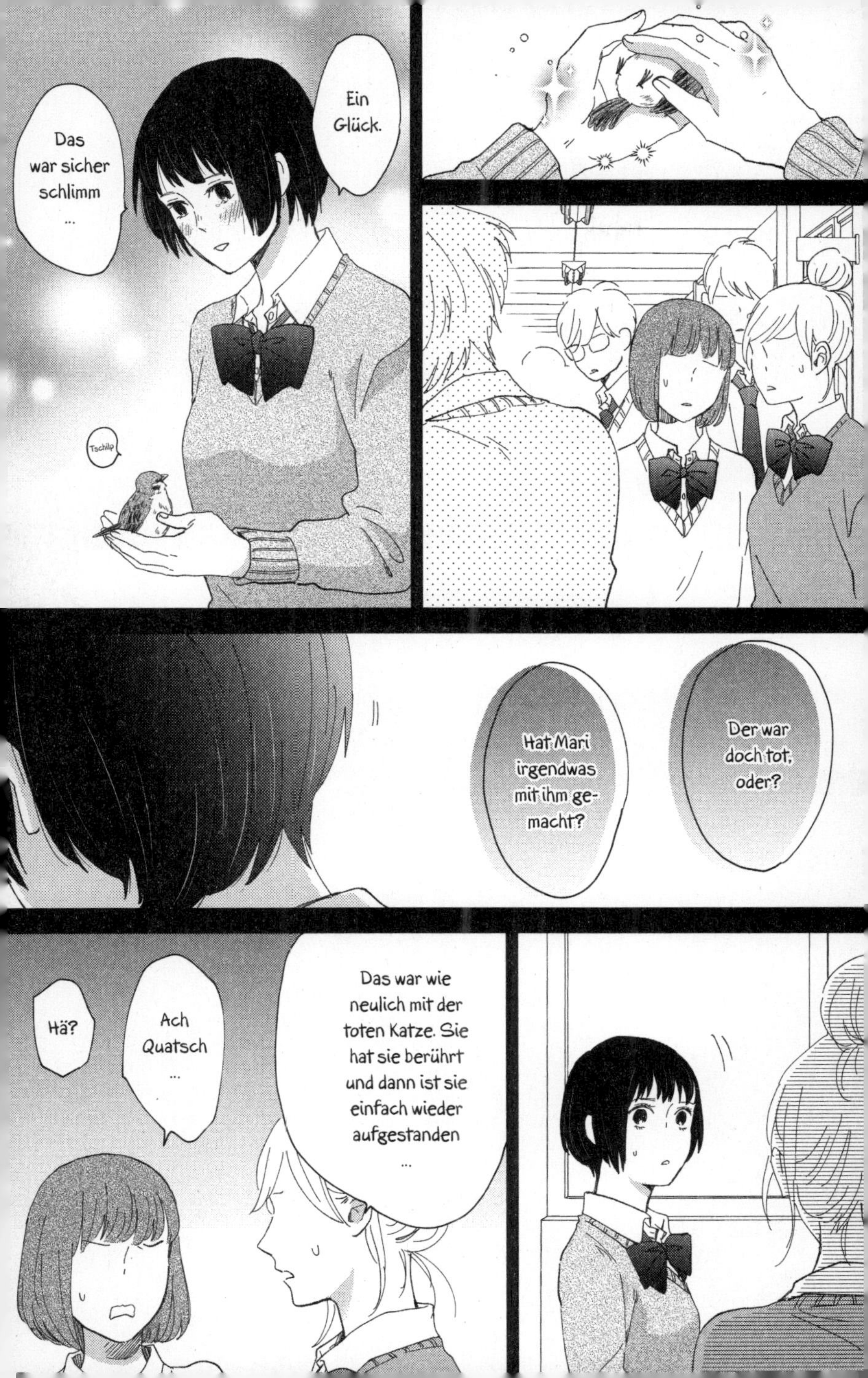
Ein Glück.
Das war sicher schlimm ...
Tschilp
Der war doch tot, oder?
Hat Mari irgendwas mit ihm gemacht?
Das war wie neulich mit der toten Katze. Sie hat sie berührt und dann ist sie einfach wieder aufgestanden ...
Ach Quatsch ...
Hä?

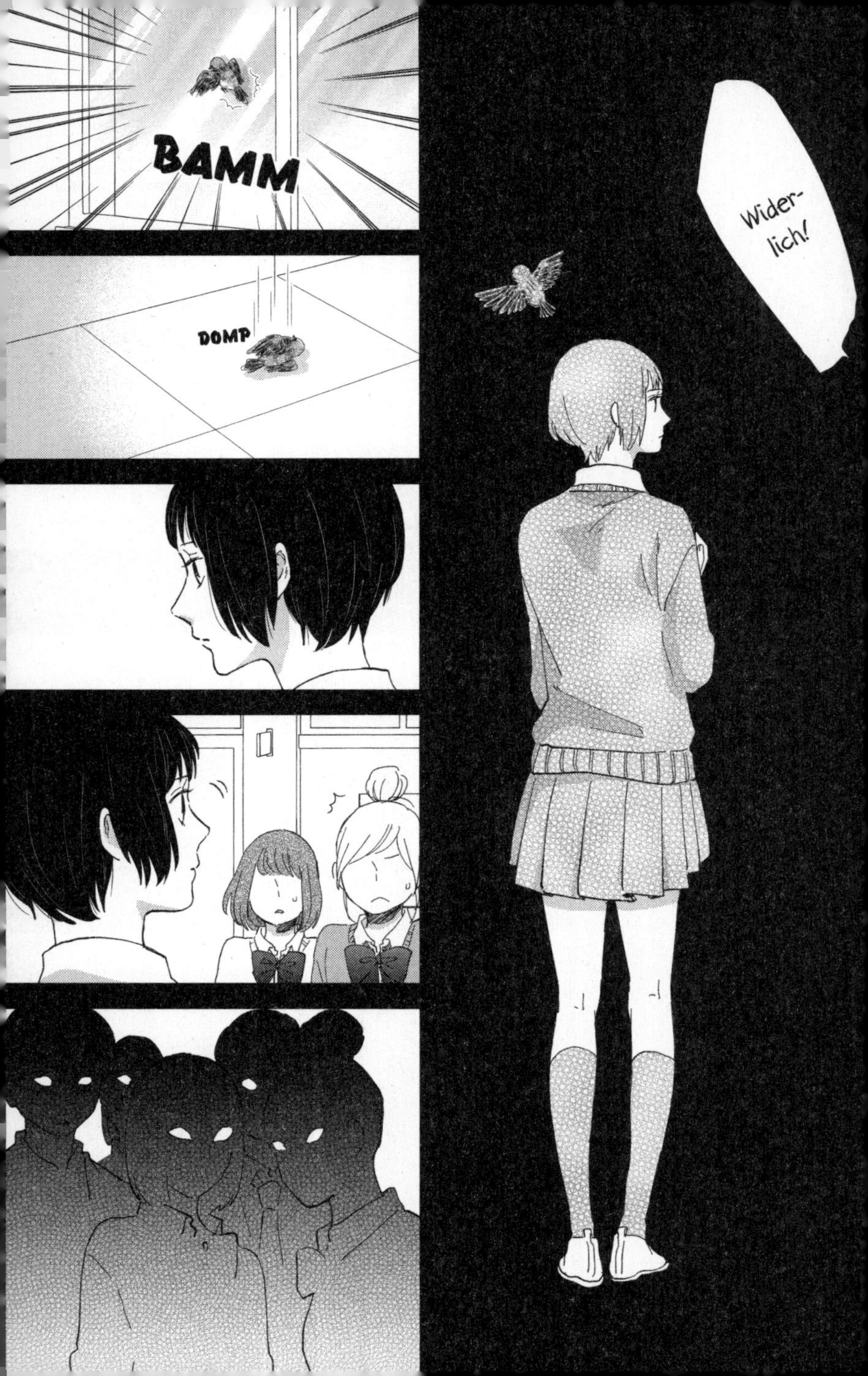
Wider-
lich!
BAMM
DOMP

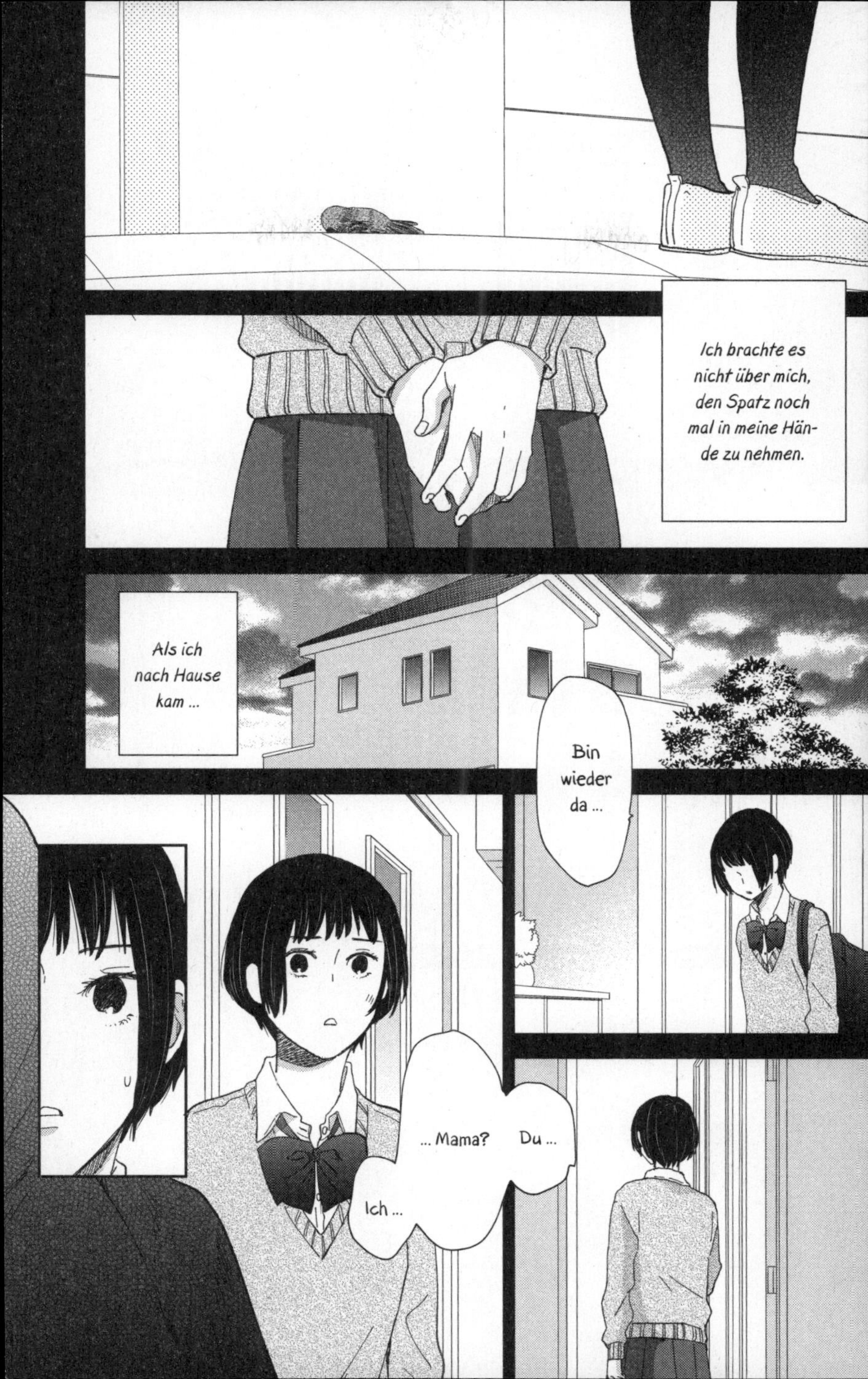
Ich brachte es nicht über mich, den Spatz noch mal in meine Hände zu nehmen.
Als ich nach Hause kam ...
Bin wieder da ...
... Mama? Du ...
Ich ...

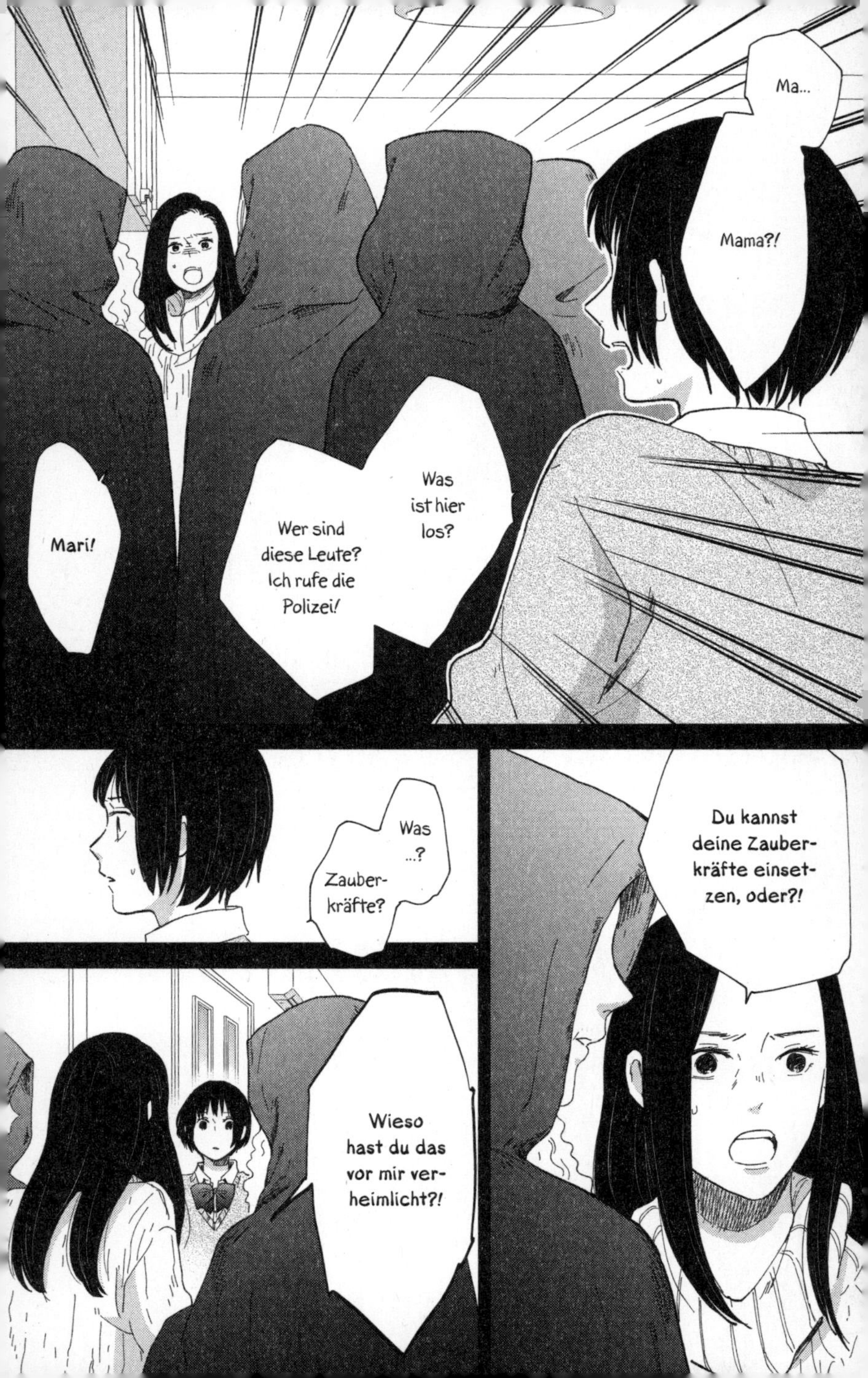

Ma...
Mama?!
Was ist hier los?
Wer sind diese Leute? Ich rufe die Polizei!
Mari!
Du kannst deine Zauberkräfte einsetzen, oder?!
Was ...?
Zauberkräfte?
Wieso hast du das vor mir verheimlicht?!

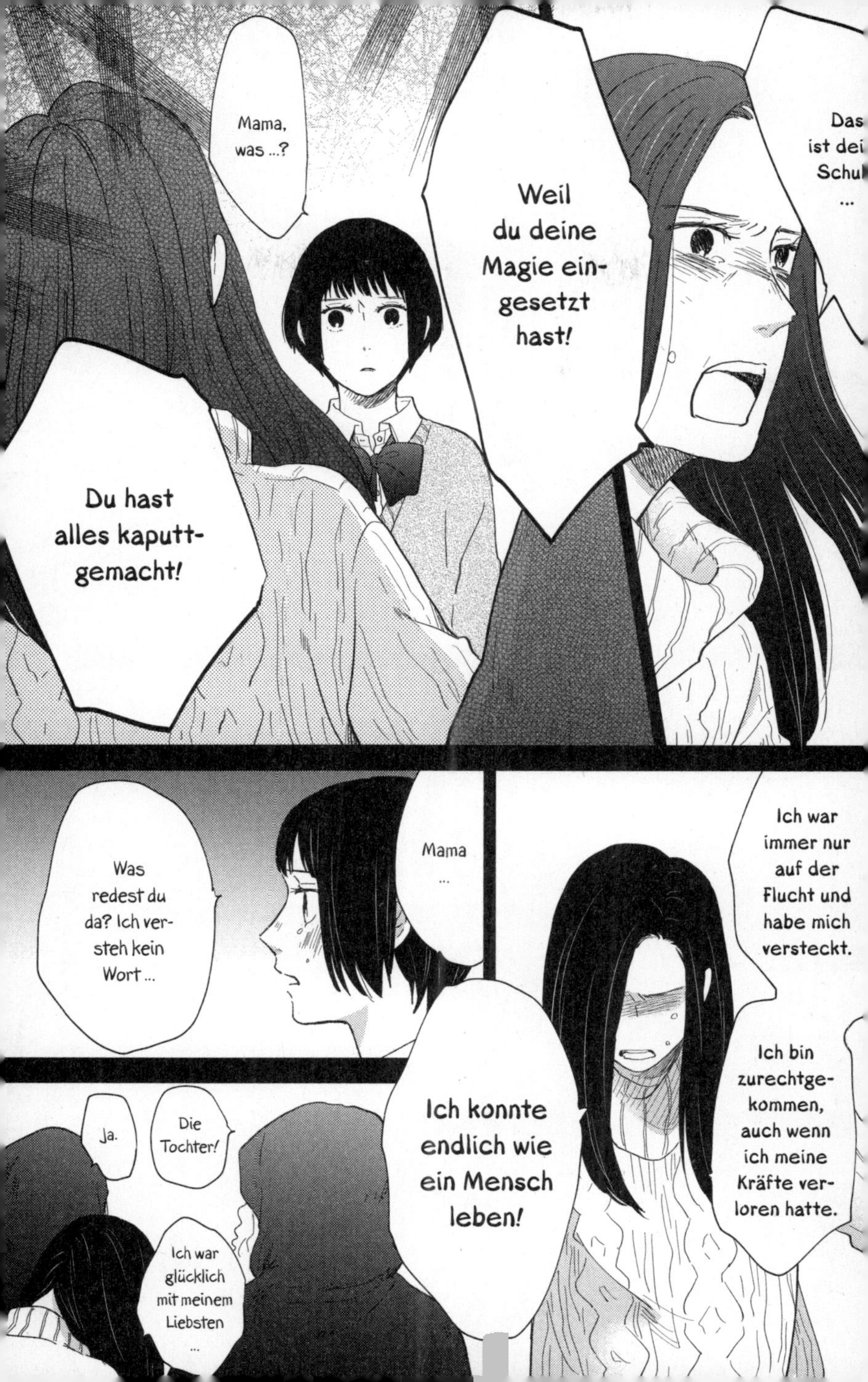
Das ist dei Schul ...
Weil du deine Magie eingesetzt hast!
Mama, was ...?
Du hast alles kaputtgemacht!
Ich war immer nur auf der Flucht und habe mich versteckt.
Mama ...
Was redest du da? Ich versteh kein Wort ...
Ich bin zurechtgekommen, auch wenn ich meine Kräfte verloren hatte.
Ich konnte endlich wie ein Mensch leben!
Die Tochter!
Ja.
Ich war glücklich mit meinem Liebsten ...

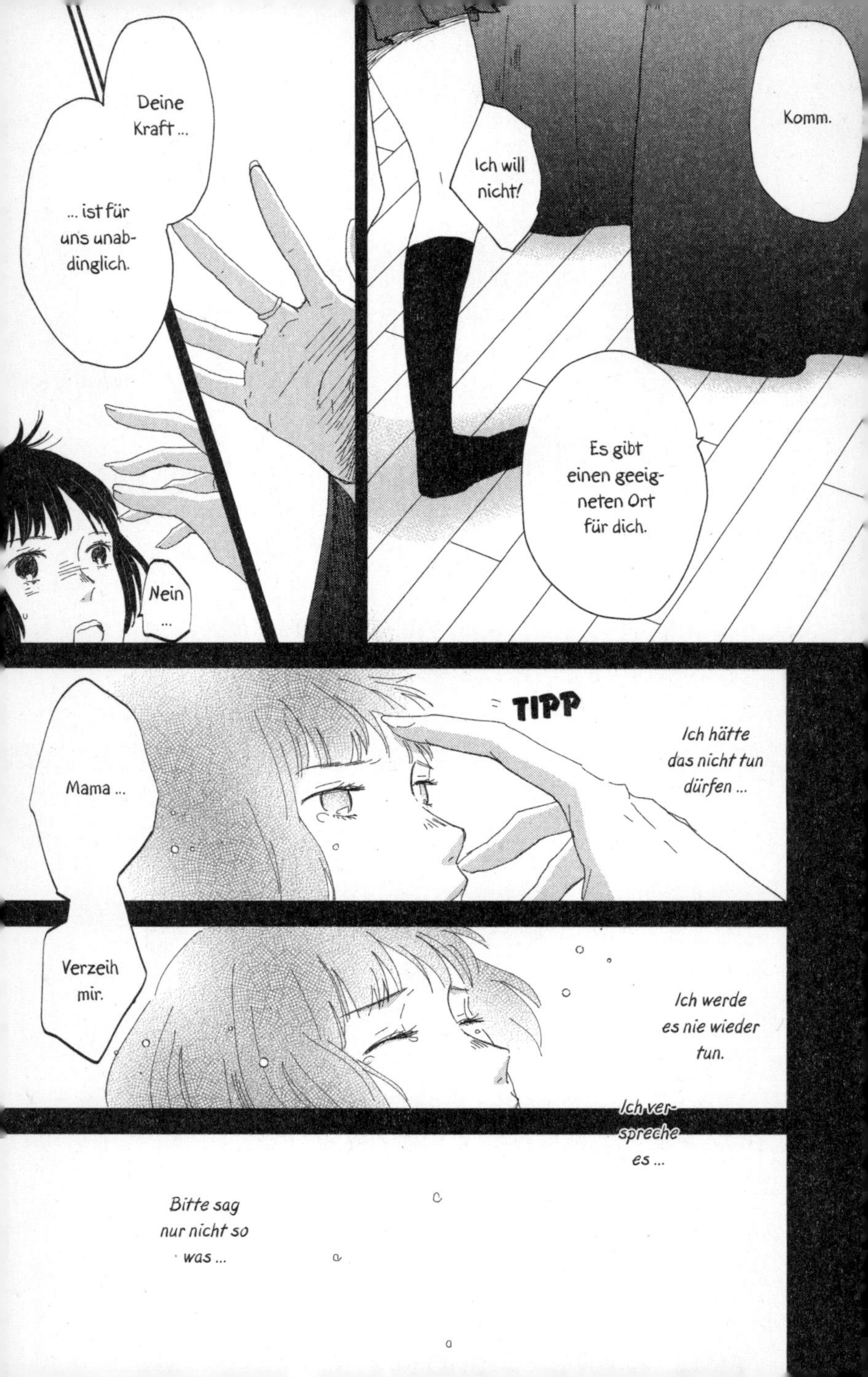
Komm.
Ich will nicht!
Es gibt einen geeigneten Ort für dich.
Deine Kraft ...
... ist für uns unabdinglich.
Nein ...
TIPP
Ich hätte das nicht tun dürfen ...
Mama ...
Ich werde es nie wieder tun.
Verzeih mir.
Ich verspreche es ...
Bitte sag nur nicht so was ...

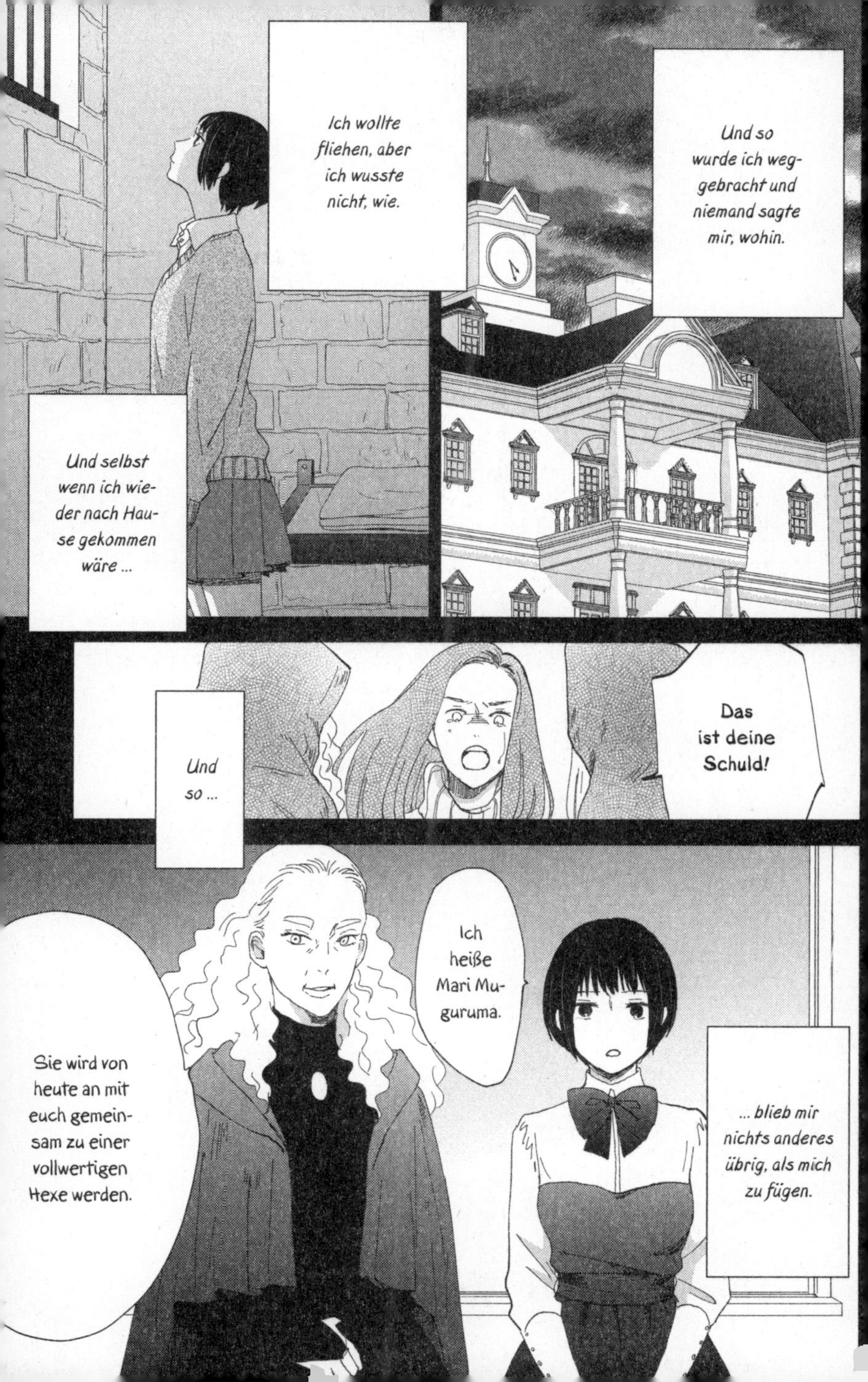
Und so wurde ich weggebracht und niemand sagte mir, wohin.
Ich wollte fliehen, aber ich wusste nicht, wie.
Und selbst wenn ich wieder nach Hause gekommen wäre ...
Das ist deine Schuld!
Und so ...
... blieb mir nichts anderes übrig, als mich zu fügen.
Ich heiße Mari Muguruma.
Sie wird von heute an mit euch gemeinsam zu einer vollwertigen Hexe werden.

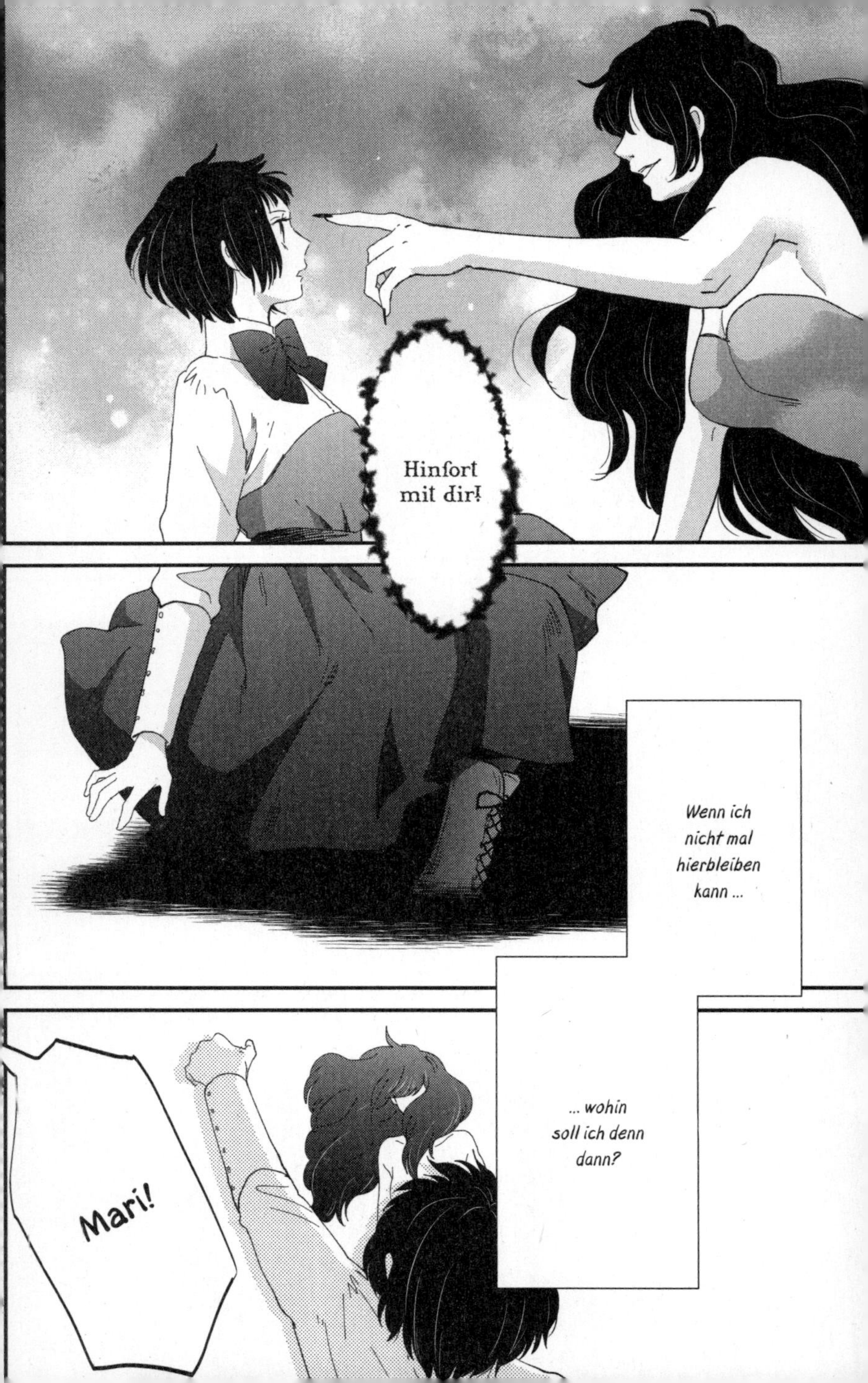
Hinfort mit dir!
Wenn ich nicht mal hierbleiben kann ...
... wohin soll ich denn dann?
Mari!

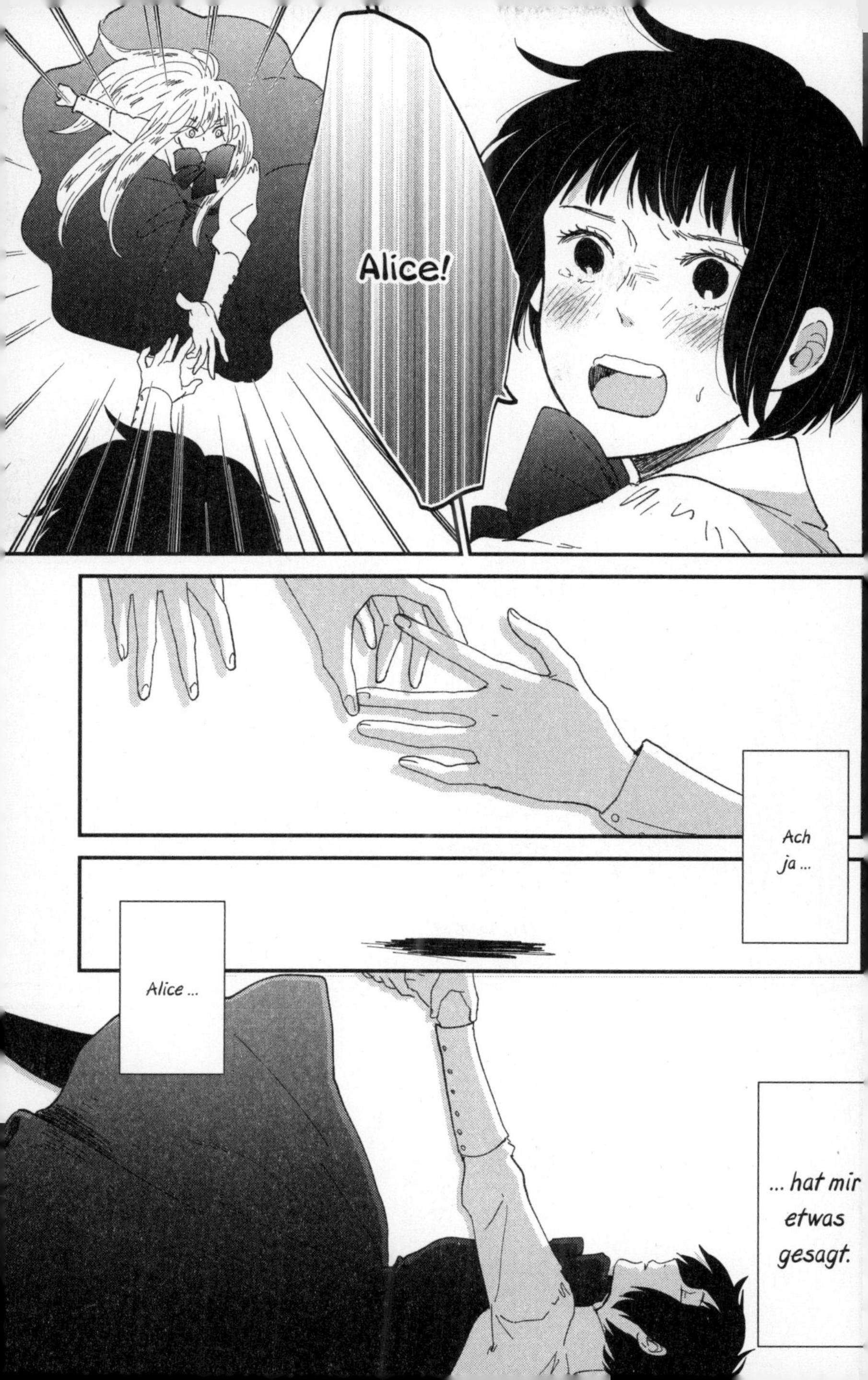
Alice!
Ach ja ...
Alice ...
... hat mir etwas gesagt.

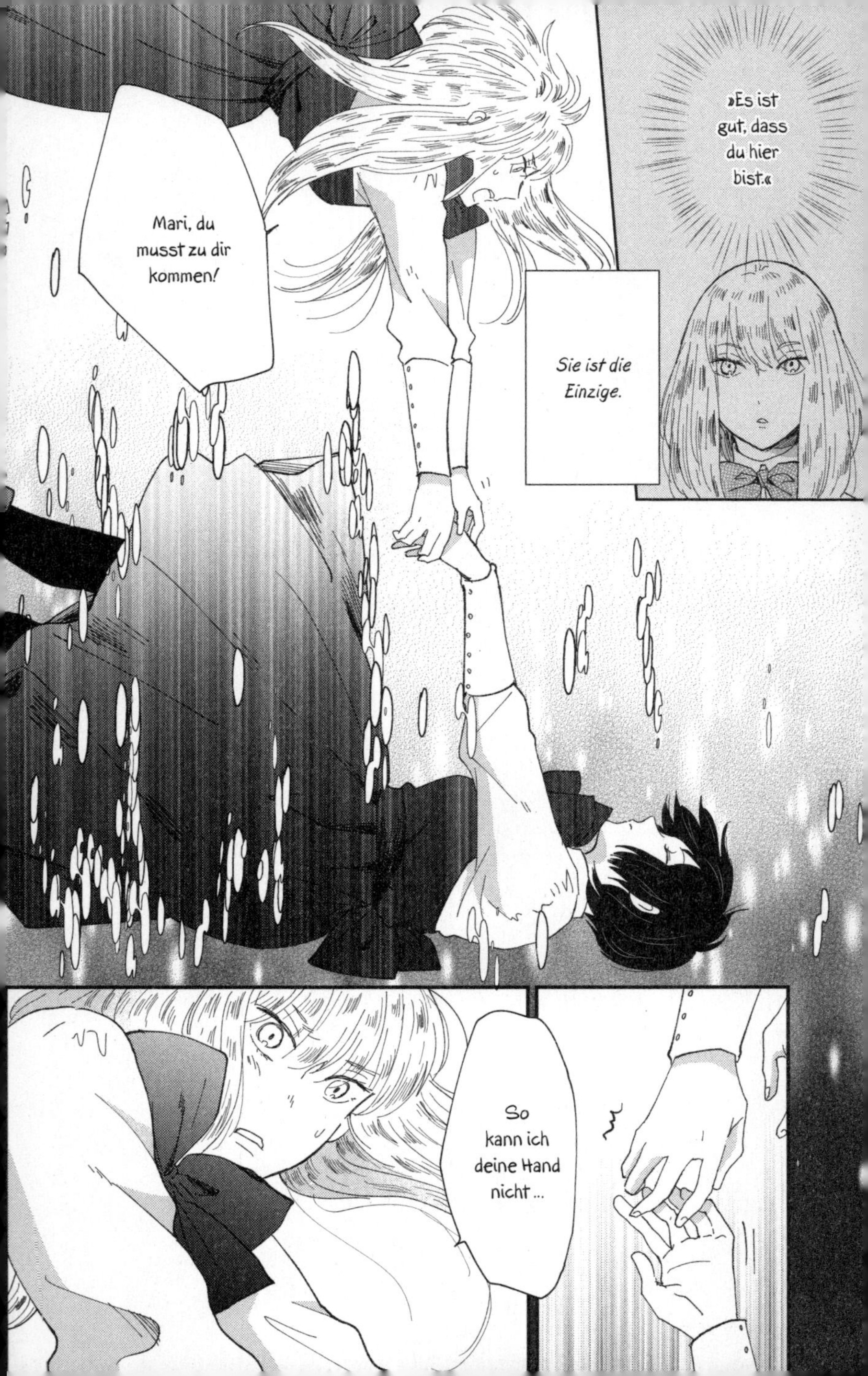
»Es ist gut, dass du hier bist.«
Sie ist die Einzige.
Mari, du musst zu dir kommen!
So kann ich deine Hand nicht ...

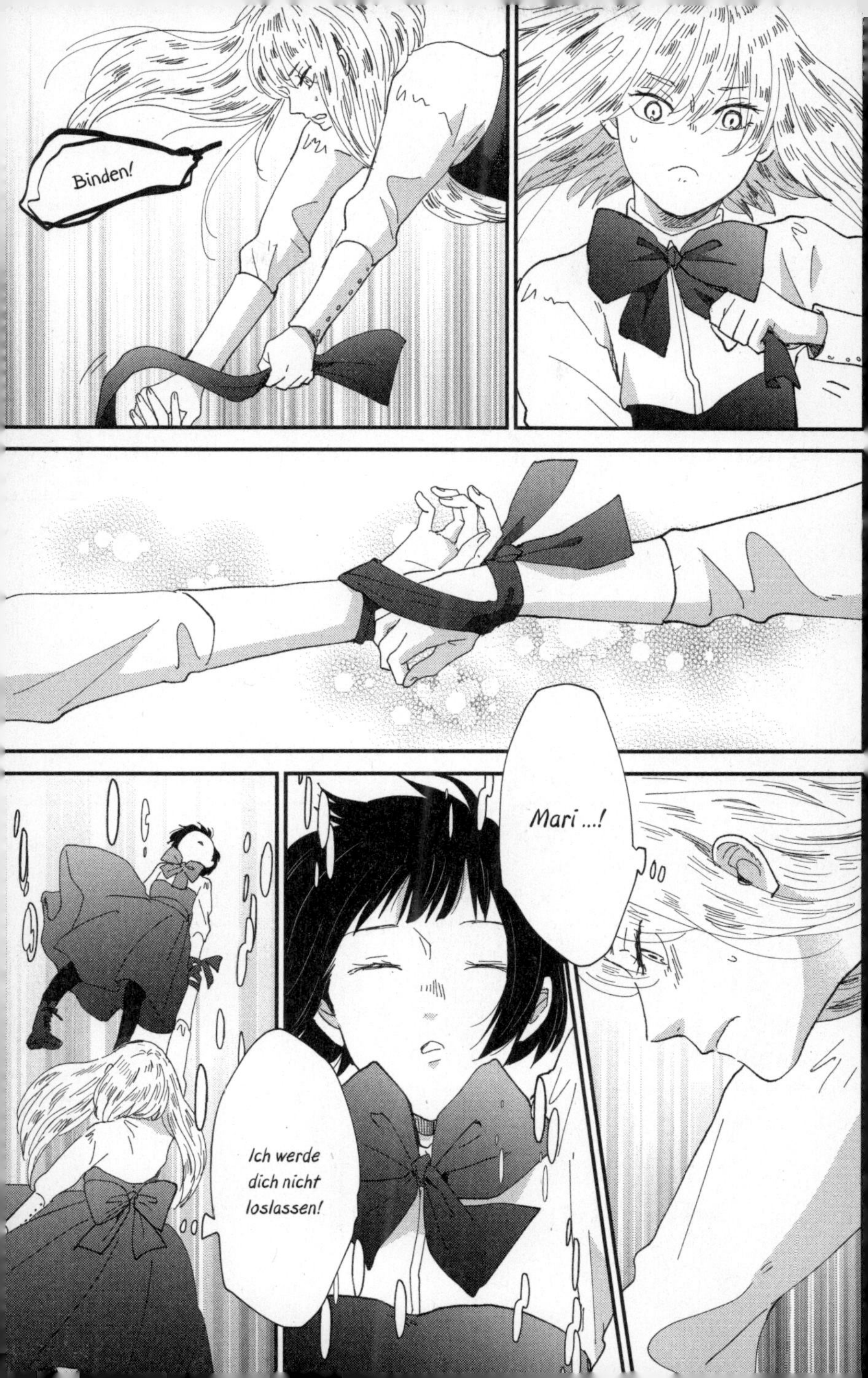
Binden!
Mari ...!
Ich werde dich nicht loslassen!

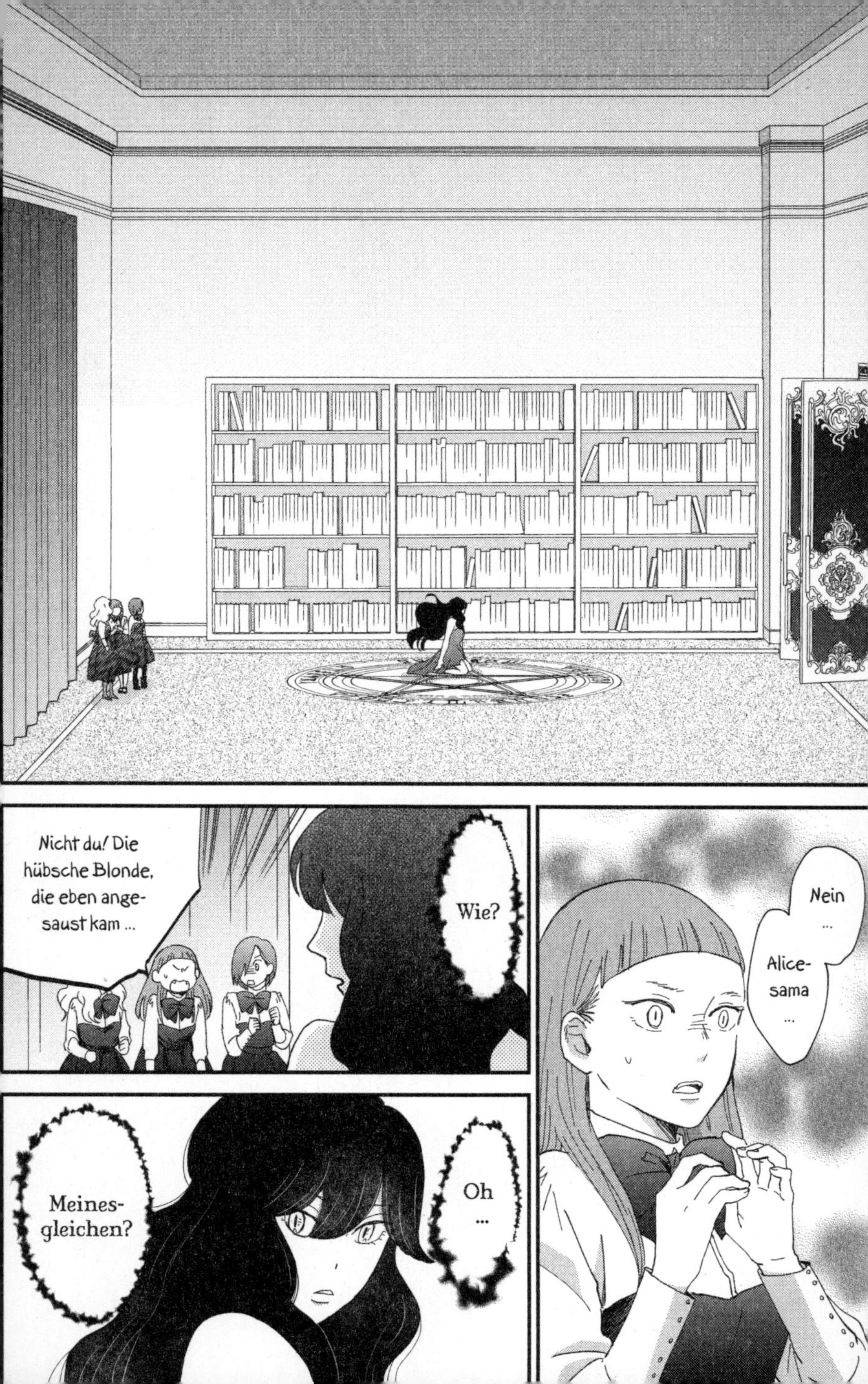
Wie?
Nicht du! Die hübsche Blonde, die eben angesaust kam ...
Nein ... Alice-sama ...
Oh ...
Meinesgleichen?

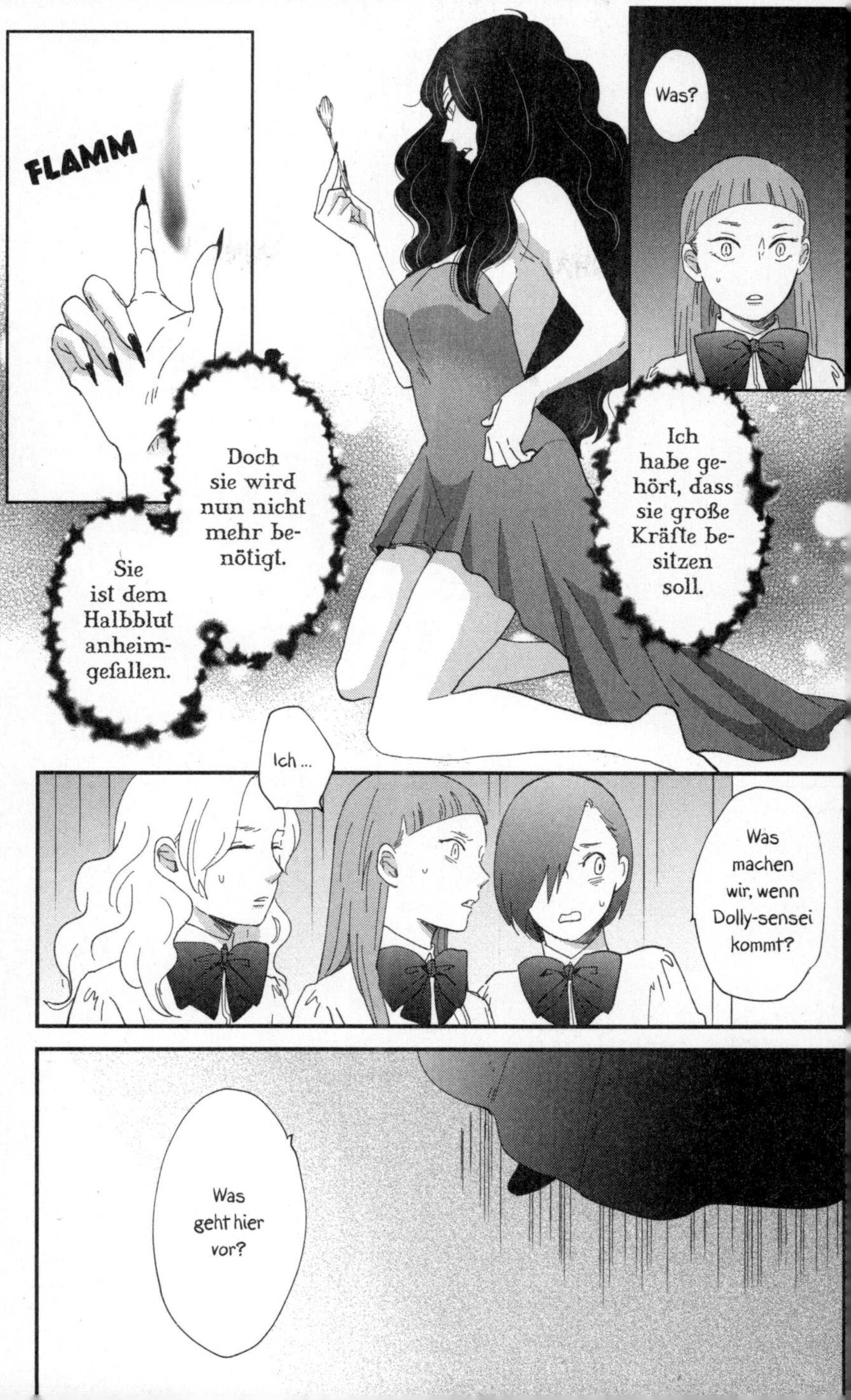
Was?
Ich habe gehört, dass sie große Kräfte besitzen soll.
FLAMM
Doch sie wird nun nicht mehr benötigt.
Sie ist dem Halbblut anheimgefallen.
Was machen wir, wenn Dolly-sensei kommt?
Ich ...
Was geht hier vor?

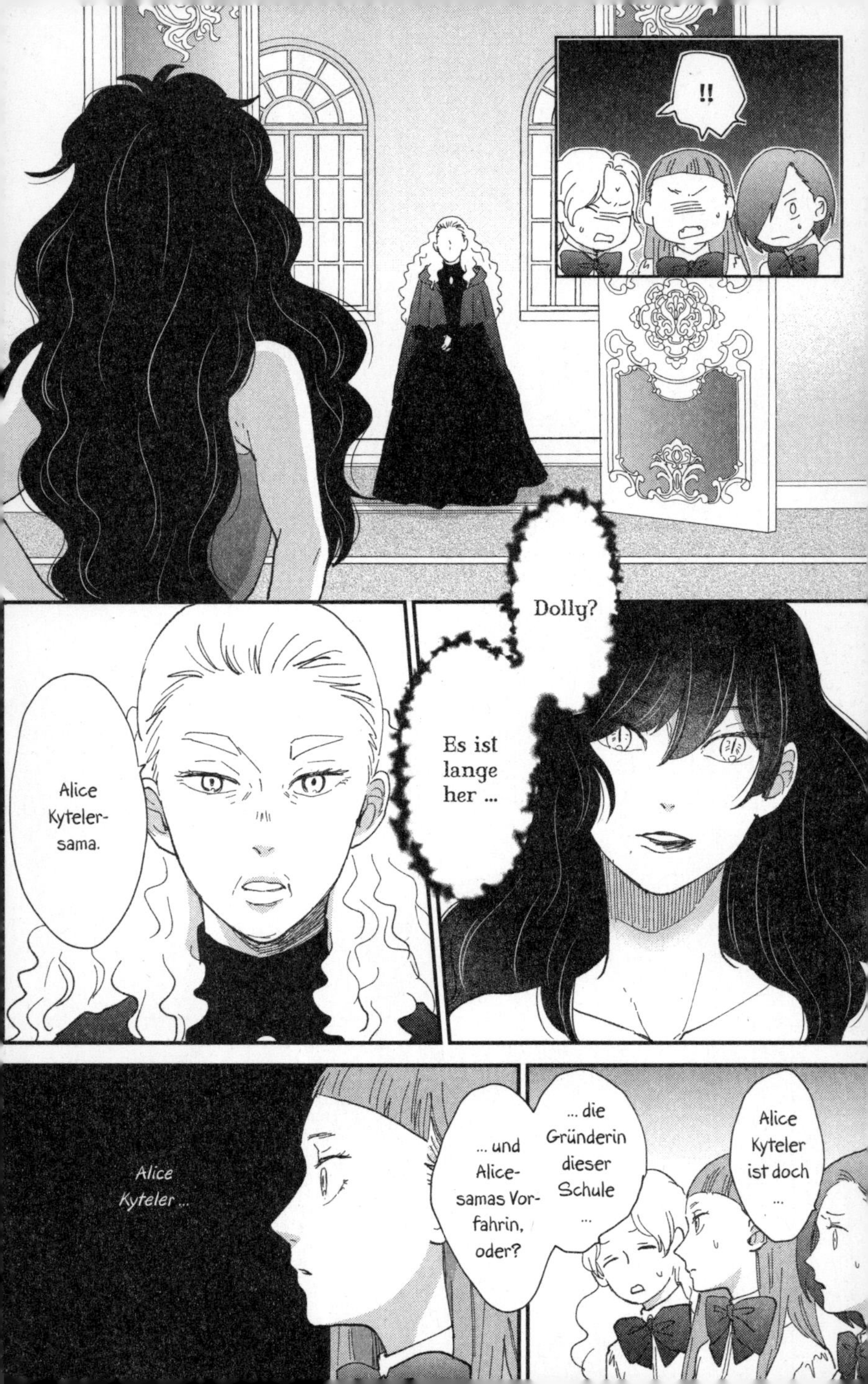
!!
Dolly?
Es ist lange her ...
Alice Kyteler-sama.
Alice Kyteler ist doch ...
... die Gründerin dieser Schule ...
... und Alice-samas Vorfahrin, oder?
Alice Kyteler ...

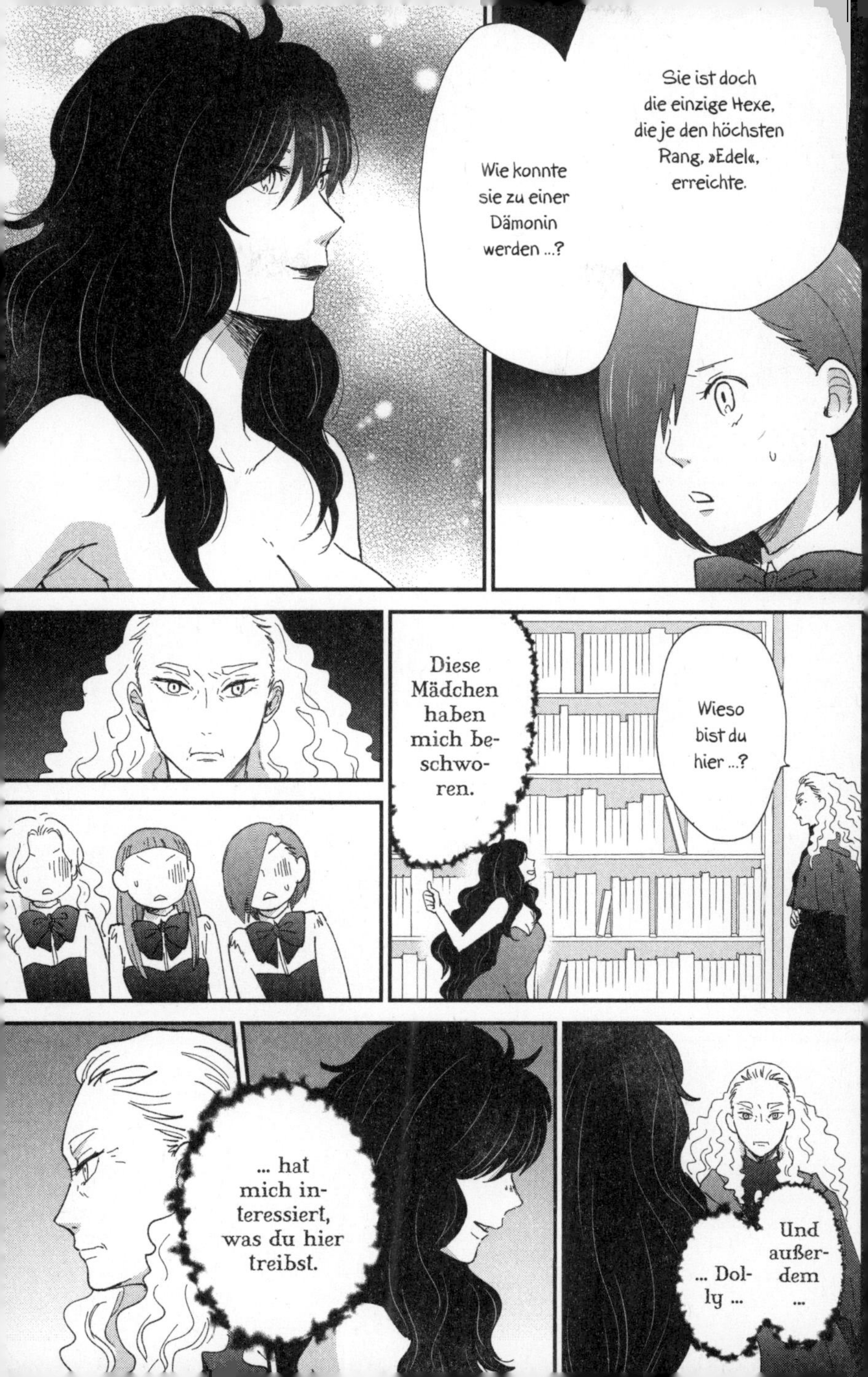
Sie ist doch die einzige Hexe, die je den höchsten Rang, »Edel«, erreichte.
Wie konnte sie zu einer Dämonin werden ...?
Wieso bist du hier ...?
Diese Mädchen haben mich beschworen.
Und außerdem ...
... Dolly ...
... hat mich interessiert, was du hier treibst.

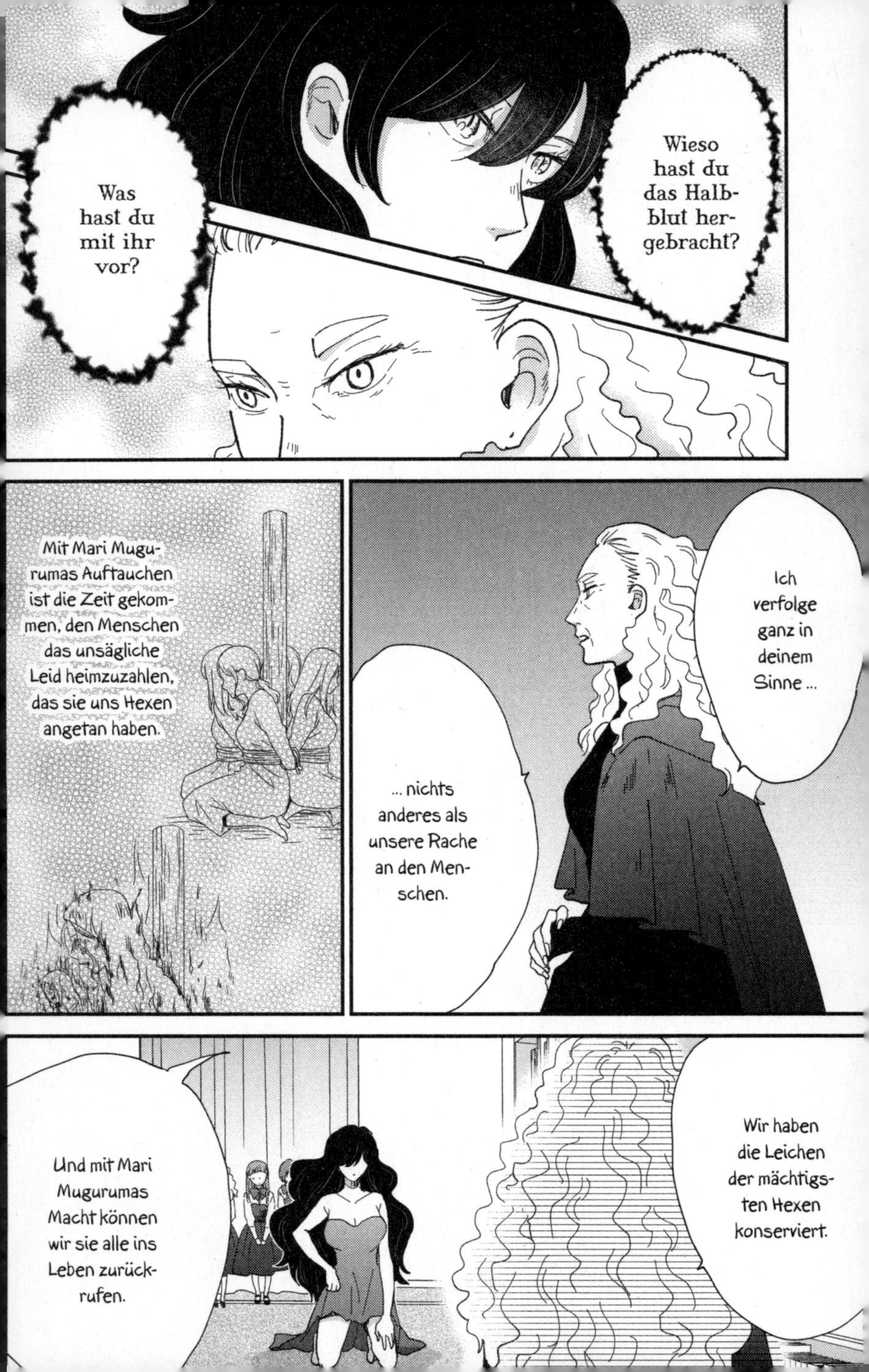
Wieso hast du das Halbblut hergebracht?
Was hast du mit ihr vor?
Ich verfolge ganz in deinem Sinne ...
... nichts anderes als unsere Rache an den Menschen.
Mit Mari Mugurumas Auftauchen ist die Zeit gekommen, den Menschen das unsägliche Leid heimzuzahlen, das sie uns Hexen angetan haben.
Wir haben die Leichen der mächtigsten Hexen konserviert.
Und mit Mari Mugurumas Macht können wir sie alle ins Leben zurückrufen.

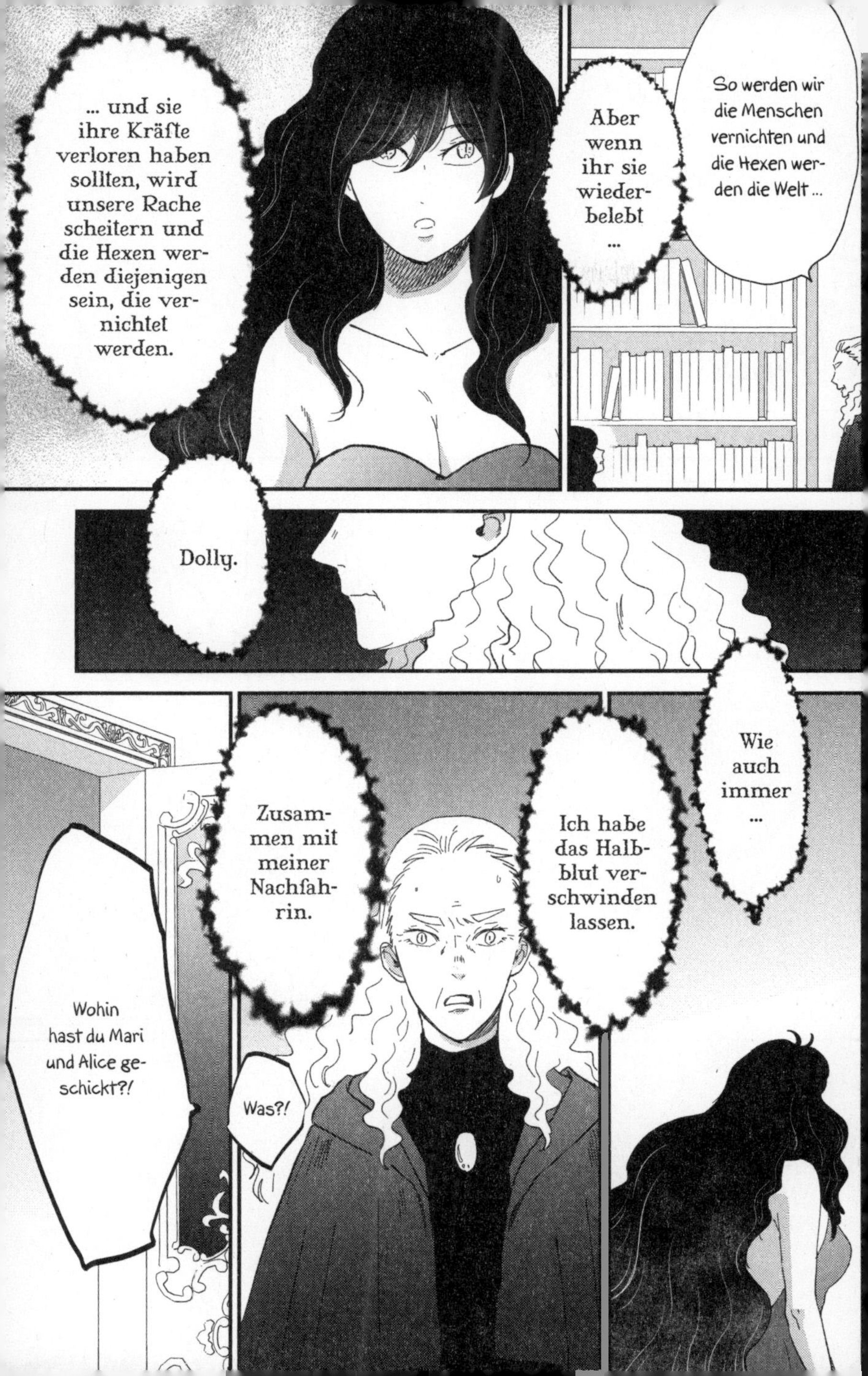
So werden wir die Menschen vernichten und die Hexen werden die Welt ...
Aber wenn ihr sie wiederbelebt ...
... und sie ihre Kräfte verloren haben sollten, wird unsere Rache scheitern und die Hexen werden diejenigen sein, die vernichtet werden.
Dolly.
Wie auch immer ...
Ich habe das Halbblut verschwinden lassen.
Zusammen mit meiner Nachfahrin.
Was?!
Wohin hast du Mari und Alice geschickt?!

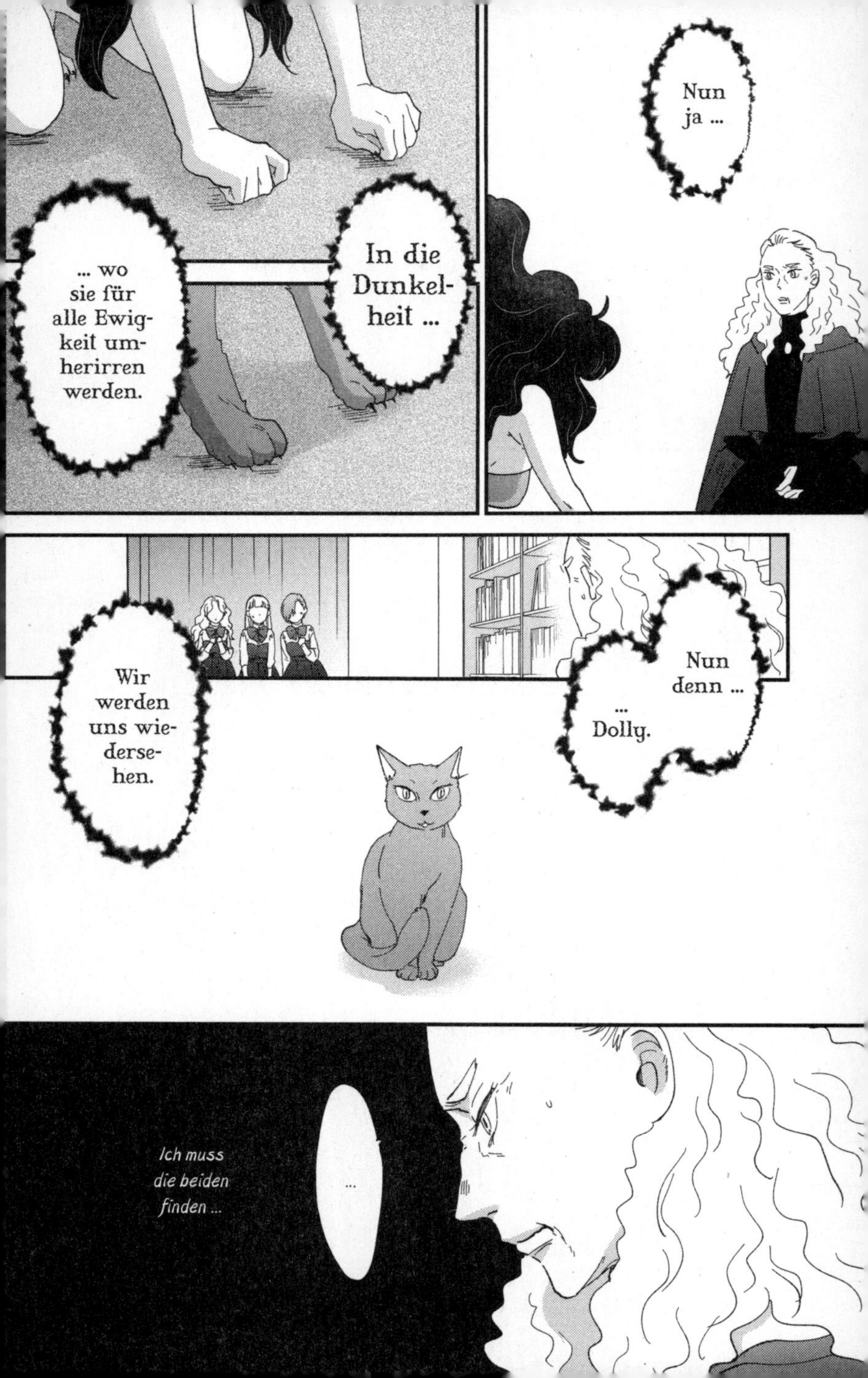
Nun ja ...
In die Dunkelheit ...
... wo sie für alle Ewigkeit umherirren werden.
Nun denn ...
... Dolly.
Wir werden uns wiedersehen.
...
Ich muss die beiden finden ...

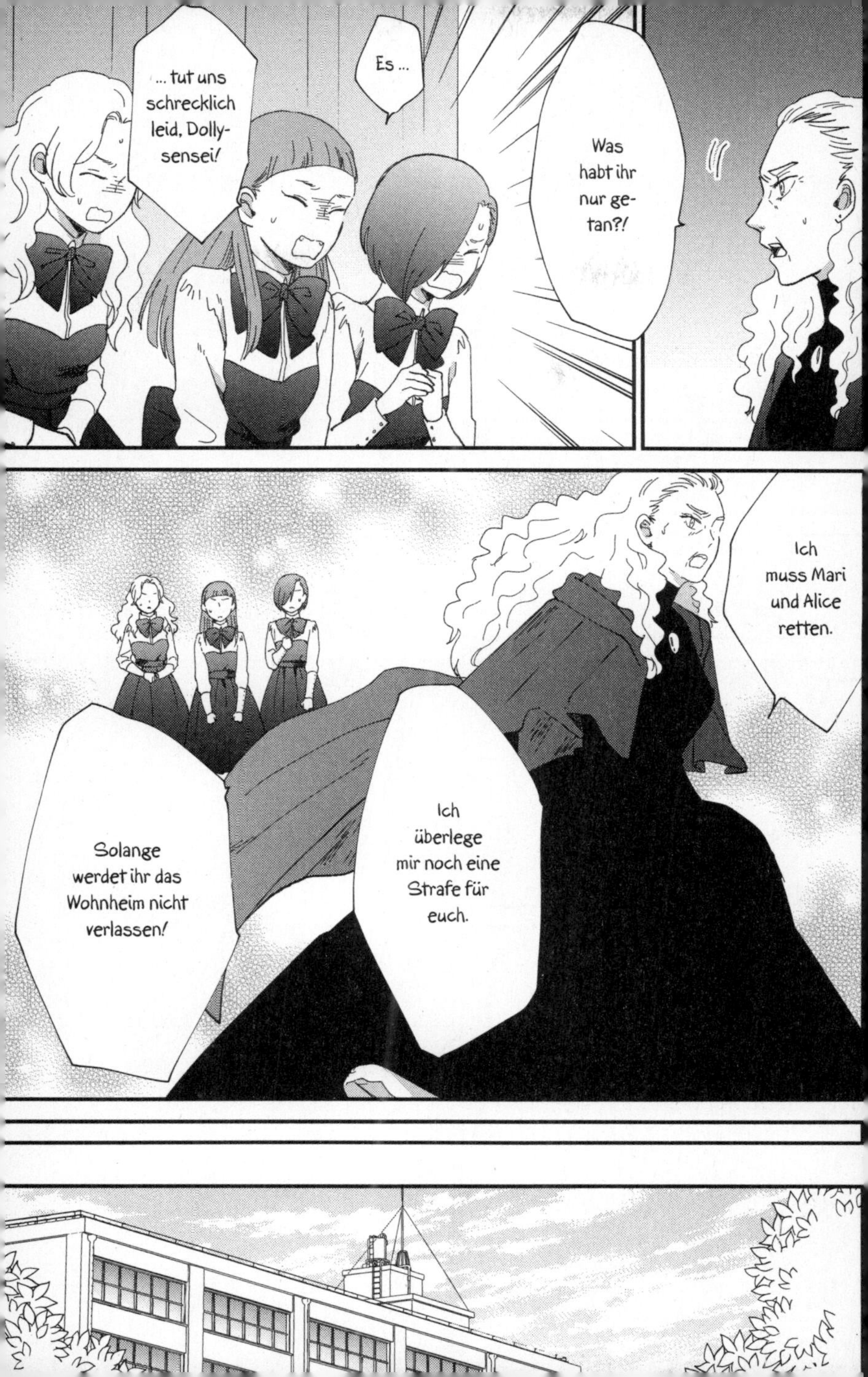
Was habt ihr nur ge-tan?!
Es …
… tut uns schrecklich leid, Dolly-sensei!
Ich muss Mari und Alice retten.
Ich überlege mir noch eine Strafe für euch.
Solange werdet ihr das Wohnheim nicht verlassen!

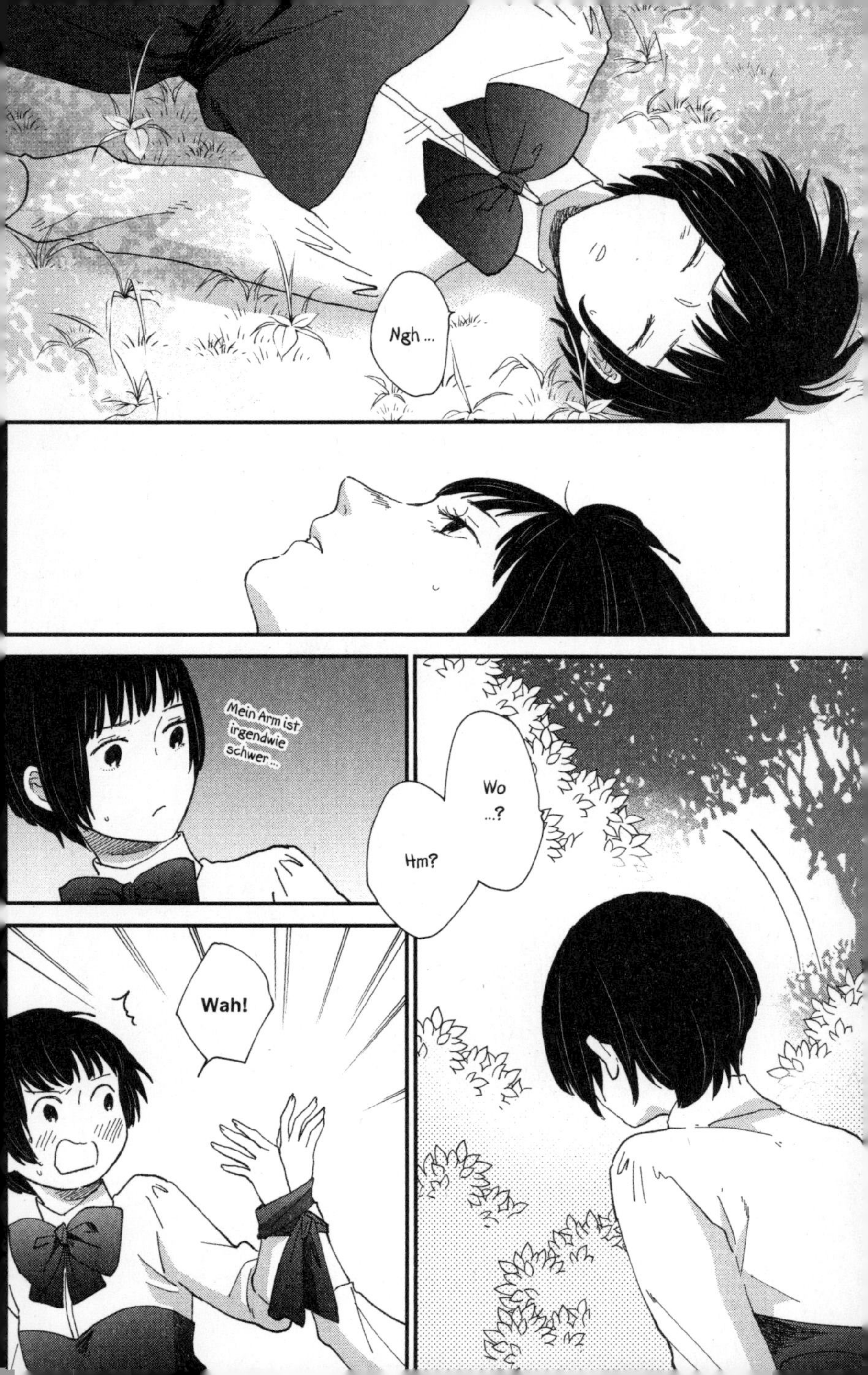
Ngh ...
Wo ...?
Hm?
Mein Arm ist irgendwie schwer ...
Wah!

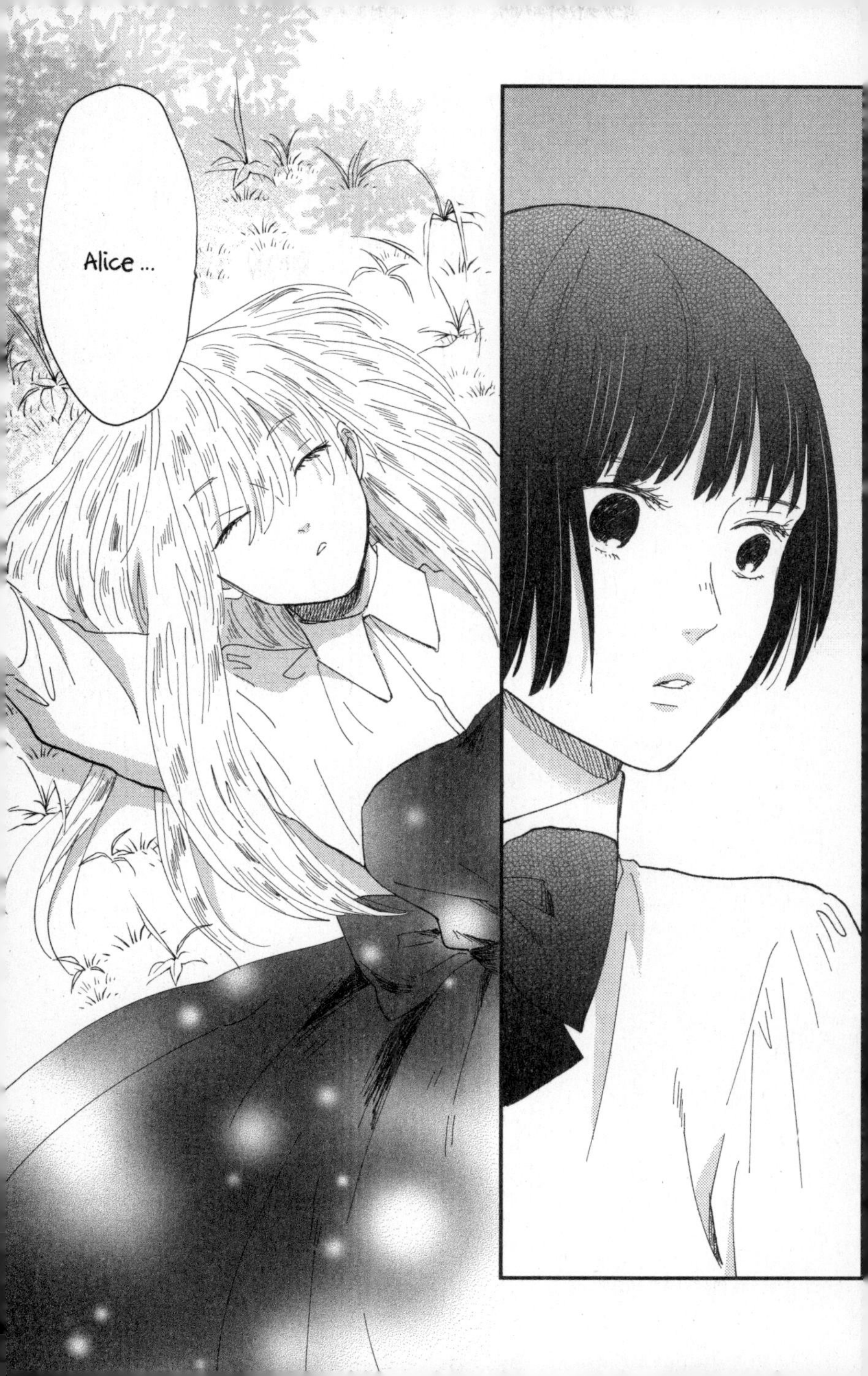
Alice ...

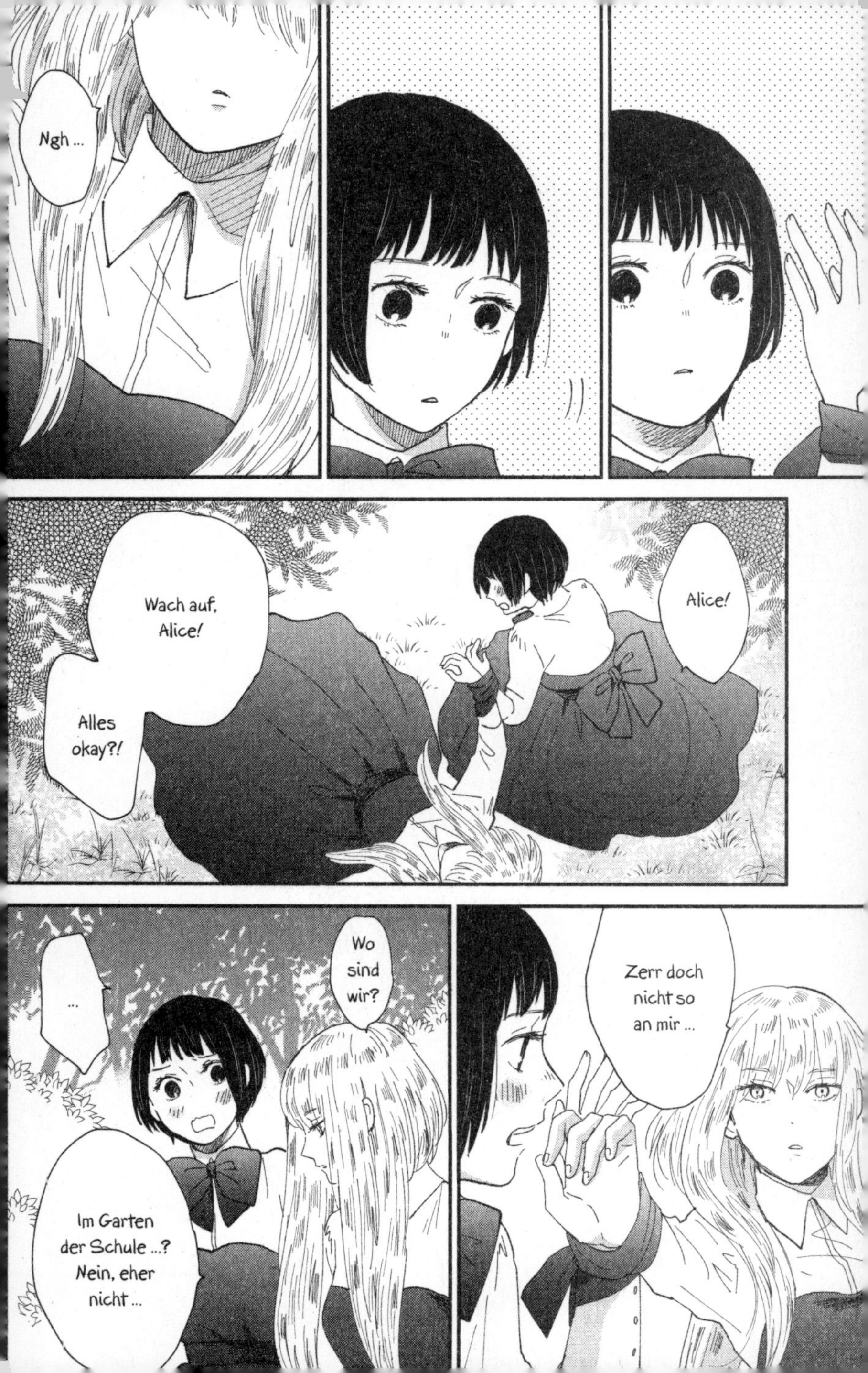
Ngh ...
Alice!
Wach auf, Alice!
Alles okay?!
Zerr doch nicht so an mir ...
Wo sind wir?
...
Im Garten der Schule ...? Nein, eher nicht ...

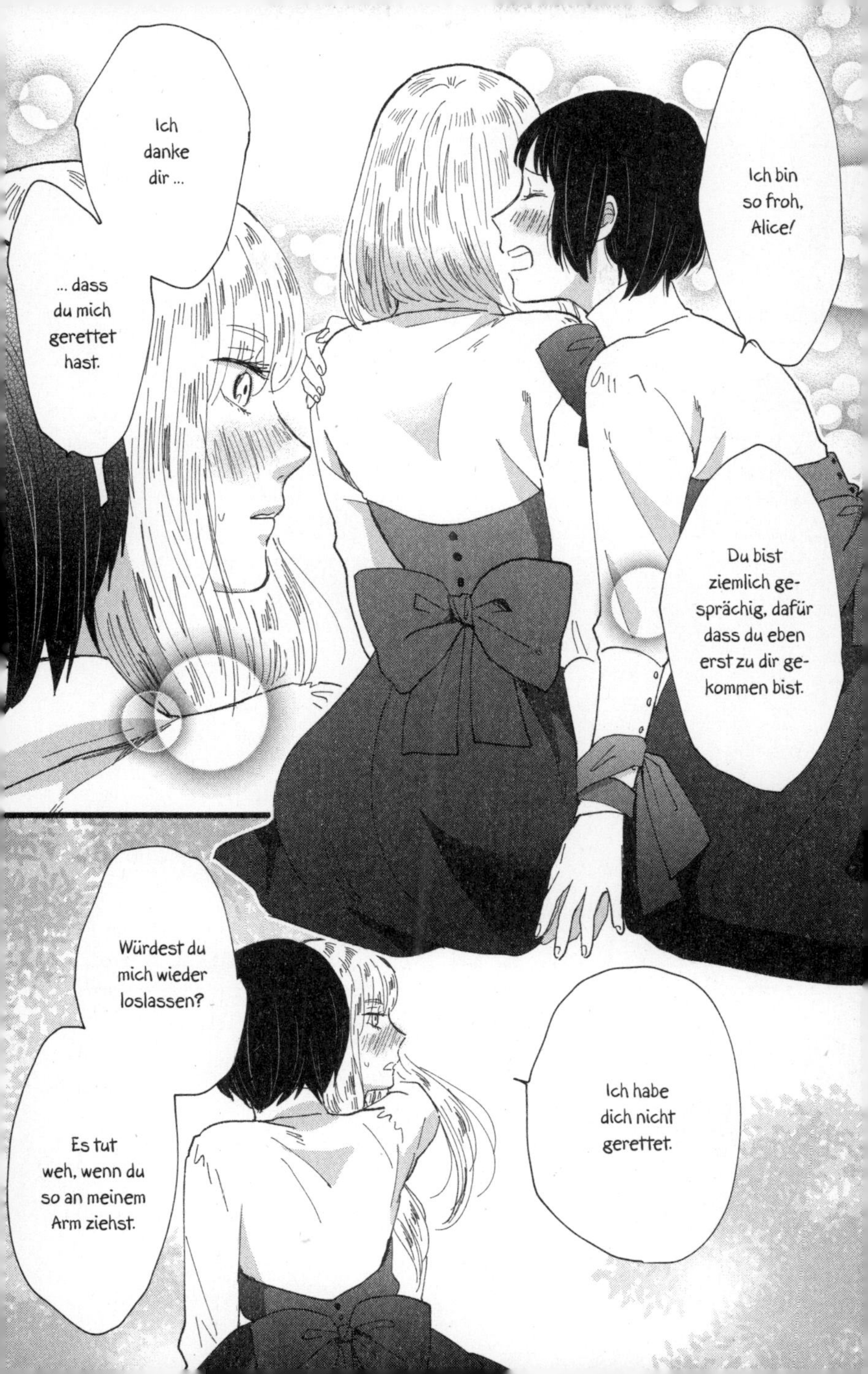
Ich bin so froh, Alice!
Ich danke dir ...
... dass du mich gerettet hast.
Du bist ziemlich gesprächig, dafür dass du eben erst zu dir gekommen bist.
Ich habe dich nicht gerettet.
Würdest du mich wieder loslassen?
Es tut weh, wenn du so an meinem Arm ziehst.

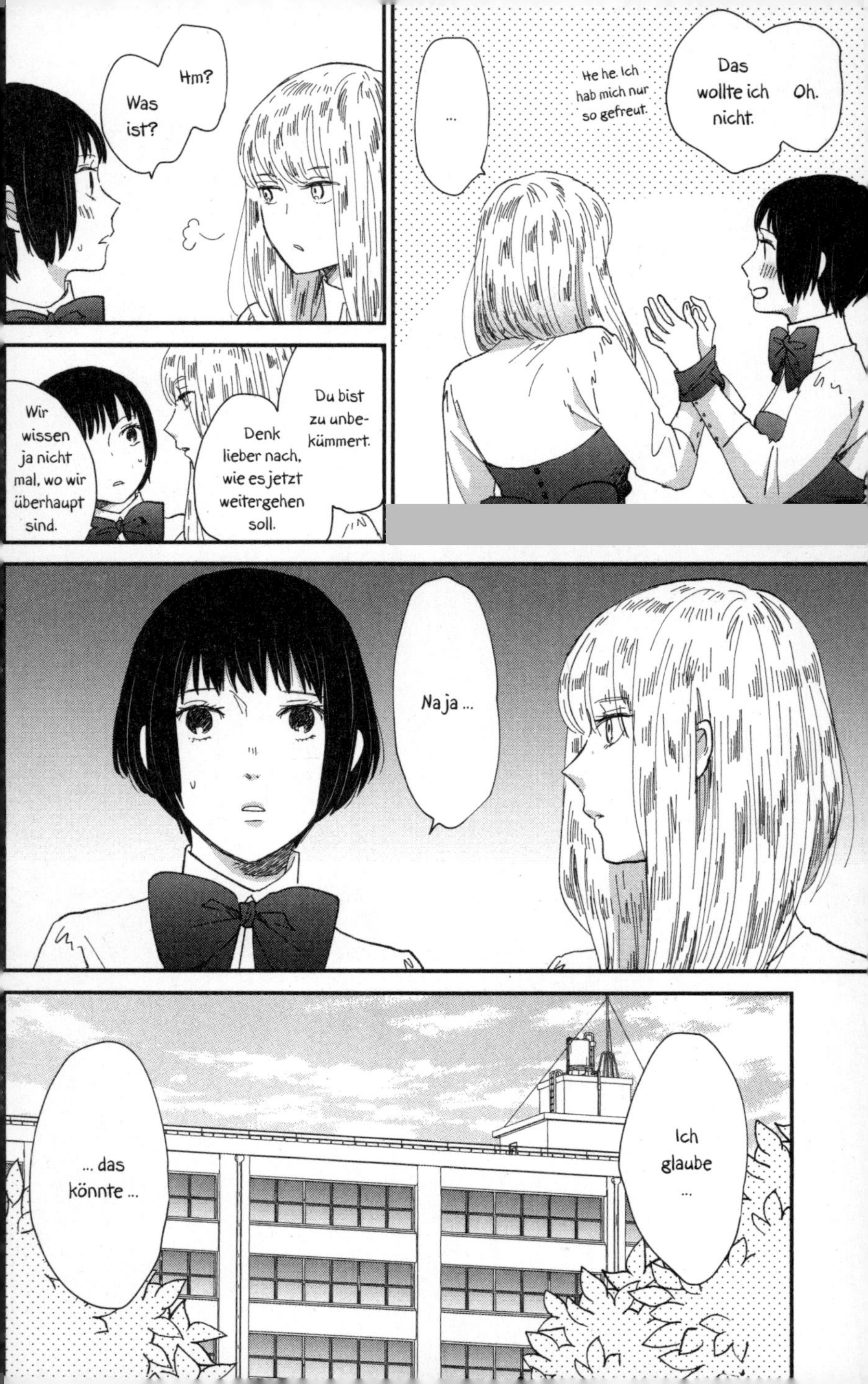
Oh.
Das wollte ich nicht.
He he. Ich hab mich nur so gefreut.
...
Hm?
Was ist?
Du bist zu unbekümmert.
Denk lieber nach, wie es jetzt weitergehen soll.
Wir wissen ja nicht mal, wo wir überhaupt sind.
Na ja ...
Ich glaube ...
... das könnte ...

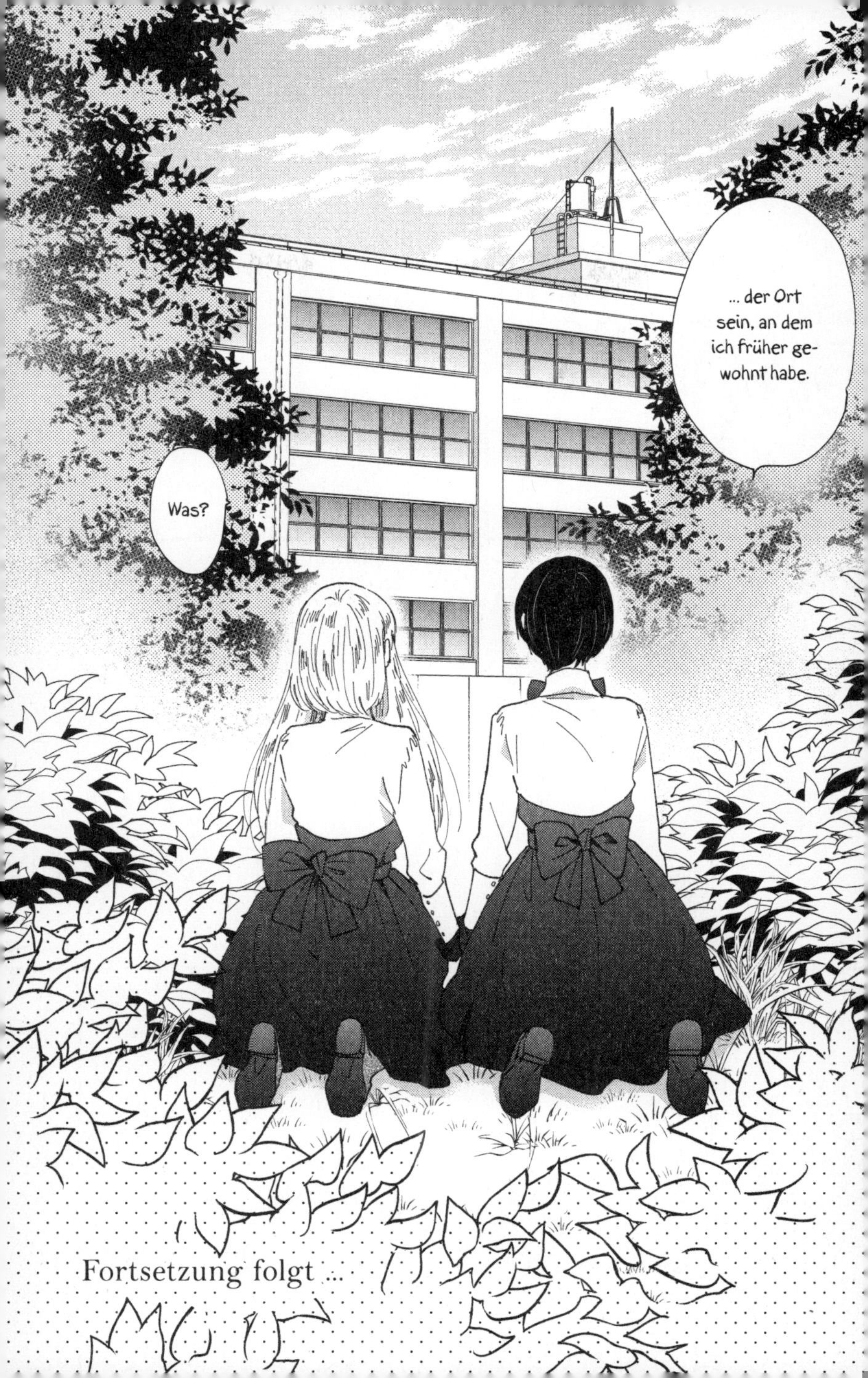
... der Ort sein, an dem ich früher gewohnt habe.
Was?
Fortsetzung folgt ...

Alice und die Halbbluthexe

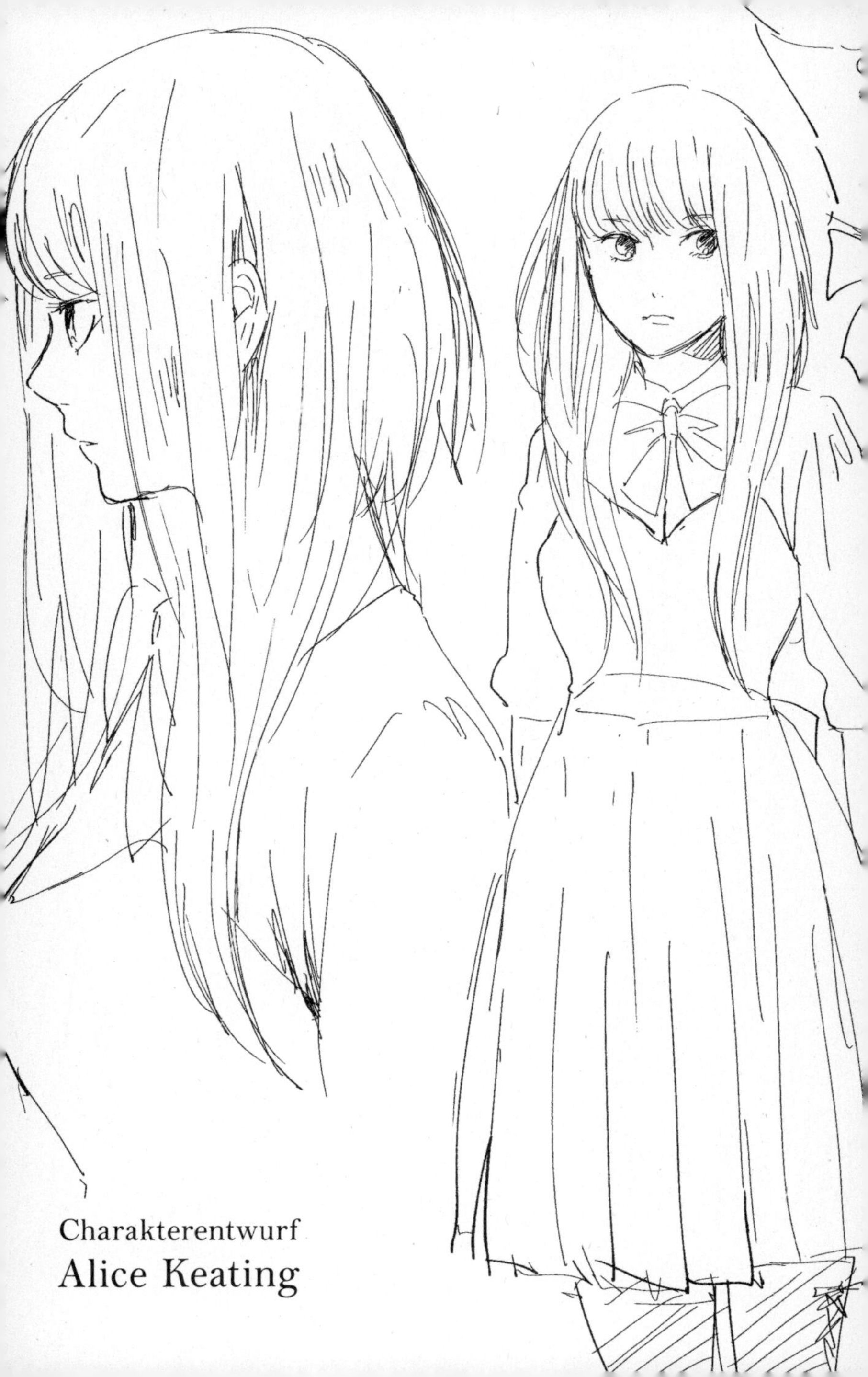

Charakterentwurf
Alice Keating

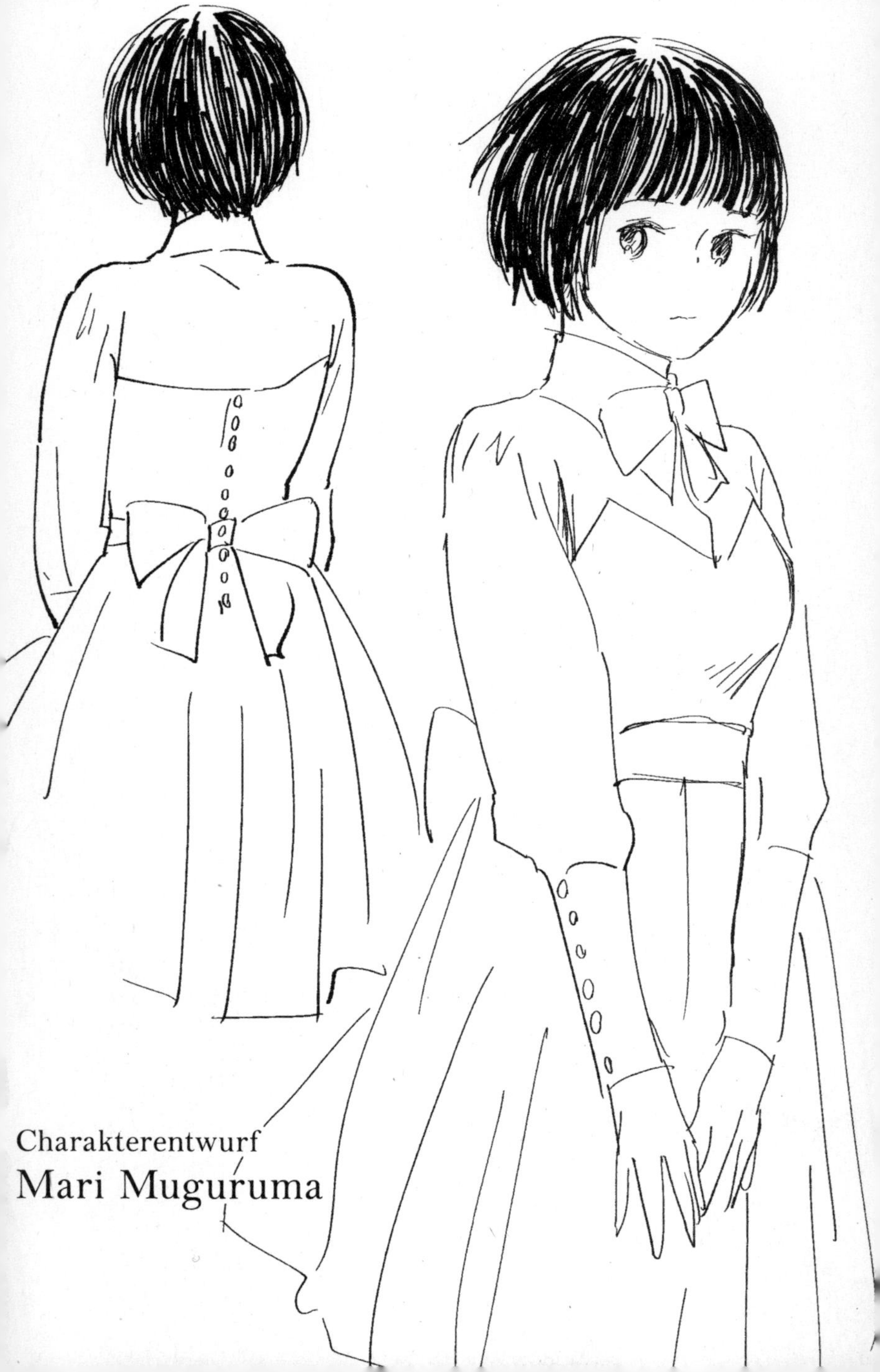

Charakterentwurf
Mari Muguruma

Nachwort

Vielen Dank, dass ihr Alice und die Halbbluthexe Band 1 gelesen habt. Ich freue mich, dass ich so viele Mädchen zeichnen konnte.

Als Kind war ich total in Hexen vernarrt und ich mag sie auch heute noch. Ich habe schon immer davon geträumt, mal einen Manga über sie zu zeichnen. Ich kann mich glücklich schätzen, dass mein Traum wahr geworden ist.

Ich hoffe, ihr begleitet mich auch im nächsten Band.

KUJIRA

Vielen Dank an alle, die meine Geschichten lesen und mich unterstützen.

Danke auch an die Redaktion und meine Assistent*innen.

Und an arcoinc für das bezaubernde Coverdesign.

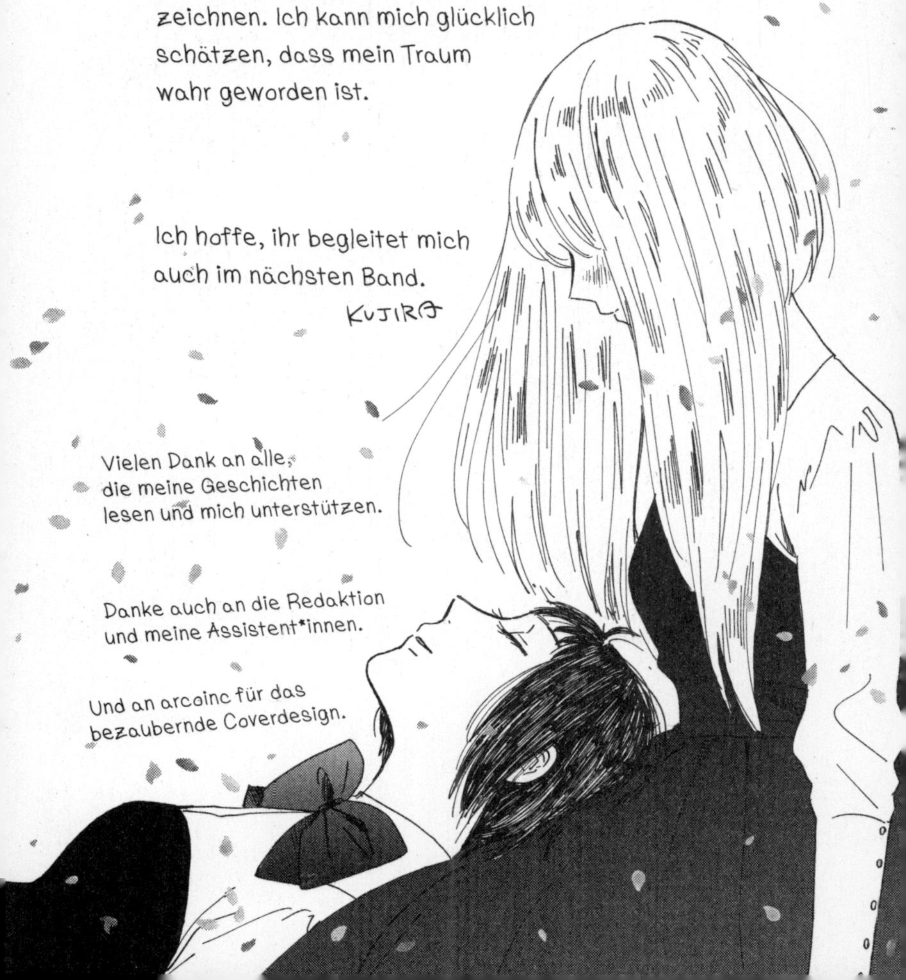

TOKYOPOP GmbH
Hamburg

TOKYOPOP
1. Auflage, 2023
Deutsche Ausgabe/German Edition

Aus dem Japanischen von Mareen Sickel

SEKAI NO OWARI TO MAJO NO KOI Vol. 1

First published in Japan in 2019
by KADOKAWA CORPORATION, Tokyo.
German translation rights arranged
with KADOKAWA CORPORATION, Tokyo.
through TUTTLE-MORI AGENCY, INC., Tokyo

Redaktion: Katrin Aust
Lettering: Vibrant Publishing Studio
Herstellung: Mathias Neumeyer
Druck und buchbinderische Verarbeitung:
CPI – Clausen & Bosse GmbH, Leck
Printed in Germany

MIX Papier FSC® C083411

Wir achten auf die Umwelt.
Dieses Produkt besteht aus FSC®-zertifizierten und anderen kontrollierten Materialien.

ISBN 978-3-8420-9077-4

www.tokyopop.de